FOREIGN
MICE CLASSIC RENDITIONS
国外会展经典译丛

EVENTS IN THE CITY :
USING PUBLIC SPACES
AS EVENT VENUES

# 城市活动

## 以公共空间为活动场所

【著】 安德鲁·史密斯（Andrew Smith）

【译】 高凌江　王海文

重庆大学出版社

版贸核渝字 2018 年第 016 号

**图书在版编目(CIP)数据**

城市活动：以公共空间为活动场所/(英)安德鲁·史密斯(Andrew Smith)著;高凌江,王海文,译.--重庆：
重庆大学出版社,2021.1
(国外会展经典译丛)
书名原文：Events in the City：Using public
spaces as event venues
ISBN 978-7-5689-1534-2

Ⅰ.①城… Ⅱ.①安… ②高…③王… Ⅲ.①城市—文化活动—研究②城市—体育活动—研究 Ⅳ.①G247 ②G89

中国版本图书馆 CIP 数据核字(2019)第 062514 号

国外会展经典译丛
**城市活动**
——以公共空间为活动场所
安德鲁·史密斯(Andrew Smith) 著
高凌江 王海文 译

策划编辑:尚东亮

责任编辑:陈 力 吴 薪 版式设计:尚东亮
责任校对:万清菊 责任印制:张 策

＊

重庆大学出版社出版发行
出版人:饶帮华
社址:重庆市沙坪坝区大学城西路 21 号
邮编:401331
电话:(023) 88617190 88617185(中小学)
传真:(023) 88617186 88617166
网址:http://www.cqup.com.cn
邮箱:fxk@cqup.com.cn(营销中心)
全国新华书店经销
重庆升光电力印务有限公司印刷

＊

开本:787mm×1092mm 1/16 印张:10.5 字数:258 千
2021 年 1 月第 1 版 2021 年 1 月第 1 次印刷
ISBN 978-7-5689-1534-2 定价:48.00 元

# 前　言

与过去相比，城市正举办着更多的活动。在这一宏观趋势下，有一个少为人知的趋势：越来越多的活动在公共空间举办。有些活动常常在公园、街道和广场上举行，而最近几年却被移出传统的场地，在城市的核心区域举办。这得益于组织者们追求更加难忘和壮观的活动，也有赖于政府欲使城市空间更有生气，更加引人关注。

本书解释了这些趋势，概述了公共空间的含意。活动对我们的城市发展有着积极的作用，但把公共空间变作活动场地常常饱受争议。活动既可对城市空间产生消极影响，也可使之生机勃勃；这些年，有评论家提出这种活动是公共空间商业化、私有化和安全化的一部分。本书主要聚焦伦敦的案例，但也包含了一系列来自发达国家其他城市的例子。书中不仅关注不同规模的活动，也涉及众多体育活动以及文化活动。

本书的出版既为时下所关注，又相当及时。它为进行活动研究、城市研究和发展研究的高年级学生、研究人员和学者提供了有价值的材料。

围绕使用格林尼治公园作为 2012 年伦敦奥运会和残奥会场地引发的争议为本书提供了灵感。这场漫长的纠纷让我思考重大活动与公共空间之间的关系。生活在伦敦让我看到了一系列其他的例子，其中许多是这里的特色。我的研究方向也受到影响：我是一位对建筑学和建筑环境中的活动感兴趣的地理学家。这帮助我解决了本书的关键目标之一：将城市设计和城市研究领域中的想法运用到活动研究的新兴领域中。

我想感谢几位帮助我研究、编辑和出版这本书的人。有两位学者曾与我就此发表的一些研究进行了合作，在此感谢他们的付出。我花了大量令人愉快的时光与盖伊·奥斯本（Guy Osborn）讨论公共空间以及它们的商业化。本书的一些观点和例子就是讨论的结果。同时感谢格雷厄姆·布朗（Graham Brown）与我合作收集调查格林尼治公园的数据。乔·桑希尔（Jo Thornhill）帮我编辑了最后的文本草案，梅森·爱德华兹（Mason Edwards）制作了两幅地图（图 6.1 和图 7.1）。谢谢你们。最后，我还要感谢来自劳特利奇（Routledge）出版社的艾玛·特拉维斯（Emma Travis）和皮帕·马林斯（Pippa Mullins）的帮助，以及自 2013 年我第一次提出这个项目以来，一直支持这一系列项目研究的编辑。

安德鲁·史密斯

2015 年 6 月

# 译者致谢

　　非常感谢在翻译和出版这本书的过程中给予我们帮助的人。第一,非常感谢北京科技大学汤宇军老师和刘琦、王媛媛、张毅杰、马千惠、毛诗卉等研究生帮我们做了一些基础翻译工作,如人名、地名、图表及部分内容的翻译整理等工作。第二,非常感谢重庆大学出版社的尚东亮编辑、陈力编辑及其他出版社同仁为出版这本书给予的支持和付出的努力。

高凌江

2020 年 9 月

# 目　录

城市活动：
以公共空间为活动场所
Events in the City:
Using public spaces as event venues

# 第1章 导论

举办活动的既定地理空间正在改变。更多有组织的活动开始在公共空间举办:如公园、街道和广场。城市公共空间一直被用于举办活动,但是它们也越来越多地被用于商业以及售票场合。曾经为专用建设场地所限制的活动如今在公共空间风行,这些趋势为本书所重点关注。

本书的主要目的是探讨公共空间如何被用作活动场地。本书将解释这一趋势,探讨围绕它的争论,最重要的是考察给公共空间带来的影响和结果。公园、街道和广场被用于活动时,它们在改变,暂时或者以更永久性的方式被重新构建。在城市设计作品中,活动往往被视为使城市充满朝气的有价值的工具:振兴并使其更加活跃。有些人则认为活动是各种破坏公共空间的方式的一部分。例如,斯普瑞科勒等人(Spracklen et al.,2013:167)担心"盲目地服从于变革性活动的信念",一些被忽略了的活动引发了更严重的问题:商业化、私有化和安全化。这些对比诠释将在本书得到介绍和解释。

## 从城市作为舞台,到城市参演

作为一本关于利用城市空间作为活动区域的书籍,不能忽视"以城市为舞台"的想法。这是一个非常成熟、常用的概念,它没有直接提及城市作为活动场地的作用。例如,阿特金森和劳里埃(Atkinson & Laurier,1998:200)指出,我们日益干净且有历史的城市是"旅游的三维舞台布景"。每个舞台都需要演员,分析城市用户作为舞台表演者是城市研究中日益普遍的视角。其他戏剧性的隐喻也被用来理解城市的生产和消费。本书表明,这不只是一个恰当的比喻或类比。我们的城市作为舞台的想法已经成为现实。城市公园、广场和街道被用作举办各种商业、社区和政治活动。如理查德和帕默(Richards & Palmer,2010:27)所言,城市已经成为"展示一连串活动的舞台"。有文献指出,城市只是活动的平台或背景,但这低估了城市在活动中的作用。当这些活动在公共场所上演时,城市与其他属性一样重要,公共空间被"演艺"(Thörn,2006;Merx,2011)。当代城市不仅是一个舞台,也作为演员参与其中(Colomb,2012)。

本书使用"活动"这一术语来描述活动影响城市空间的过程。值得一提的是,城市空间

城市活动：
以公共空间为活动场所
Events in the City:
Using public spaces as event venues

被"活动化"并不是唯一的现象（Žižek，2014）。社会活动化以及与之相伴的历史活动化随着时代的变迁已经成为一系列关键活动。正如派因和吉尔莫（Pine & Gilmore，1999）所强调，这儿也发生了一些经济活动。为了给当代资本主义增添价值，现在的产品不仅是制造或者推广，而同样在上演，这些复杂的过程为本书提供了背景。但是，其目的不在于深入探究，而在于探讨城市公共空间如何被正式活动活动化。

## 本书关注点

活动拥有繁多的类型。本书重点关注的活动类型是由城市当局事先规划和批准的正式活动。贝尔汉兹（Belghazi，2006：105）认为，这些"严格计划的活动"提供娱乐，但旨在达到重要的目标——因此，它们意味着"非常有趣"。非计划性的活动和那些以工作为导向的活动不在本书直接阐述。对有计划的、休闲的活动的关注并不意味着其他类型的活动不重要。批判性的城市研究文献已经充斥着处理非正式、激进、自发活动，挑战现状和既定兴趣的活动与情境主义者特别相关（Plger，2010）。抗议活动在本书中没有直接描述，但在其他文章中有提及（Lamond & Spracklen，2015）。

有针对性地聚焦正式的活动有一定优势。侧重于预先规划的、被批准的活动有助于探索最新趋势所显示的由官方城市政策和活动管理目标所推动的方式，也有助于避免对城市活动进行一般性的分析。在任何情况下，以正式活动为重点并不意味着松散，未经批准的活动被完全忽略。恰如诸多学者所指出的那样，正式活动为非正式活动提供了框架或灵感（Stevens & Shin，2014），这一点将在第4章进一步讨论，仅仅因为活动是正式的并不意味着它们是以预期的方式经历的：权威的意义被讨论和抵制，并不一定按照组织者所设想的方式进行（见第8章）。

关注正式活动并不能完全解决定义问题，因为很难界定活动的真正含义。活动的主题最终由其有限的时间框架和空间来定义。城市活动的定义与日常生活形成鲜明对比——城市活动是故意设计的，与城市的正常运作不同。隐含的目标是创造一个有区别的空间和时间：一个与时钟不同步的时间和错位的空间。如何更好地实现这个目标决定了整个活动的体验感。对于有计划的活动，雅克布（Jakob，2013：448）给出了一个也许是最好的定义："在指定的时间和空间里专门组织的一种情绪高涨和美学体验"的活动。但有时很难区分活动和其他限定时间的现象。例如，似乎我们人为地将活动与公共艺术、街头市场或创意零售市场区分开来。

为了考察活动的城市化，本书讨论了在公共空间中进行的活动，这些活动以前可能局限于更传统的场所或非市场所。对此有很好的例子，如体育赛事和音乐节。不像其他关于活动和城市的重要文献（Richards & Palmer，2010），本书阐述了文化活动和体育活动。这一点非常重要，因为在城市公共空间中体育活动越来越风行，而这些活动在现有文献中被忽略，现有文献偏向于文化节日。本书根据主题和规模考察了一系列活动，既有小规模活动，也有大型活动。

本书还涉及活动类型的划分及空间类型。活动的重点是发生在城市公共空间,但是公共空间是一个复杂而有争议的概念。第2章探讨了对公共空间不同的解释,并解释了这个术语在本书其余部分是如何被定义和使用的。本书不仅对城市公共空间进行了总体考察,还尤其对中心城市的公共空间进行了考察。事实上,第3章提到的主要问题之一就是近几年来活动已经转移到城市中心的方式。这是一个更广泛的趋势的一部分。在这一趋势中,为城市休闲和娱乐建立的单独保留的现代项目已经被破坏(Stevens,2007)。

除了关注空间之外,还对某些特定类型的空间进行关注。本书重点考察发达国家的大城市,尤其是英国、美国、澳大利亚和加拿大。特别是首都城市(如柏林、堪培拉、爱丁堡、赫尔辛基、伦敦、巴黎、纽约、新加坡、瓦莱塔)是非常好的例子,用以说明全球(外部)目标和本地(内部)优先事项。加拿大和澳大利亚的其他全球性城市还包括:墨尔本、蒙特利尔、多伦多、悉尼和温哥华。当然英国会被关注,其N个大城市会被探讨研究:如贝尔法斯特、伯明翰、布里斯托尔、爱丁堡、格拉斯哥、利兹、曼彻斯特和纽卡斯尔。在具体地点上,街道、广场和公园的各种例子都被引用,包括许多读者熟悉的一些例子:香榭丽舍大街(巴黎)、特拉法加广场(伦敦)和中央公园(纽约)。

出于各种原因,本书特别关注伦敦。伦敦是作者生活和工作的地方,也是大多数活动举办的地方。当然,也有更客观的原因让伦敦成为关注点。伦敦是世界重大活动城市之一,这里举行的很多活动都有悠久的历史。但是近年来,当局也做出了一定努力,将新活动带到伦敦,并策略性地合理利用这些活动。自2005年以来,活动策略一直用以优化和充分利用2012年奥运遗产。同时,也一直尝试将伦敦的公共场所作为活动场地。城市的公园、广场、街道一直被用于举办活动。近年来,这种做法日益盛行。自2000年以来,伦敦市长开始在各种公共政策领域运用行政力量,决策管理在公共场所如何举办活动:如旅游、城市营销、警务、交通和应急等服务。因此,与市长办公室相关的各类组织也积极发挥作用,让活动更加具有战略意义。许多著名的公共空间都被用作活动场所,如特拉法加广场、海德公园和摄政街。但这种方法也被用于鲜为人知的地点,如吉列特广场、芬斯伯里公园和贝里克街道。这为研究公共空间作为活动场所的使用提供了一个良好的背景。

## 在城市公共空间举办活动:历史回顾

本书考察了近期的许多趋势——特别是越来越多地使用公共场所作为活动场地这一趋势。然而,要注意的是位于中心位置的城市公共空间经常充当活动的场所。事实上,一些公园、街道和广场被特意构思为舞台。其他情况下,活动总是作为影响公共空间设计的一项功能(Foley et al.,2012)。历史学家已经注意到一些城市公共空间是为大规模仪式而开发的(Hobsbawn,1983),莫斯科的红场就是一个很好的例子(Roche,2000)。因此,提供背景——并且评估我们是否看到了真正新鲜的东西——下面将简要回顾公共空间中舞台活动的历史。这些回顾还提供了一个机会,本书余下部分会介绍其他书籍和参展活动等一些主题。

城市活动：
以公共空间为活动场所
Events in the City:
Using public spaces as event venues

## 嘉年华和展览会

嘉年华等许多参与性活动实质上是一些长期以来栖居在我们城市公共领域的活动。尽管与萨杜恩(古罗马的一种节日,农神节)有明显的相似之处,但是在 11 世纪,由于宗教当局的坚持,嘉年华无意中被创造出来。宗教当局认为崇拜应该更正式,少一些浮华。这推动了街头的宗教节日(Ehrenreich,2007)。其他宗教场合提供了活动与公共空间之间关联的历史事例。许多城市广场起源于教堂的延伸——这是人们拜神聚集的场所(Giddings,2011),也是举行宗教仪式的地方。当教堂无法容纳全部人时,城市广场仍然发挥这一作用。罗马的皮特斯广场就是一个最好的例子。

在 17、18 和 19 世纪,精英公民恐惧嘉年华活动,因为害怕出现混乱和不服从管理的情况。在北欧,新教的崛起和工业化发展让执政当局觉得不安(Ehrenreich,2007)。因此,活动被关闭或者转移到城镇边缘。有趣的是,近年来一些已经停止的活动开始复兴,威尼斯嘉年华就是一个非常好的例子。这种享乐主义活动在 17 世纪达到了高峰,人们长途跋涉去参加一场沉溺声色且旷日持久的庆祝活动,其特点是允许各种非法活动(如化装、赌博和卖淫),还有更多正式的娱乐活动(如歌剧)。威尼斯狂欢节在 18 世纪新的政治格局下变得有所收敛,并且在 1797 年威尼斯共和国倒台时消失了。在 19 世纪威尼斯被奥地利占领期间,活动被禁止,复兴的希望破灭(Davis & Marvin,2004)。

与许多其他文化活动一样,威尼斯嘉年华在 20 世纪末重新建立起来。该活动于 1979 年复兴,并在 25 年后每天吸引超过 10 万名游客(Davis & Marvin,2004)。然而,戴维斯和马文认为,企业参与意味着威尼斯活动现在是一个私有化的狂欢节。这反映了本书稍后讨论的与当代活动相关的私有化和商业化问题(见第 5 章)。除了过度商业化之外,复兴狂欢的问题之一是威尼斯公共空间对大型公共活动的不适用性:戴维斯和马文认为复杂的地形不适合盛大的游行。尽管如此,威尼斯嘉年华提供了一个很好的例子,说明城市街道活动在后现代复兴之前,于前现代社会中也曾兴起而后消失。

在 17、18 和 19 世纪的英国,展览会和露天市场可能代表了城市公共空间中最重要的活动。这些活动是在公共领域上演的:在一个城市的街道、广场或共同的土地上。展览会最初是为了配合圣徒日而同时举行,但它们演变成脱离宗教庆典的东西。很难在有限的空间中表现出展览会的多样性,但通常会涉及音乐、戏剧、游行、角斗、射箭、摔跤、斗鸡、狩猎、杂耍、翻滚、拍摄、攀岩和舞蹈等活动(Harcup,2000)。展览会喧闹嘈杂,但不能把它们看作不受管制的节日:男人手臂上佩带武器是为了防止场面失控(Harcup,2000)。有时候,评论家忽视了这一点,他们倾向于赞美历史盛会的自由品质,并哀叹当代活动的安全化。

当代诺丁汉嘉年华被视为英国现存最古老的展览会示例。它的悠久历史可以通过它在 1284 年被授予皇家特许权之前已经存在的事实来说明。授予特许权是为了确保皇室从赚取的收入中获益,强调在公共场所举办活动始终存在财务问题。这与第 3 章的讨论有关,探讨了为什么当代城市政府希望将空间租用给活动的组织者。诺丁汉嘉年华曾在城市广场举行,但是像许多其他的展览会一样,它最终从城市中央转移到了城镇边缘。嘉年华已成规模,并且每年仍在举行,虽然时间较短。

到 19 世纪中期,博览会比以往任何时候都更受制于政府的管制。工业界的老板们渴望结束狂欢文化,因为这些活动干扰了工厂和工人。众所周知,许多英国展览会都止于 1871 年展览会法案,该法案旨在封锁被认为腐败和危险的活动。也许不太知名的是,与此同时其他展览会实际上是为了提升道德价值而建立的。纽卡斯尔镇的摩尔集市成立于 1882 年,作为鼓励人们不饮酒和不赌博的节日。与威尼斯嘉年华的所有引人注意之处形成了鲜明的对比,纽卡斯尔首届活动被认为是成功的,因为"没有打牌的骗子和赌棍,也没有几个人受到喝酒的影响"(国家展览会档案馆,2015)。纽卡斯尔展览会开设了传统展览会在内的不同活动,但也融合了更多的现代元素:体育、竞赛、铜管乐队音乐会和军事展览。在 21 世纪初由于展会结束时的场地状况而引发了争议(国家展览馆档案馆,2015)。这种观点经常被反对者用于针对公共场所举办的当代活动(参见本书第 5 章和第 6 章)加以说明。在诺丁汉和纽卡斯尔的尝试中,停止这些展会总是受到当地有关部门的抵制,因为它们总是可以从组织者支付的租金中获得经济利益。

在过去的 30 年中,正如许多的嘉年华在城市公共空间被重新举办,也有人试图恢复展览会。当代展览会通常以游乐会(游乐设施、娱乐设施和摊位的组合,见图 1.1)的形式出现,使它们不如从前有趣。如 1992 年,利兹将一年一度的情人节引入,并很快成为欧洲最大的街头展览会(Harcup,2000)。根据第 4 章所讨论的,重新思考活动对城市空间的布局的影响,这个游乐会暂时把利兹的中心变成了游戏场所。地方有关部门利用这一活动来宣传利兹市中心的街道,称为"未经排练的壮观场面的剧院"(Harcup,2000)。最终,这个活动由盛转衰。由于在街道(海德罗、库克里奇、波特兰路)举办的展览会变得过于盛大和喧闹,2001

图 1.1 一家开在伦敦-布莱克希斯-康芒的游乐园

城市活动：
以公共空间为活动场所
Events in the City:
Using public spaces as event venues

年这一活动被移到了远离市中心的埃兰路,即这个城市的足球场附近。这种情况下,试图在城市的街道上恢复节日活动的难度变得复杂且富有争议——在本书的第5章和第6章会进一步讨论这一点。

17世纪和18世纪的展会也有助于让一般的马戏团活动仍然出现在我们的公园和开放空间。早期的马戏团在公共领域更为普遍——当它们进入城镇表演时,经常会在街头游行以促进活动的发生。而最早的情形则由马术主宰,马戏团的名字来源于活动的开创者使用的圆形表演区域。本书的第6章和第8章涉及马术案例的研究。还有一个与公众区域有联系的地方,伦敦最著名的十字路口,因其形状而被称为环形广场。19世纪初期,马戏团使用临时搭建物在欧洲和美国各地巡回演出:或者像人们所熟知的那样搭起帐篷(The Victoria and Albert Museum,2015)。

## 现代活动

和嘉年华一样,在城市公共空间举办展览会、马戏和体育赛事也有着悠久的历史。最早的足球比赛是在英国城镇的街道上举行的。如朱莉安诺蒂(Giulianotti,2011:3298)指出的那样,早期足球比赛"在节日期间常常是公共嘉年华会的一部分"。到19世纪末,体育活动变成了一项常规性的有特定场所的活动,设置范围是为了创造专业场地。然而,至今还有一些活动在街道举办。在20世纪之交,像奥运马拉松赛(re-est1896重新举办)和自行车赛(如始于1903年的法国巡回赛)等体育赛事已经在公共空间举行。在汽车发明后不久,赛车已经在公共街道举行。如始于1911年的马恩岛TT摩托车大赛和始于1929年的摩纳哥大奖赛(Monaco Grand Prix)。

到1990年,许多城市已经开放了公共公园,但是这些公园通常被视为散步和被动消费的正式场所。公园搭建音乐台并举办活动,但公园并不用作节日场所。正如布鲁尔(Brewer,1997:65)所说,英国公园是一个由企业家聘请音乐家的开放场所,并邀请雕塑家和艺术家创造令人愉悦和陶醉的环境。喧闹活动并不具明显特征,有时候有组织的体育活动会作为一个公园的正常功能被人们所接受。极端例子如人民公园(哈利法克斯,英国)等则"完全禁止游戏"(Taylor,1995:215)。然而,在19世纪后期建立的公园(如伍尔弗汉普顿(Wolver-hampton)、奥特林厄姆(Altrincham))确实在其设计中包括提供主动娱乐(如板球、足球)(Taylor,1995)。节日和更壮观的娱乐形式倾向于在游乐园举办,人们需要付费进入略有不同的场所。游乐园举办过舞蹈、烟花、游乐会和主题活动(Taylor,1995),且近年来人们尽力恢复这些活动空间。例如,伦敦的沃克斯豪尔游乐园(1661—1859)最近重新开业并对公众开放。

或许现代早期最著名的使用公园举行临时活动要追溯至1851年在伦敦海德公园举办的大型展览。这座水晶宫建成用于举办展览,尽管此后不再举办此类活动,但该活动为海德公园和公共场所留下了一些重要遗产。这个大型展览有助于海德公园在法律和象征意义上更加民主化。数百万来自全国各地的人们纷纷观看一个先令的世界,这是许多与会者第一次与其他社会阶层交往。活动与王室领地法(1851)有着联系,该法案让伦敦皇家公园的管理权从君主所有变成了政府所有。随后,海德公园成为不仅是精英主义炫耀性消费的地方,而且也是工人阶级抗议和示威的著名场所(Roberts,2001)。自从1969年还不出名的滚石音乐会举办后(见图1.2),海德公园也成为商业活动的场所。这个案例研究以及政治场所作为活动空间被重新语义化的方式在本书第5章进行讨论。

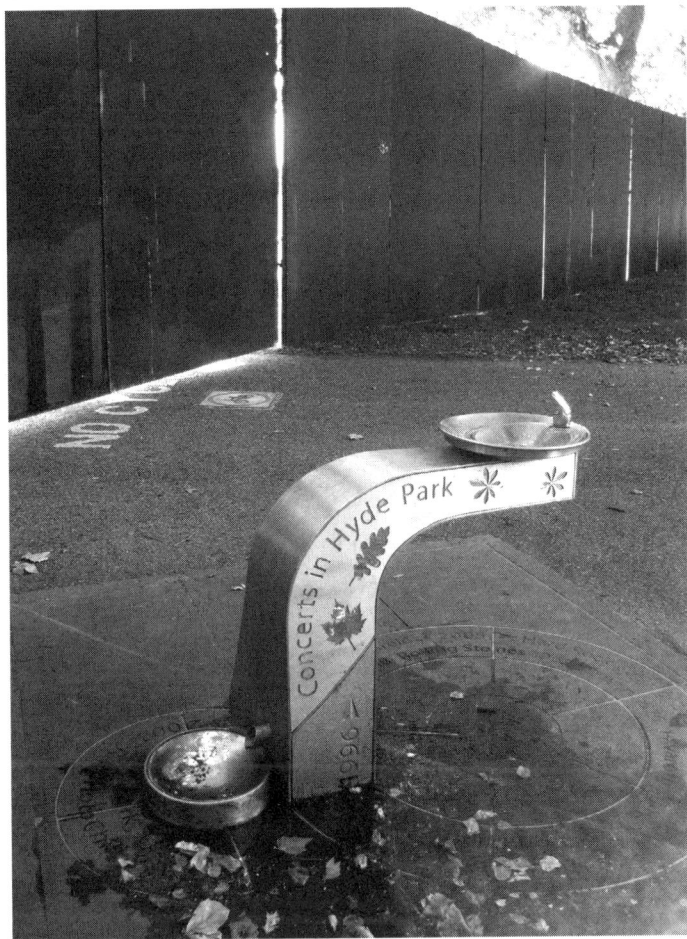

**图1.2　在伦敦海德公园举办的纪念音乐会的喷泉**
进入活动场所对水和其他物品的限制,成为该纪念物的奇怪的选择。
每年夏天竖起的确保活动现场围栏可以在后台看到

　　随着现代(约1851)的发展,体育和文化持续形式化和制度化。城市变得越来越大、越来越密集,活动举办的空间越来越小。休闲活动在工业城市被限制在特定的区域,而不是构成城市功能和活动的一部分。现代化往往意味着创建专门的结构和空间,以举办更加规范的活动。本书中提到的活动的城市化部分抵消了这一趋势,但应该看到,这并不一定会使活动更容易举办,或者更少受到管制(见第5章)。当代城市仍然被视为一个高度分区的实体,并且一些作者如斯普瑞科勒等(Spracklen et al.,2013)认为,免费休闲(或政治)的公共空间仍然在空间上被边缘化,即仅限于城市边缘。

　　城市艺术节也是在19世纪末和20世纪初构想出来的。在拜罗伊特(1876年开始举办)和萨尔茨堡(1920年开始举办)的活动是早期的例子,其他城市受第二次世界大战的影

城市活动：
以公共空间为活动场所
Events in the City:
Using public spaces as event venues

响较小(如爱丁堡,1947 年开始举办),并在战后处于领先地位。开创性的节日往往出现在远离城市的地方,这让它们摆脱占支配地位的文化机构(Quinn,2005)。这也解释了阿维尼翁节日的兴起(1947 年开始举办)。这些节日以一种隐喻意义推动了边界,因为它们为城市带来了最前沿艺术,也推动了空间边界的拓展。城市艺术节将精英艺术从音乐厅带入公共街道和广场。边缘活动与更正式的艺术节一道发展成为最好的例证,如爱丁堡边缘艺术节(1958 年开始举办)。这些节日的开创性例子挑战了社会和政治秩序(Johansson & Kociatkiewicz,2011)。然而,随着世纪更迭,它们变得更加商业化:变得更加以市场为导向,并且以协会为基础的好处在于被纳入新自由主义的地方营销议程。这恰可以由爱丁堡鲜明"节日之城"(Jamieson,2004)品牌,以及关于边缘艺术节正规化和商业化的抱怨(Lee,2012)所说明。爱丁堡节的商业化进程与节日活动在中心区域举办有直接的联系。根据奎恩(Quinn,2005)的观点,这种空间安排为游客提供了特权并排斥原来的居民。节日的商业化反映了 20 世纪后期一个更广泛的趋势,即正式活动已经变成了主要的经济现象而不只是社会现象。

马登(Madden,2010)指出,在 20 世纪 60 年代和 70 年代的美国,各种金融、经济和社会问题意味着很多公共场所——特别是公园年久失修。破旧不堪意味着城市公共空间对一些用户来说变得没有吸引力,往往是因为它们与犯罪和被视为反社会的活动或不受欢迎的行为如吸毒、卖淫、赌博、暴力有关。这在英国也是如此。伯费(Boffey,2014:19)提出,在 20 世纪 70 年代和 80 年代,一些公园变成荒芜地区,且犯罪率很高。在这种情况下,城市当局将这些活动视为对这些空间进行文明化的一种方式,以挽回那些因"不受欢迎"的存在而受到阻止的富裕阶层和特权阶层。像沃特(Whyte,1988:158)这样对有影响力的人的态度是"处理不受欢迎的最好的办法是让这个地方对所有人都有吸引力"。祖金(Zukin,1995)和马登(Madden,2010)描述了纽约的布莱恩特公园如何引入时装表演、马戏团、电影放映和文化表演,尝试让公园重新焕发生机。这个想法是引入一些中产阶级的专业人士,他们会花钱在门票和茶点上,但是他们也会作为"观察者"来保卫公园,使公园更安全。他们的存在也会吸引其他消费阶层的成员。这些倡议是本书关注这些趋势的直接动因。它们强化了这一介绍性章节的主要主题:虽然城市作为不同类型活动的场所,城市公共空间可以更加密集地被使用,但是这些在城市公共空间上演的活动并没有任何新意。

## 基础、方法和结构

在概述本书内容之前,需要阐释为何本书适合并建立在现有文献基础上。文化和娱乐在城市政策中的地位已经有了很显著的上升(Harvey,1989;Zukin,1995)。活动在更普遍的分析中具有相应的特征,但通常不会给予专门的关注。在现有文献中也很好地阐释了这种转变的复杂的社会、政治和经济原因。考虑到这一点,本书没有过多回顾这些想法,而是旨在提供一个基于这些重要基础的更有针对性的分析;不是一般性地陈述城市政策实施中的活动崛起,而是关注在公共空间中举办的活动。

使用公共空间作为活动场地已经引起了学术界的一些关注。马克洛斯（Mark Low Lowes,2002）的《印第安人的梦想和城市噩梦》阐述了在公共公园举行一场摩托竞赛,以及这种行为遭到反对的故事。为本书提供有用基础的著作,包括从公共空间维度探讨大型足球活动的论文,如安克哈格曼和克劳瑟弗朗西斯科。最近发表在欧洲城市和区域研究期刊上的论文（Jakob,2013;Johansson & kociatkiewicz,2011）也影响了本书。在城市设计领域,昆汀·史蒂文斯（和他的合作者）的工作具有重要意义,特别是他在城市空间方面的日常工作（Franck & Stevens, 2007）而且还有更多关于活动（Stevens & Shin, 2014）和城市游戏（Stevens,2007）的专业文献。

本书采用的方法是以这样的观念为指导,即学术书籍最有用的方面通常是前后相关的章节而不是具体案例。因此本书试图更侧重于总体背景和概述（第2章至第5章）,并给出详细的个案研究（第6章至第8章）,关注一般胜于特殊意味着本书对更多的人是有用的。本书的其他关键目标之一是综合一下活动和城市文献。活动在城市研究和城市设计文献中得到了阐释,而这项工作的一个目标就是将这些想法和案例引入到新兴活动领域的学者们的注意之中。在活动中已经有学者写过一些关于活动和城市的很好的文章（如 Richards & Palmer,2010;Foley et al.,2012）。不过,不同于这些书,本书并不太关注活动及其组织,而是关注用于展示它们的城市空间。有关城市空间的书籍往往是过于高深莫测。所使用的写作风格和术语可能不适用,尤其是对那些不熟悉这一学术领域的人。本书试图采取更清晰的风格。一些城市理论家可能认为这些论点过于简化,但是在复杂性和简单性之间进行选择的话,后者似乎更可取。

这里提出的研究来源于长时间工作（2006—2015）而不是一个集中项目。除了对学术文本的详细考虑之外,本书还基于对政策文件、规划申请和法律文件的审查,还记录了在公共场所辩论使用公共场所作为活动场所的情况。材料是在公开会议上收集的,从博客/互联网论坛、媒体文章/信（Shin）件到报纸。在相关网站也进行了正式和非正式的观察:做笔记、拍照片,图片是用来更好地诠释本书。

## 本书的结构

在概述章节介绍了本书的重点和目的,也提供了一些历史背景,并强调活动一直发生在我们的城市公共空间。第2章为本书的后续部分提供了一个概念基础。本章的目的是解释什么是公共空间,它是如何产生的以及如何营造出色的公共空间。这里还介绍了一些破坏公共空间公共性的过程,即私有化、安全化和商业化。第3章重点关注活动与城市之间的关系,特别是近年来活动城市化的方式。本书的这一部分解释了发生这种情况的背景（城市节日）,但它也为活动的城市化发生的原因提供了更具体的考察。第4章和第5章紧密联系,因为它们被人为地将连接和发生的过程分开。第4章侧重于空间的活动化——公共空间是如何通过举办活动获得活力,进行生产。第5章侧重于空间的实现,即活动促进公共空间的商业化、安全化和私有化。简而言之,第4章解释了活动如何使城市空间更加公开,第5章着重讨论活动如何使城市空间不那么公开。这些重点突出的章节随后附有一系列的案例研究章节。第一部分（第6章）集中讨论了一个空间中的一个活动:它研究使用格林尼治公园

城市活动：
以公共空间为活动场所
Events in the City:
Using public spaces as event venues

作为奥运马术比赛场地如何受到支持和抵制。这引出第 7 章格林尼治皇家行政区的更广泛的分析。这个伦敦自治市镇在 2012 年奥运会前后举办了一系列活动。第 7 章探讨了各种公共空间是如何用于一系列、整个城区的活动。第 8 章的目标是评估可采取的潜在的措施，以解决前面章节提到的一些问题。本章着重讨论不同形式的监管和抵制提供的可能性。由于发生了两起被禁止活动的案件引发了特别关注。最后在第 9 章对主要争论观点进行了总结综合。

# 第 2 章　城市公共空间

## 引　言

本章介绍并分析了城市公共空间。相关讨论为后续章节奠定了基础,这些章节探讨了活动可以帮助创建和侵蚀这些空间的方式。目的就是为本书的其余部分提供一个概念基础。这意味着要概述什么是公共空间,同时也要指出当代公共空间受到诸如私有化、商业化和安全化等过程威胁的一些方式。通过大量研究松散空间的概念(Franck & Stevens,2007),本章旨在解决一个非常困难的问题;什么是良好的城市公共空间? 本章还探讨了由规划者和用户共同创造公共空间的复杂方式。这很重要,因为这个观点在本书的其余部分都得到了采用。最后一节强调了活动与临时使用城市空间有关文献的联系。

## 城市空间

在我们理解城市公共空间举办的活动之前,首先需要考虑公共空间的含义以及城市空间的含义。"城市空间"这个词被一些作者作为特殊术语使用,但多被其他作者作为一般术语使用。"城市空间"这个词意味着某种东西的缺失,但在城市研究中的空间并不一定表示"空"。在具体的技术层面上,城市空间被认为是通过建筑物和其他材料结构组合而成的空间。这些结构不会被插入空间:空间是由框架所构成的结构创建和配置的。这种解释往往被城市设计师和建筑师所使用,他们对建筑形式引入和修改所产生的室内和室外空间感兴趣。

城市研究(和相关学科)中,城市空间的概念现在被认为是一般现象——这是给予物质存在的三维区域的名称(Cowan,2005)。该术语的使用通常伴随着认识到空间不只是建筑结构不可避免的结果。空间不只是一个物理容器:它是一种社会文化现象。行为地理学家和环境物理学家的工作意味着需要分析人类对空间的认知,已经被广泛认同,但是城市空间是被设想和想象的以及被感知的(Lefebvre,1991)。它也活着。认识到空间的生命维度是重

城市活动：
以公共空间为活动场所
Events in the City:
Using public spaces as event venues

要的,因为它强调了城市用户有助于创造栖息空间,而使用城市空间的人们可以任意想象,并且与构思他们的人非常不同。尽管如此,一个空间如何被认定会影响空间内用户生活、感知和想象的方式,因此当分析空间,特别是公共空间时,重要的是要认识到这些空间是通过一系列过程组合产生的:感知、概念和想象力。尽管最近在强调想象中的城市,物质形态和物质的东西仍然很重要。

上述讨论强调,任何关于城市空间的观点都需要解决基本的(并且有些自命不凡的)问题,例如:什么是城市? 城市存在的本质是什么? 以及物质和主观实体如何相互作用产生城市空间? 城市是部分物质和部分人的实体,对它们的任何分析都需要找到一种方法来认识这些维度和存在于这两者之间的模糊区域。节奏、氛围、记忆和感觉都是物质和想象之间存在的重要现象的例子,它们在城市空间的构建中与物质结构和预先设计一样重要。这是一本关于活动改变其居住空间的书中特别相关的观点。正如蒙哥马利(Montgomery,1995:104)所指出的,注意活动程序的软件基础设施和城市活动对于城市复兴的成功与建筑工程和街道设计一样重要。

最近城市分析的主要主题之一是城市空间可以被看作是动态的、不稳定的现象,这种现象总是处于被创造的过程中:从未完成(Massey,2005:9)。阿明和思里夫特(Amin & Thrift,2002)认为这意味着强调城市空间的过程和潜力,而不是任何固定的、预先确定的现实。现代主义的城市公共空间概念强调"预先占用下的安全和停滞",这可以鼓励设计固定的单一目的空间(Pugalis,2009:224)。一个很好的例子是现代主义倾向于讨论汽车道路规划,而不是为人们设计街道(Montgomery,1995)。最终,认为它一定忽视了空间是活动性的事实(Pugalis,2009:224)。这种观点对于帮助我们对城市和城市空间的一般理解有重要意义,但本书探讨活动如何改变空间是非常合适的。无论是否是有组织的活动,空间总是在变化。这就是为什么许多作者声称城市空间只能通过认识其时间性来理解(Massey,2005)。空间本身就是不稳定的,它是在体验公共空间的时刻被创造的。

## 公共空间

城市空间具有混合的特征,作为具体的抽象,作为产品和生产者。

(lehtovuori,2010:151)

真正的公共空间并不存在;它们可能从来没有存在过。很多作者不相信曾经有过民主的地方,那里有多种多样的人群和活动被拥抱和容忍(Low & Smith,2006:vii)。城市空间是人民拥有的,且被民主地管理以服务于每个人的想法是一种理想主义的愿景,而不是可识别的现实。然而,这并不代表公共空间的概念已经过时,事实上对我们的城市空间抱有很高的期望是很重要的。此外,公认的公共空间凭证可以作为评估空间公共性的标准。这些后面会进一步分析。

## 可访性

用来定义公共空间的关键性特点是可访性。追溯到 20 世纪 70 年代,兰什(Lynch, 1972)质疑我们公共空间的开放程度:它们在物理上和心理上都是可以访问的吗? 这仍然是个值得关注的问题。埃尔詹(Ercan,2010)表示,空间只有在物理和社会层面可访问的情况下才是公开的。物理可访问性是指物理性障碍的存在;如栅栏、墙壁和其他限制进入的结构。出于显而易见的原因,弗拉斯提(Flusty,1997)认为城市空间被围墙或检查点围绕着,围成一个点并收取入场费也是一个准入障碍,同时增加了经济上以及实体上的障碍。社交可访问性意味着空间对不同社交群体的吸引力以及他们在这些空间中的感受如何。例如,卡尔莫纳(Carmona,2010)指出,一些空间包含微妙的视觉线索,只有特定人群是受欢迎的。

将可访问性作为公共空间的界定方面充满了各种各样的复杂情况。公园通常被视为城市公共空间的缩影,但它们常常被封闭起来,且限制了每天的可访问时间。封闭被视为负面特征;但它也可以是积极的:可以保护空间和用户(Reeve & Simmonds,2001)。正如卡尔莫纳(Carmona,2010)指出的那样,在社会接入方面,我们生活在一个分裂的社会中,因此任何试图平等获得"神话般的普通公众"的企图都注定要失败。城市空间吸引一些人的同时也会威慑其他群体,因此普遍接入是一个雄心勃勃的目标——也许是不可能的。排斥感也可能产生于风格或视觉景观的设计,这种设计鼓励一些人,并阻止其他人(Degen,2003)。因此,虽然有些评论家哀叹当代公共空间的进入限制性,但这一直都存在。本书研究活动是否有助于物理,社会和符号包容,以及它们可能增加可访问性的方式。

## 所有权

人们普遍认为空间必须由公共所有才能被视为公共空间。这一理想主义和狭隘的观点受到几个简单的事实挑战。许多私人拥有的空间可供公众使用,而很多公有的空间却不是公有。公共当局拥有的城市空间所占比例越来越小,即使在公共拥有的情况下,也不一定能够保证将提供普遍的待遇。有许多政府拥有的网站,公众是无法访问的:如果你不相信这一点,那么试试访问军事、政府或司法网站。许多 21 世纪最重要的城市空间(如商场)都是私有的,但通常被认为是公共空间。人们并不关心谁拥有这些空间,他们只是想感受安全、受欢迎和舒适。这突出表明,公共空间可以由使用权来定义,而不是由所有权来定义。

同样重要的是,私有和公有之间的界限越来越模糊。例如,对私人空间进行广泛的公共监管,对私人空间的私人管理也在不断增加。帕默和惠兰(Palmer & Whelan,2007)突出强调大量私人拥有的私有财产空间,但公开开放给公众。在这种类型的空间的访问权是一种特权,而不是一种权利(Banerjee,2001)。通常在街道、广场和花园,招牌会提醒公众,虽然他们被允许使用这个空间,但这是获得了私人的允许的(见图2.1)。这导致我们现在看到一种新的城市空间的论点:帕默和惠兰(Palmer & Whelan,2007)将新公共空间描述为一种新类型的城市空间,而班纳让伊(Banarjee,2001)称之伪公共空间。

衡量某地是否为公共空间时,所有权法则并不是一直适用的标准。有些人认为公共空

城市活动：
以公共空间为活动场所
Events in the City:
Using public spaces as event venues

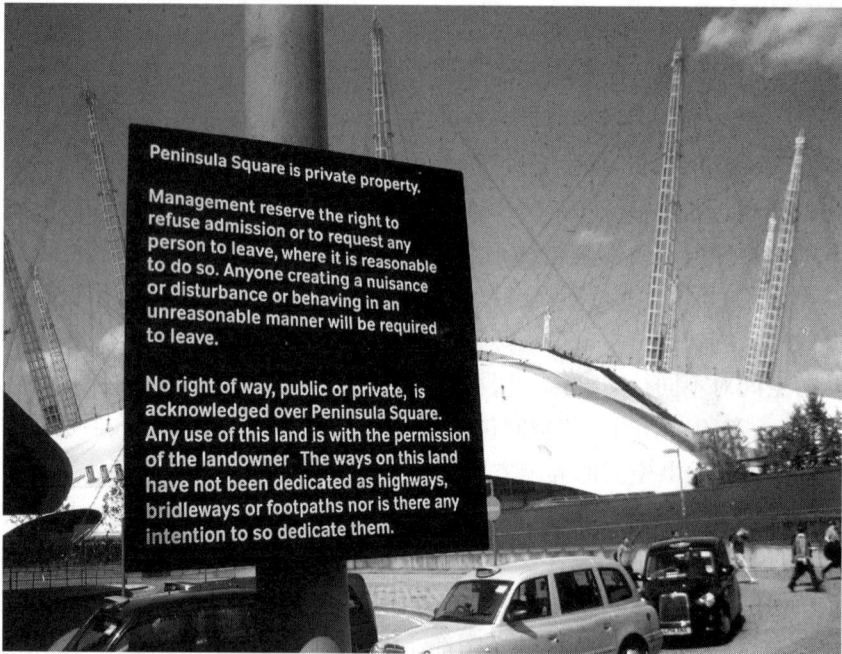

图 2.1　私有公共空间。在伦敦 $O^2$ 竞技场外的半岛广场

间是由公众控制的空间（为公共利益服务），但不一定将公共空间的定义限制在公共拥有的空间。然而区分受到空间控制的空间和其他类型的城市空间可能会引起尴尬。最终，大多数空间（包括私人住宅）都是通过规划限制和财产法来控制的。所有权和控制权都是流动的，而不是固定的现象：土地可以出售，但也可以出让、租赁或占用。这与活动组织当前拥有活动尤其相关。

## 管理

出现在公共空间的最终维度通常定义为管理问题。在一些账户中，这一通过引用管理权的想法与所有权/控制相结合。如果空间管理的空间有利于公共使用和公共利益，则视为公共空间。在过于简单化的会计中，往往假定监管和管理是公共空间的对立面，并且这些空间应该摆脱限制自由的琐碎的规则。然而，越来越多的人认识到公共使用是需要谨慎调节的。没有意识到这一点，空间可能会受到反社会行为或冲突用途的消极影响。正如卡尔莫纳（Carmona，2010）所指出的那样，独立和"管理不足"的空间可能会进入螺旋式下降趋势，这将会减少它们的吸引力并限制其潜在用途，然而，以非常严格的方式管理的空间也会阻碍某些团体，减少用途和用户的多样性。

索恩（Thorn，2011）讨论这个问题时参考了瑞典哥德堡，她的工作突出了基本的困境。索恩指出，近年来，这里出现了公共空间的复兴，新的会议空间受到高度评价。

然而，为了保持它们的安全，哥德堡的公共空间已经得到高度控制和管理，这说明了为什么城市公共空间的复兴与使用的下降之间存在不一致的现象。新空间已经提供，人们也意识到需要公共区域，但有些人担心新空间不够公开，因为它们的安全化非常好。当考虑近

期公共空间供给的趋势时,有些人认为文艺复兴和复仇运动之间的差异变得越来越模糊
(Pugalis,2009)。

## 什么是公共空间?

上面的讨论强调,在定义公共空间时有多种复杂因素。由公众拥有、由公众管理且普遍
可及的空间非常罕见。很少有空间达到真正公开的门槛,因此使用这个定义很重要。本书
所指的公共空间更现实更具代表性,同时应铭记本书中值得称赞的真正公共空间。公共空
间被视为城市空间,且任何人都可以免费使用。这反映了考恩(Cowan,2005:312)的定义,在
这个定义中,公共空间被视为城市的一部分。"根据这个定义,每个人都可以免费考察、使用
和享受包括街道、广场和公园在内的公共空间。"正如定义,为街道、广场和公园是公共空间
的基本例子,因此,本书详尽地讨论了它们。

视街道、广场和公园为公共空间,在某些方面有误导性。例如,许多公园不是一天24小
时都可以进入,从这个意义上说,它们与许多室内场所有着相似之处。它们代表着第二层公
共空间,包括火车站、购物中心、博物馆和艺术节市场。这些场所是许多作家所称的"第三空
间"——社区,既不是用户的家园也不是他们的工作场所。这个第二层可能会逐渐显现出
来:事实上,博耶尔(Boyer,1992)认为,在晚期资本主义城市,街头市场取代了城市想象中的
大道。许多街道,特别是在北美,原有商场和广场已转换成中庭。这种公共空间的内化甚至
延伸到了顶峰:冬季花园的复兴已经(重新)创造了室内空间。因为本书关注的是活动,所以
室内公共空间在这里不作详细论述。然而,如果不承认其中许多空间也符合我们对公共空
间的定义,那将是虚伪的。

某些要求会员资格或付钱的场所,并不被视为公共空间,尽管它们可能会有雷同于上述
两层公共空间的一些特征。需要付款或会员资格的空间被康威(Conway,1991)称为半公共
空间,他把休闲公园、动物园、植物园和高尔夫球场归入这一类。半公共空间还包括大学校
园、图书馆、吸引游客付费的景点(如历史建筑物和它们的场地),学校游乐场和各种体育场
地。这些设施提供开放空间和举办舞台活动,但在这里不予考虑,因为它们通常不能免费对
外开放。

城市中最重要的公共空间是街道、广场和公园,这些都是本书中提到的空间。一个城市
的街道、广场和公园不只是人们进行社交活动的地方:它们也是政治活动的通道和舞台
(Pugalis,2009)。约翰·罗斯金(John Ruskin,1819—1900)表示,一座城市的伟大可以通过
广场和公园的质量来衡量。在当代,当城市急于为它们宣传代言时,公共空间的象征作用是
至关重要的。公共空间象征着(借代性地)它们所在的城市,但它们也可以传达关键价值观,
一些公共空间已经可以象征民主本身。遵循这一逻辑,公共空间和公共领域之间就存在着
联系。这两个想法虽然有时会让人感到困惑,但它们是不同的实体,特别是在数字时代,空
间被视为也包含了虚拟世界。尽管存在困惑,公共领域和传统公共空间仍然存在着联系。
这是在阿米和索恩(Amin & Thrift,2002:135)的观察中强调的:"公共空间的侵蚀被视为对
公共空间的威胁,公共空间是公共领域的物理表现(Inroy,2000),让政治和民主变得不那么
抽象。"事实上,弗兰克和史蒂文斯(Franck & Stevens,2007)认为,没有物质空间的规定,社

城市活动:
以公共空间为活动场所
Events in the City:
Using public spaces as event venues

会仍然是没有意义的抽象概念。

在政治不安或动荡的时代,人们聚集在广场来游行抗议或要求采取政治行动。这些活动有时是有计划的,有时是自发的。也许是在公共场所举办的最重要的城市活动,2011年北非发生的重大活动充分说明了这一点。公共场所是抗争和庆祝的重要场所,但它们也是从日常事务中支撑一个开放的社会的场所:与来自你所处的社会团体之外的不同的人进行讨论。埃米和索恩(Amin & Thrift,2001:137)对现代公共空间是否能够超越这种功能并转变为政治化的空间持怀疑态度:"最好的公共空间可以被看作宽容和社交性的空间,它们不是混合身份和政治所形成的空间。"

在某些情况下,公共空间的象征功能超越了它们的同名功能。劳埃德和奥尔德(Lloyd & Auld,2003)认为,"接续空间"不是公众的场所,而是城市的文化和价值观不可避免地传达和展示的媒介。正如洛斯(Lowes,2002:113)认识到的那样,城市公共空间是一种思想工具,因为它们为精英公民提供了一个场所,以表达一套关于城市方式的特定观点、价值观和假设,以及它应该在空间上和社会上组织起来。雅各布斯(Jacobs,1961:229)提醒我们:与建筑环境相关的意义不是天生的,而是被某些社会团体和利益左右的。要传达预想的意思就需要受管制的空间。街道、广场和公园一直是管弦乐队的空间,虽然它们的外观是开放的和可访问的,但通常受到严格的管制。尽管在城市街道上鼓励"受控自发性",但它们试图复制历史先例,因为"美学霸权"就是关于"谁"和"什么"应该和不应该被"看到"(Coleman,2003:32)广场和公园被控制的原因相似。城市广场通常被设计为突出邻近建筑的象征性影响:因此它们也是统治精英传播其价值的方式,城市公园通常表现出有序的美学(Nevarez,2007),并且存在政府严格规范行为。这个例子强调,城市公共空间通常被设计为控制行为而不是不受限制的互动,这是"受管理空间的现实"(Inroy,2000)。这种控制协助公民的管理,但它也确保正确的图像和信息传达给外部的观众。无论是亲自消费还是远程消费,许多公共空间都是为被动感知而设计的,而不是为了鼓励生活的行动和参与。内瓦雷斯(Nevarez,2007:157)的评论重申"远距离用户"的秩序美学。最终,许多突出的公共空间不是作为公众的空间,而是作为本书后续章节中城市的象征,这种象征性的权力也使得公共空间对活动组织者具有吸引力。

## 城市公共空间的威胁

近期分析表明,城市公共空间供给正在被私有化、商业化和安全化的威胁所侵蚀,这些都突出了以上概述的(理想化)公共空间的三条主要原则:公有制、无障碍进入和管理。万·杜森(Van Deusen,2002)观察到公共空间已经从"有点开放"转变为"有些封闭",这些过程的总结性影响被包括在内。本书的一个关键目标是评估活动是否有助于对付这些威胁,或者相反,它们是否会强化这些威胁。在后面章节提供更多以活动为重点的分析之前,对这些假定的威胁进行了一些(批判性)分析。

## 私有化

公共空间私有化已成为城市研究中的一个重要主题。这种私有化的威胁与更广泛的公共资产有关：与新自由主义哲学相一致的政府采取的一项共同政策。根据巴纳吉（Banerjee，2001：9）的说法，"我们正在经历公共领域持续萎缩，这个趋势在世界范围内的市场自由主义运动和政府精简中加剧了"。公园、街道和广场传统上由地方议会拥有和管理，但它们越来越多地由私人组织或公司进行管理或部分管理。据推测，这种方式可以提高管理效率，并且与公共设施需要在经济上更加自给自足有关，而且公园、街道和广场的保护、维护和升级费用昂贵。祖金（Zukin，1995：29）指出"一些公园私有化的主要原因是，地方政府更倾向于将管理委托给专门的组织"，他（Zukin，1995）着重分析了"纽约布莱恩特公园极具侵犯性的私有化"。从"不受欢迎的用户"处夺回，并最终由当地商业改善区的企业成员掌握。这个令人着迷的案例在本书会多次讨论。

令人惊讶的是，从思想和实践的角度来看私人管理安排存在各种各样的问题。如果我们的公共空间是公共文化的典范，那么将这些空间转交给公司高管和私人投资者意味着给他们全方位重塑公共文化的机会（Zukin，1995：32）。私人管理（进一步）将选民与决策区分开来。这也意味着可能会引入更严格和更具歧视性的法规来规范使用和行为。在更极端的情况下，不仅仅是私人组织在管理。公共空间已经出售给了私人公司。这代表了一种更永久、更基本的不可逆的私有化形式。

## 商业化

公共空间的私人管理本质上与空间的商业化有关——又一个复杂问题和对公共空间提供的另一个潜在威胁。城市私人空间容易受市场力量的影响，从而挤压其使用价值以支持其交换价值。换句话说，如何使用这些空间远没有它们的创收潜力重要。例如，公共空间对周边房地产价值的贡献现在是关键——影响它们的管理方式（Van Deusen，2002）。公共空间也是"重要的"，因为它们对交易和旅游的贡献（Pugalis，2009），并且这些商业目标有时优先于社会和公共职能。应该注意的是，有研究表明，使用价值和交换价值是'相互构成'的（Pugalis，2009）。换言之，使用价值有助于创造交换价值，反之亦然。同时需要指出，除了它们的使用和交换价值之外，城市公共空间具有象征性价值。城市公共空间是象征性经济的一部分。祖金指出（Cited in Richards & Palmer，2010：1），通过文化活动创造财富，包括艺术、音乐、舞蹈、手工艺品、展览、体育和各个领域的创意设计。马林（Marling，2009）等人认为，城市公共空间也需要分析一些它们所称的"经验价值"：体验经济中的价值，其中价值是通过产品和服务的提供而不是仅仅制造和推广它们（Pine & Gilmore，1999）。公共空间的符号和经验在解释为什么它们越来越多地用于重大活动时尤为重要。

相关问题是在公共空间中可见的广告和赞助公司的数量，如可口可乐和斯奈德买断了克利夫兰地铁公园的饮料、小吃的官方供应权（Garvin，2011）。虽然这可能带来非常可观的收入，但有人认为它会带来伤害，特别是在被认为具有高象征价值的著名空间。正如加文

城市活动：
以公共空间为活动场所
Events in the City:
Using public spaces as event venues

（Garvin，2011：183）所说，在寻求商业税收机会时当局可能会过分偏离公园为公众服务的责任，而服务于利益。有些人希望看到公共设施如从商业现实中逃离的公园或广场可以主宰城市的其他地方，但这种情况越来越难以实现。根据米切尔（Mitchell，2015）的观点，公司利益已经渗透了公共领域的各个方面："所以我们已经错过了这场辩论的机会"（图2.2）。

**图2.2　多伦多央-登打士广场**
高度商业化的空间被用于在伦敦举办许多活动

　　班纳让伊（Banerjee，2001）认为公园是城市建筑私有化世界的唯一例外，这是一种天真的态度，即公共空间在某种程度上超越了商业和财产利益的世界。在伦敦，摄政公园可能看起来像是独立于商业化的一个宁静的城市，但这掩盖了它的起源：摄政公园的设计融合了其内部与周边的住宅——因为发展的盈利与美丽、健康和便利同等重要（Conway，1991：12）。

　　在许多情况下，公共空间的商业化并不会对我们日益商业化的世界产生负面影响，而是一种深思熟虑的策略。城市政府将商业活动吸引到街道、广场和公园，以帮助他们创造活力，同时也帮助创造维持这些家庭所需的收入。"商业和城市公共空间之间一直存在着密切的联系（Carmona，2010：145），这就削弱了许多关于商业化的抱怨。"一个很好的例子表明，可能出现的困境是咖啡馆和"卡布奇诺"文化在许多英国街头和广场的兴起，它是模仿地中海城市酒吧空间的生活方式和文化的一种尝试。户外座椅受到地方议会的鼓励，这一趋势受到了城市居民的欢迎，但这一趋势也应对公共空间的商业化和标准化负责。

　　向公共空间引入更多的商业活动与这些空间的改变有关——这些空间越来越被视为产品，这可能意味着它们更可能脱离其所处的地方（Carmona，2010）。一些作者注意公共空间现在被视为商品，而不是作为商业城市的例外。正如劳埃德和奥尔德（Lloyd & Auld，2003：345）认为，"大多数公共休闲空间的生产和休闲城市都是由经济产出需要驱动的"。例如，新的公共空间往往不是作为一种便利设施，而是作为一种销售或证明新的房地产开发方式的有效手段。我们不应该对这一趋势过于乐观,尤其是考虑到人们倾向于以一种创意和无意的方式想象和使用空间。列托武里(Lehtovuori,2010:136)提供了一个很好的例子:他认为曼彻斯特的交易广场已经发展成为外围购物中心的延伸,但他断言这个空间"有可能变得更加积极和有政治色彩",在纽卡斯尔的埃尔顿广场是另一个有见识的例子:这个空间是由埃尔顿广场购物中心主导,这个购物中心从三面围绕这个广场。但它经常被用作反文化群体的聚集点:在众多购物者当中,每周六都有当地的哥特人聚集在这里。

## 安全化

　　安全化代表着对公共空间的第三个威胁。公共空间的安全化与更广泛的趋势相联系,我们将城市重新配置成较不开放,更具防御性的空间(Newman,1996),它也与"分裂的都市主义"这一术语有关(Graham & Marvin,2001)。它描述了城市环境日益分化为净化改造区域(Klauser,2013)。这突出强调了支撑城市安全化的空间逻辑:封闭和固定空间使它们更容易控制。现在采用一系列硬性措施和软性措施来管理公共空间,这些对公民自由构成威胁。城市公共空间通常都是高度安全化的:具有惩罚性设计特征,配备大量公共私人警务、视频监控以及制定了用于阻止不良用途或用户的法规。

　　安全化似乎是唯一的负面趋势,但一些用户青睐更严格的安全措施。大多数人将安全放在自由之上,所以缺乏安全化可能会对用户和用户的多样性产生不利影响。虽然许多城市空间被不公平地标记为危险区域,但恐惧犯罪将一些用户象征性地被排除在公共空间外。安全措施是让人们感到更安全的一种方式,但是安全空间不足和过度安全之间的区别很好地显示出负责管理城市空间的人员面临的困难。虽然没有简单解决这些困境的方法,但有一个很有价值的选择是确保更多的人在白天和晚上在公园、街道和广场出现。人的存在作为安全措施,可以使人们感到更安全。因此,公共空间中对活力的需求不仅与趣味和乐趣相关,而且还与一些更基本的目标有关。

　　对有些作者(Banerjee,2001)而言,上面讨论的威胁逐渐减少了在我们的城市可用的公共空间的数量。这受到其他人的质疑,他们认为我们失去一些公共空间的同时,其他公共空间正在被创建(Carmona,2010)。关于我们正在失去公共空间的争论,也依赖于这种可疑的想法,即失落的空间曾经真正地被公开,并且不受私人介入、商业活动或过度安全措施的阻碍。现实是公共空间早已被这些特征所渗透。我们正在失去公共空间的想法也因空间不断变化的认识而被削弱。我们不一定会失去公共空间:相反,正在创造新型公共空间。这本书只是为了分析公共空间是如何变化的,而不是哀叹公共空间的丧失。本书的目标是评估活动如何与私有化、商业化和安全化过程相关联。

# 什么构成良好的公共空间?

　　为了理解活动如何促成或减损城市公共空间,首先考虑什么可能被认为是"良好的公共空间"。上面的讨论已经提供了一些线索:良好的公共空间接近于公共空间的理想定义,公

城市活动：
以公共空间为活动场所
Events in the City:
Using public spaces as event venues

共拥有（或控制），公众可接触并且有利于公共使用的管理方式。在试图考虑什么是好的公共空间时，避免过分强调公众一词可能是有用的。尤其是如果我们接受卡尔莫纳（Carmona，2010）的论点，即没有像"普通大众"那样的东西，包容性概念是一个重要的想法（也是理想的）。良好的公共空间可以被认为是包容性的空间：这种空间吸引了各种各样的用途、用户的多样性。一些作者提供了有用的概念性思想，以帮助我们理解包容空间是什么样的，如劳埃德和奥尔德（Lloyd & Auld，2003）对多个公共空间的识别，那些人支持差异而不是受益于同质社区（社区空间），或者是向所有人开放的公共空间，但不鼓励某些用户使用（自由空间）。卡尔莫纳（Carmona，2010）在他对开放与封闭空间的识别中讨论了类似的概念，前者展现了界限分明和社会混合的积极特征。

包容性空间的思想开放得足以让所有人都能接触到，但足以保证避免担心安全，这似乎是一件困难的事情。有一些公共空间的例子可以实现这种平衡，查特顿和昂斯沃斯（Chatterton and Unsworth，2004）描述了利兹市的千年广场：它存在于受控/安全和开放/及时之间的交集中，但它没有固定的含义被各种社会团体和利益集团所使用。用户的不确定含义和多样化的范围表明这可能是良好公共空间的一个例子。然而，斯普瑞科勒等人（Spracklen，et al.，2013：171）的研究发现，同一个广场"对于我们的受访者来说不是一个吸引人或受欢迎的空间"，这凸显了公共空间评估中涉及的内在主观性，它也重申了作者的悲观主义，如万·杜森（Van Deusen，2002）认为公共空间总是排他性的，因为某些人或行为是可以容忍的，而其他人则不能，这种类型的思考有助于解释为什么许多作者将公共空间视为固有的冲突空间（Koch & Latham，2011）。

包容性（开放性和多样性）也与经常引用的观念有关，即良好的公共空间应该鼓励社交活动和与陌生人之间的偶然接触，也许会导致一个更宽容、更公正和更少个性化的社会（Sennett，1978）。陌生人的概念与城市公共空间非常相关，它们通常被认为是可以匿名的地方，因为对行为的限制较少（Franck & Stevens，2007），因此可以获得解放。帕格里斯（Pugalis，2009：222）认为城市市场是理想的"剧院"，人们可以与陌生人见面并相互交流，并认为这些互动意味着市场是城市公共空间动态和异质性的主要例子，然而街头市场是临时构建的。集中在某个特定时间的密集活动可能会使这些空间在非市场时期感到"沉寂和无聊"，有组织的活动导致这些活动的变化，本书的目的之一是检查是否存在临时变化导致了思维、感知和生活方式空间的更长久的变化。

由于人们共享相同的空间并不一定意味着他们正在进行互动，所以没有陌生人之间的相互沟通，城市公共空间只是一个共同存在的平台，而不是社交性的论坛（Rowe & Baker，2012）。为了鼓励互动，城市设计师使用三角测量原理——外部刺激的排列方式鼓励人们开始交谈（Stevens，2007）。城市规划者日益青睐的一种三角测量的创新形式是食品亭，将它们放置在公共空间中可以减缓人们的活动并鼓励互动（Montgomery，2013）。然而，有些人认为这些代表了不必要的商业化。在日益商业化的世界里，空间通常旨在最大化个人和商品之间的接触（Reeve & Simmonds，2001）。这突出地表明，公共空间越来越成为个性化消费的场所，而不是偶然的社交活动。

鼓励社交性的公共空间设计的失败不仅是许多新公共空间商业定位的产物，还是风险规避组织所担心的,这些组织担心不可预测的行为,以及避开那些并不希望发生的行为。从某种意义上说,这是一种有意的失败。为了避免"不受欢迎的"居民的威胁,新的公共空间被刻意设计为反社会空间,不鼓励人们交流、居住和聚集。弗拉斯提(Flusty,1997)称占据"多刺的空间"是困难且不舒服的,公众可以通过这些空间但不使用它们。蒙哥马利(Montgomery,2013)认为这是一个为曼哈顿市中心的许多广场注入了设计和管理的原则。公司有时需要提供公共空间,以便使新建筑物或现有建筑物的扩建计划获得许可。这些公司不想提供公共空间——它们不得不——从而导致相当自私的表现。

伦敦金融城最近的一个例子(也许这个地区更与曼哈顿的曼彻斯特街道旗鼓相当)很好地说明了这一点。在芬乔奇街20号的一座非常庞大的建筑物被授予公共空间许可,因为这座建筑顶部满足大型公共空间的条件。这是一个公众可以进入的公园:一个可以欣赏到城市和城市景观的室内空间。当2015年开放"天空花园"时,伦敦市民和当地规划机构惊讶地发现,获得入门需要先进的预订和摄影识别,这违背了公共空间的可访问性,空中花园更像企业中庭、酒店大堂,而不是公园:昂贵的餐厅和酒吧意味着这实质上是一个商业空间,令人失望的规模和令人失望的景观意味着评论家将其称为天空假山(Wainwright,2015)。该例子突出了将公共空间视为补偿私人发展,而不是作为它自己的权利。为什么公司或房东鼓励人们在建筑物外面活动。本例子则是在建筑物顶层。遵循这种自私的逻辑,创造能够应付规划义务的东西,但这限制了不同团体使用空间的机会。

每当建设新的城市空间,都涉及各种利益相关者:不仅有该地域的所有者、公共当局和潜在的用户,也有被委托设计空间的建筑师和设计师。建筑师和城市设计师可能被曾经的乌托邦愿景和新的社会关系所驱动,他们现在似乎对地区社会背景不太感兴趣,而是对美学更感兴趣(Van Deusen,2002)。这个结果在帕格里斯(Pugalis,2009)对英格兰东北部公共空间的研究中得到了很好的说明,该研究发现设计师的态度和用户的态度之间存在巨大差异。设计师们沉迷于材料和美学,而空间的使用者则强调了社交接触和文化体验的重要性。这再次肯定了传统观念,即设计师创造空间,但人们创造场所。考恩(Cowan,2005)和帕格里斯(Pugalis,2009)的研究表明,城市设计师并没有创造有社交气氛的地方,因为他们并没有在他们的设计中优先考虑社交性。对此问题的明显回应是确保用户参与到空间设计中:不仅是征求意见,而是积极参与。在共同生产的时代,公司受益于消费者对产品重新设计的投入。当然,期望城市规划者和设计师让潜在用户参与他们的工作当然也是合理的,已经有许多例证可以说明。但更普遍地采用这种做法将有助于回应詹姆斯·雅各布(Jacob,1961:238)的名言:"城市可以为每一个人提供所需,只因为也只限于当人人参与城市创造中。"

社会融合不仅需要好的设计空间还是融合的意愿。这就产生了一个问题:是由公共空间不足而造成城市公共生活的衰落,还是缺乏公共生活导致城市公共空间的状况不佳?查尔斯·蒙哥马利(Charles Montgomery,2013:160)相信城市设计的好处:"我们可以建造或重建城市空间,使家庭和陌生人之间的联系更加密切,信任度更高吗?"答案是肯定的。然而,约翰·蒙哥马利(John Montgomery,1995:108)对此持怀疑态度:认为大型公共空间引起公众社交性的爆发是错误的观念。最终,市民生活的减少导致了市民空间的减小,而不是反过来。理查德和帕默(Richards & Palmer,2010)认为公共空间的人们已开始有意识地撤退,引

城市活动:
以公共空间为活动场所
Events in the City:
Using public spaces as event venues

用戈夫曼的防卫性反应来解释这个过程。人们倾向于与熟悉的人一起而不是不熟的人,这削弱了与陌生人交际的努力。

当尝试弄清楚究竟是反社会的人还是反社会的空间该对城市公共空间的减少负有责任,我们应注意的是到底城市空间是什么。空间既是社会关系的产物,也是这种关系的生产者。这表明这个过程的多面性:好的公共空间可以鼓励社交,但是城市公共空间也可以被社会互动所创造。事实上,梅西(Massy,2005:9)提醒我们,空间是"相互关系的产物,通过互动构成"。不仅城市规划者和设计者创造了公共空间,而且使用者也在创造。正如万·杜森(Van Deusen,2002:151)所述,"公共空间产生于人们的实践……同样来自创造它们的设计者"。这种思考也适用于本书后续部分(见第4章),将阐述活动对于创造通常并不存在的非正式城市公共空间是有益的。

好的公共空间不只具有可访问性和社交性。根据公共空间项目(2007,Cited in Richards & Palmer,2010),如果一个城市公共空间是成功的,"活力"和"舒适度"也是必要的。如果我们想要人们在公共空间消磨时光,而不是仅仅路过,那么它需要足够舒适或让人有事情可做。舒适通常意味着提供合适的座位、阴凉和遮蔽。吉尔(Gehl,1987)强调,人们喜欢可以坐下并且看到其他人的地方。活力更难以描述,特别是许多人喜欢在公共空间做的事(如滑板、踢足球、饮酒、抗议示威)并不受其他使用者或者空间管理者欢迎。举个例子,英罗伊(Inroy,2000)描写了格拉斯哥一场吸引人的斗争,在想要新公园作为城市市场工具的地方议会和想要在公园踢足球的年轻人之间展开。从调解公共空间的使用和象征价值的两难出发,消费性活动(食物、水等)以及有组织的表演(不管是现场或是通过大屏幕)更加可得也具有了合理解释。这些是相对安全、非对抗性的易于被大多数人接受的活动。

在寻找好的可供模仿的公共空间先例时,追忆过去的城市是非常诱人的。地中海历史上有许多例子经常被作为公共空间的终极典范。本章前面曾阐述市场空间的品质,以及古希腊城市市场的迭代——市集通常被视为公共空间的缩影和现代城市应当追求的典范。这也许是过去浪漫主义的观点:人们经常忽视的事实是,进入市场是非常严格的(Smith & Low,2006)。一个更具想象力的希腊例子是帕帕斯特加蒂斯(Papastergiadis,2013)等人提出的,他们提倡将柱廊作为公共空间的模范示例。柱廊是一种遮蔽,尽管不是封闭空间。它是过渡的空间,不是里面也不是外面;一个人们可以居住、交际、窃听和移动的地方(Papastergiadis et al.,2013)。这种情况下,类似像酒店大厅、医院接待室或是21世纪的公司前厅,柱廊是"公共和私人领域交汇的中心点"(Papastergiadis,2013:338)另一个经常用于描绘理想公共空间的例子是意大利广场,负有盛名的锡耶纳坎波广场,一个宽广的半圆形长廊。坎波广场的关键品质包括空间"作为横跨整个城市检阅的舞台功能",一个被极广阔的视野提升的特点(Montgomery,2013:151)。根据蒙哥马利(Montgomery,2013)的观点,这个空间集合了人群,而且又能将其疏散,因此它非常成功。有趣的是,考虑到本书的主题,这个"舞台"是为活动设计和使用的。

## 自由空间

在研究"自由空间"时,弗兰克和史蒂文斯(Franck & Stevens,2007)也提出了包容性公共空间的创想。人们可以使用不同的方式来使用自由空间。事实上,弗兰克和史蒂文斯(Franck & Stevens,2007)将自由空间定义为没有特定用途的地方,承诺和固定功能的缺失反而鼓励了群体和活动多样化的更多可能性。他们的观点与列斐伏尔不谋而合,都认为当其被标定时,"空间必然会包含一些东西而同时排除其他"(Lefebvre,1991:99)。这种观点也是科赫和莱瑟姆(Koch & Latham,2011:522)对公共空间的研究依据:"我们需要更加认真思考,栖息地是怎样交织在一起的,以及某些实践的存在是怎样为特定种类的栖息地提供一致性而非其他?"在一些公共空间,不同使用者和用途可以很好地聚合,戈夫曼的"凝聚模式"提供了一种解释。戈夫曼阐释了当人们占有公共区域时通常会达成一种心照不宣的社会契约,包括人们默许彼此承担各自社会角色的前提以及相互理解的基础(Reeve & Simmonds,2001)。这体现了弗兰克和史蒂文斯(Franck & Stevens,2007:4)对于自由空间的定义,即在承认他人存在和权力的同时,允许人们做他们想做的事。

自由空间是本书中的一个重要概念,它提供了一种实用性框架,借此不难理解空间具有更多/更少可访问性,因此具有更多/更少包容性。带着这种观点,这个概念值得更深入探究。弗兰克和史蒂文斯(Franck & Stevens,2007:16)将自由空间视为动态空间——静态意味着严密。反之自由空间可以成为严密空间,是由特定空间的"形式、纪律和用途"变化而致。一些布局鼓励更多自由,比如渗透性的设计,人们可以在不同空间中任意穿行。但是弗兰克和史蒂文斯(Franck & Stevens,2007:15)认为自由空间大多产生于人们的行为——人们创造自由——通过放开僵硬的管制,而不是空间物质的变化。根据弗兰克和史蒂文斯的观点,"使空间自由的活动可以是即兴的也可以是提前规划的,它们可能只有一场也可能定期举办"(Franck & Stevens,2007:2),以及是"与初级不同的规划活动"(Franck & Stevens,2007:4)。这些成果强调了使用自由空间去实现舞台活动效果的潜在价值。

弗兰克和史蒂文斯(Franck & Stevens,2007)的阐释通过排除的方式帮助我们理解自由空间。他们认为,"自由空间是与审美和行为控制下的休闲消费性同质主题环境分离开的,在那里没有什么不可预测的事情必须发生"(Franck & Stevens,2007:2)。城市分散主义中商场和商业提升区域被视为严密空间。但是,作者认为在这种空间中,仍然有机会创造自由空间,尽管只是暂时现象。自由空间的反面(严密空间)被定义为"确定、同质和指令"。此类的反向主题正是史蒂文斯(Stevens,2007)认为我们应当定义开放空间——它们不仅不拘束于大楼和发展,而且没有特定使用者和用途。

弗兰克和史蒂文斯(Franck & Stevens,2007)的观点具有强关联性,其他城市设计学者大为追捧。蒙哥马利(Montgomery,1995:108)的论述"成功的地区规划展示了无序的公平程度",也体现了他与自由空间的价值观念不谋而合。因循雅各布斯(Jacobs,1961)的传统,蒙哥马利(Montgomery,1995)认为富有生机的街头生活是最佳的实现方式。上文讨论的私有化、商业化和安全化是对这种空间的威胁,但是弗兰克和史蒂文斯(Franck & Stevens,2007)坚信自由空间并没有在现代城市中完全消失。本书的目标之一便是探究活动对于空间的放松或是紧密的影响。同时弗兰克和史蒂文斯赞誉的这种无政府主义有时显得有些不现实和说服力不足。本书遵循的原则是自由公共空间是好的公共空间,因为它更加包容,能够激发更多可能性和潜力。

城市活动：
以公共空间为活动场所
Events in the City:
Using public spaces as event venues

科赫和莱瑟姆（Koch & Latham,2011）对伦敦城市空间成功转变的描述,为自由空间的实现提供了实用解释。作者没有论及空间变得更加公众化,但强调现在它是更好的空间,由于"更多人使用它,其用途趋向更多可能性,并且提供一种更加高效的解决空间需求矛盾的方式"（Koch & Latham,2011:526）。这带来的三种结果都是实用的评判城市公共空间的标准:使用者多样化;用途多样化;以及也许最重要的一切多样性的成功管理。

自由空间的理念与一些传统的城市规划设计准则相悖。普罗格（Plger,2010）将城市规划视为对城市生活的编排,而城市设计是尝试规范空间的实践。这些描述强调规划和设计是控制的践行,而非解放城市空间的工具。根据不同活动或用途划分为不同空间,和视觉规则的成见（Montgomery,1995）,看起来很难与自由空间的原则相一致。帕格里斯（Pugalis,2009）将构想空间——规划/设计空间——视为减少空间活力,因为它们内在地与居住城市分离。但是,更具创造性的和更少传统性的规划设计方法也许会帮助自由空间的供给。专业性挑战包括在这些领域尝试设计的灵活性和自由性;同时要避免削弱空间确切的目的。一个著名的例子是纽约高架铁道:在废弃铁路上悬浮于城市上的线型公园。公园设计为有规划的荒地,以"模糊地带"为概念——没有被过度开发和规划的空间（Kamvasinou,2006）。

分析自由和严密空间与一些著名的城市研究和批判性城市学说的理念有着清晰的联系。比如,将自由空间和地域、地域化的概念联系起来是可能的。跟随萨克的研究（Sack,1986）,我们一般认为地域是试图控制地理区域的结果。但是,萨克的解释并没有为其他城市评论家所接受,后者认为地域是通过关系和更少的人为努力创造的。如布里根蒂（Brighenti,2010）和拉费斯坦（Raffestin,2012）等学者很好地阐释了空间是怎样演变为地域的,帮助我们显著提高了对此的认识。按照这些关于空间的广义说法（见上文）,地域通常被视作进程,而不是静物,因为它们在不断创造和反创造。这就是学者标定的一种不同类型的地域化:"去地域化"的原因——开放空间和再地域化——空间封闭。识别空间是封闭或是开放,与上文讨论的自由或严密空间有明确关联,这些观点也会在本书后续章节再次说明。

城市空间自由化或者严密化有时也指使用来源,这出自德勒兹和瓜塔里（Deleuze & Guattari,1987）的专业术语。这些以及受他们所影响的学者们,经常讨论"修复"城市空间的想法（Frew & McGillivray,2014）。德勒兹和瓜塔里（Deleuze & Guattari,1987）将空间视为包含阶层化和平稳空间的联合,前者是"政府导向和静态的",后者则是"游牧性和动态的"（Frew & McGillivray,2014）。与严密空间类似,游牧性空间与更强决定性关系相关联,和地域化理论遵循相同的逻辑,多种力量"修复"平稳空间;因此这种空间一直处于被归入游牧性空间的危险之中。但是,通过识别阻力和"航线"的可能性,德勒兹和瓜塔里（Deleuze & Guattari,1987）表明,在游牧性空间之内可选空间能够被实现。这与之前的观点相似,更多包容性/自由空间应从严密的半公共空间中创造。游牧性空间与严密空间具有相似性,因为它有稳定的身份,而不是演变的状态。游牧性这个名词来源于拉丁语'stringere'——握紧（Dovey & Polakit,2007）。同样,平稳空间与自由空间如出一辙:特别是德勒兹和瓜塔里（Deleuze & Guattari,1987）对于平稳的解读暗含无缝性和移动性,摆脱了边界束缚的空间。

在紧密/自由空间和游牧性/平稳空间之间有明显的相似之处,但指出一些不同仍是重要的。在德勒兹和瓜塔里（Deleuze & Guattari,1987）的作品中,游牧性和平稳空间是交叉在一起的非常复杂的连接体。他们不是两种分离的空间,而是两种思考方式所导致的(Dovey & Polakit,2007)。自由空间和紧密空间是更加直接的表达。自由空间是由弗兰克和史蒂文斯(Franck & Stevens,2007)提出,指一种"理想"城市空间,形成了一个实用概念,特别是对本书而言。现在德勒兹和瓜塔里(Deleuze & Guattari,1987)的理念多见于时尚界,其应用非常多。本书使用弗兰克和史蒂文斯(Franck & Stevens,2007)的自由/严密空间的概念,提供了一种崭新的且更实用的视角。但是,仍要承认考虑地域化和平稳/游牧性空间以往的宝贵研究观点的重要影响。

## 暂时城市化

在分析不同观点和概念帮助我们理解城市空间的同时,作为以活动为主题的书,提出考虑时间的观点也很重要。不同于空间(和范围),时间通常被研究者遗忘(Tonkiss,2013)。近年来——也许是因为全球金融危机减缓了许多城市的发展——暂时城市化的热度越来越高。许多可能的原因能够解释这种热度:比如在"液体"形式的现代化中新技术和新空间配置(Bauman,2000)。一个更简单的解释是人们喜欢暂时性结构。比肖普和威廉姆斯(Bishop & Williams,2012:3)的《暂时城市》一书为"与具有消费者吸引力的时间限制排外性的优良品质"提供了证据。这解释了为什么主流品牌热衷于建设快捷商场。

根据定义,活动是有时间限制的一种现象。通过这一定义,当考虑城市空间内(以及空间上)的活动影响时,现存的观点和概念尤其重要。在城市设计和规划中,有一种观点"对持久性狂热的追捧"(Bishop & Williams,2012),意味着暂时性城市化的价值和影响被忽视。甚至在现存著作中,空间的暂时性使用倾向于指作为过渡阶段的或者去间隙的用途,比肖普和威廉姆斯(Bishop & Williams,2012)觉得这是非常轻视性的术语。新兴的关于暂时性城市化的著作试图聚焦于"快捷"结构和空间的彻底占用(如游击式园艺),但是有组织的活动仍是城市空间暂时使用的最重要和普遍的例子。近年来关于活动的著作如雨后春笋般增长,但是只有少数会使用以暂时性城市化为概念基础的视角来分析活动。

认同暂时性用途的作用很重要,因为这些用途可以在短期、中期和长期产生重大影响。它们能够提供空间的更多高效用途,但是也为更加具有创造性和更吸引人的城市化形式提供了基础。暂时性城市化成为新焦点,一个更加鲜为人知的益处是它打破了城市空间创造者和使用者之间的假定分配。这与本书的哲学相匹配:人们创造城市空间的观念。对于城市空间的暂时性使用的新关注不仅在学术著作中非常明显,在专业实践中也是如此。比如,暂时性使用已成为伦敦市长政策的一部分(Tonkiss,2013)。在城市发展和复兴中采用"较少,经常是临时倡议"的"分阶段一揽子计划",为"自由空间"这一概念提供了一个良好的联系,即适应临时城市化的计划比传统的土地分区更宽松的空间策略。(Bishop & Williams,2013:3)。在这种情况下,通常视为自由空间对立面的规划者和建设者构建的空间甚至对其条款做出了贡献。但是,像其他概念一样,潜在威胁是规划者和建设者采用这种观点(通过较弱的形式)来为其利益服务,企图维持这种状态,而不是积极地选择创造建设环境的方式。

城市活动：
以公共空间为活动场所
Events in the City:
Using public spaces as event venues

唐克斯(Tonkiss,2013)担忧暂时性使用的观点已被吹捧的政客和建筑学风格杂志所滥用。

## 小　结

　　本章为本书后续章节提供了重要基础。前面介绍了城市公共空间这个术语如何使用以及好的城市公共空间是怎样的。简单来说，城市公共空间是一个规范概念。但是，一个现实可行的定义是这样的：任何人都可以自由占用的城市空间。好的城市空间是包容性的自由空间，欢迎多样的使用者和用途。本章也介绍了公共空间是怎样产生的。其中一个关键观点是公共空间是人们互动的结果，同时也是促进这些互动的工具：因为公共空间是社会性的自然现象，它是产物，也是生产者。在本书后续部分，这种思考将用于解释活动怎样使公共空间商业化以及使商业地区社会化。第4章将会介绍活动的一些积极效应：活动是怎样使公共空间自由化(使它们更具可得性和包容性)；以及它们怎样帮助创造城市公共空间。本书第5章将阐释活动怎样为商业化、私有化和安全化过程作贡献。但是，在讨论这些问题之前，更加细致地探讨本书论及的关键趋势——活动的城市化具有重要意义。

# 第 3 章  活动的城市化

## 引  言

官方活动越来越多地在如公园、街道和广场等中心公共空间举办。这种趋势随着"活动的城市化"显现。解释这种趋势并探索它产生的原因非常重要,这正是本章的主要目的。为研究这个问题,更广的城市"庆典"也值得探讨。城市庆典被视为在其中发生的城市化活动包罗一切的过程。本章也介绍了一种更明确的用于构建后续章节的概念性框架——它将帮助我们理解城市化活动的影响。本章后半部分致力于解释活动城市化的方式和原因,特别是关键利益相关者的潜在收益。

## 城市空间的活动化

一些评论家预言,在城市中心和重要的公共空间举办休闲活动是大势所趋。举个例子,列斐伏尔(Lefebvre,1991)期望的方向是消费空间(消费闲暇的特定休闲区)让位于空间消费——在这里城市本身成为消费体验的焦点。这再次肯定了我们经常提及的观点:城市已经由消费的容器转变为"有趣消费体验"的内容(McKinnie,2007)。这些观点与城市活动息息相关。从相同的逻辑出发,城市不再只是城市活动的背景,城市已成为活动消费的关键组成部分(Richards & Palmer,2010)。这个过程常与城市庆典的概念相连,我们将在下文讨论这个术语。

### 城市庆典

不同学者对庆典有不同的定义。但是,它通常解释为一个常规过程,自 20 世纪 70 年代后期用于描述城市和文化政策。庆典涉及在后工业和象征经济中使用文化现象实现经济结构变迁和提升城市竞争力。文化用于促进经济活动和设计城市(Zukin,1995),最近出现"由

城市活动：
以公共空间为活动场所
Events in the City:
Using public spaces as event venues

文化到包含流行文化和活动规划的广义化转变"(Tallon et al.,2006:353)。在这种环境下，庆典包括节庆使用、活动和促进经济和象征资本产生的娱乐。通常的舞台活动和特定的大型活动对这个过程尤其重要。正如詹金斯(Jenkins,2012)所述，我们正见证大型活动下的新型经济——他和津巴利斯特(Zimbalist,2015)所指为马戏团经济——为更宏伟的场合提供需求。活动已成为城市经济的中心，以及城市政府支持和管理的多种专业活动的中心。曼彻斯特城地方议会的领导者近期声明，在曼彻斯特这类城市，活动的"集聚"不是偶然，也不是城市历史或创造力的表现：反而"是一种对文化可以推动经济增长的催化剂的认可"(Leese,2015)。这里的原理非常清楚——后工业城市需要刺激消费和经济活动。雅各布(Jakob,2013:468)表示，庆典包括"城市规划中的节日引进……来提升城市当地和经济的发展、消费者体验和城市形象"。

在科洛姆(Colomb,2012)对1989年后柏林的详细分析中，给出了城市庆典的一个更加极端的例子。不仅是在城市政策中战略性使用节日和活动，城市还被"舞台化"：换言之，整个城市参与了活动。这包括将城市的多个部分转变为宏大活动和城市戏剧化现象(通常不会视为活动)的演出舞台。科洛姆(Colomb,2012)认为，在20世纪90年代德国统一以后，这即是柏林所采用的方式。20世纪80年代的活动，如750年城市诞辰纪念日(1987)和欧洲城市文化活动(1988)为这种战略提供了原始基础。后面的尝试更加强烈；不仅是筹划大型活动(2006FIFA世界杯，2009世界田径锦标赛)和对日常活动的加强(如文化嘉年华、电影节和爱的大游行)，而且是将一系列不算活动的活动打包为一场大型活动(Colomb,2012)。

科洛姆(Colomb,2012)认为城市庆典与城市旅游目标密切相关。这一观点反映在其他人的描述中。约翰逊和科西塔基维茨(Johansson & Kociatkiewicz,2011)发现了城市庆典的三个不同方面：树立对游客友好的形象；叙述城市历史的转变；创造与众不同的庆典空间。重要的是，这三个维度表明"节日作为边缘性活动与日常城市体验清晰地分离开来"(Johansson & Kociatkiewicz,2011:402)。因此，活动被定义为日常生活的对立面。庆典的目的是将城市空间打造成"活动风景"，将提升城市的限制性和清洁的级别，"而不是生活的复杂性和多样性"(Johansson & Kociatkiewicz,2011:403)。这强调了节庆城市和概念城市两者的联系，德赛都(De Certeau)使用此术语解释了城市生活的多样性是怎样简化为传达一种具有吸引力的联合观点(Jamieson,2004)。节庆、活动和文化通常用于构建现代城市，强调庆典不仅是包含新型经济模式的有益过程，更是涉及广义的城市作为游戏和消费站点的重组。

在德语文献中，尤其是城市社会学这个领域，庆典的含义有微妙的不同。这里，重点不在于庆典的空间和文化，更多在于政治性庆典。事实上，在许多研究中，尤其是豪斯曼(Hausserman)的作品，此术语指城市拥护的一种形式——民间联盟试图提升他们的本土化利益。在这种环境中，庆典的解释是"大型活动形式的政治"(Roth & Franck,2000)。庆典被视为一个为精英获取政治和经济资本并用于抵御反对他们控制势力的方法。这种拥护通常是由民间联盟或新创私有组织执行[如商业促进区,(Zukin,1995)]。此术语严格用于指代缺乏民主合法性的城市政策(Roth & Franck,2000)。从这个解释容易看出，城市政治庆典经常等同于"景观社会"学说(Debord,1984)，基本假定是市民被安抚——真实的问题隐藏在"面具嘉年华"之后(Harvey,1989)。雅各布(Jakob)的言论内含了其解释：

当城市政府持有越来越少的调控工具和资源来影响房价、就业、教育及社会福利,盛典的组织方式不仅隐藏了其弱点还成了宣传代言人。

(Jakob,2013:456)

庆典也是时间限制的一种形式。通过强调确切时间,活动帮助城市变得更加有意义。时间限制的空间改变了它的含义(Lefebvre,1991)。如休斯(Hughes,1999:132)所述,近年来,城市使用时间和"时间意象",来恢复空间使用"庆祝和欢乐狂欢般的形象"。但是,在这个节庆提升为城市永久特征的时代,时间限制的观点更加混乱。理查德和帕默(Richards & Palmer,2010)对城市庆典的解释——作为将城市转变为持续的节庆活动的努力——阐明了这个观点。他们引用阿维尼翁的解说,将它自己作为"永久展示"来帮助解释这种现象。城市永远处于节庆状态的观点包含富有雄心的沟通策略,而不是代表任何可辨识的现实。但是,在一个被传媒和社会传媒主导的世界,城市形象和真实的城市越发难以分离。与在特定时间举办特定活动不同,城市越来越多地作为活动持续发生的场所进行自我营销。例如,曼彻斯特最近升级为活动目的地,以"活动永远发生"作为标语,吸引参观者加入"重要小憩"(观察家报,2014年6月29日)。另一个英国实例也可以帮助我们理解,在爱丁堡的活动战略中,一个关键目标就是"使城市整年活跃起来"(爱丁堡城市地方议会,2007:8)。再次,这暗含了传达周年性节庆的有意尝试。

永久庆典也与闲暇的去差异化相关。节日和活动不是必要的独特活动,会在每年固定时间发生,它们是普遍融合消费活动的新兴现象。作为城市庆典的程序,消费和娱乐变得难以区分(Richards & Palmer,2010)。前述柏林的案例是一个很好的佐证。在21世纪,"一年中每当没有引人注目的活动时,城市的小型活动和日常的文化、零售和娱乐设施就会被打包为主题性或季节性活动,以品牌吸引游客前来"(Colomb,2012:236)。对于德国资本来说,这很常见:如果你查阅多数城市的活动日历,它们增补了一系列非传统的定期活动:市场、购物和娱乐。庆典是闲暇的去差异化,这种理念也通过"购物节"作为一种城市活动出现而得到解释(Richards & Palmer,2010)。例如,安瓦尔和苏海尔(Anwar & Sohail,2004)探讨了迪拜购物节的兴起。购物和节庆明确连接的方式可能在节日市场中更加明显。最终,城市研究著作中应讨论民间空间,吉隆坡(马来西亚)是一个很好的例子。在这个亚洲城市,"节庆城市"意味着购物圣地:以"每天都是庆典"的标语恰当地予以推动促进。

最终,庆典是指描绘了近年来城市文化、城市空间和城市政策如何以及为何改变的广义过程。在本书中,此术语提供了实用环境和涵盖一切的框架。本书聚焦于空间庆典,而不是文化庆典或政治庆典。但是,这些领域清晰地连接在一起。庆典作为一个广义的大城市范围进程是易于理解的,其中,活动是以消费、娱乐和休闲或其他形式与他人联系的。个人活动如何影响特定公共空间是本书更加关注的问题,因此使用一个或一系列比庆典更狭义的概念更合理。追随雅各布(Jakob,2013)的观点,我们需要阐释相对于城市节庆空间更小规模和更短时间运转的过程。因此,活动化这个术语出现了。此术语看起来同涵盖体育赛事和娱乐活动、文化节庆的书更相关。活动化也包括不同的过程和结果。基于这个原因,本书定义和使用辅助概念活动化和项目化,作为理解城市公共空间阶段性活动的差异与关联效应的途径。这些过程不应视为与其他不同:多数活动同时包括空间的

城市活动：
以公共空间为活动场所
Events in the City:
Using public spaces as event venues

活动化和项目化。但是，为了使其中的过程更易于理解，我们将分开来讨论。活动化和项目化都是不确切的用词，它们的相似令人容易混淆，所以接下来的部分将详细介绍它们的起源和含义。

## 活动化

活动化这个术语指城市空间通过筹划活动产生的过程。为了更好地记住这个术语，我们可以将其视为活动和复兴的结合。如第4章所述，活动是活化空间的有效方式，欢迎新的使用者，鼓励新的用途，并最终改变城市空间的定义。它们可以带来人群、社交和氛围——所有都是成为好的城市空间的品质。这种活动甚至可以使空间感觉更安全。许多城市空间是"死"的——它们缺乏生命力、欢乐和激励——活动可以作为暂时或永久处理这种情况的方式。但是，术语活动化也用于指代在城市很少存在或者已经消失的一些区域创造城市空间。这与情境主义者试图创造非正式空间的方式相似，因为活动创造正式空间（Ploger，2010）。

在定义这个术语时，必须承认的是，其他社会学者对活动化的概念有更加普遍、略有不同的用法。皮特恩（Pyyhtinen，2007）使用活动化作为齐美尔（Simmel）观点的英文翻译，相比其他更加本质的，现在社会作为活动并不能被理解到位。这也是在最近的哲学分析中一个重要主题——在齐泽克（Žižek，2014）的著作中最明显。社会已被活动化：因此为了理解它，我们必须在它到来时抓住它。像一场活动，社会从未立即整体呈现（Pyyhtinen，2007）。活动和活动化的广义概念也反映在巴蒂（Batty，2002）的城市研究中，他指出城市不是作为一件物品，而是"空间活动的集合"。同时这意味着与本书中的含义略有不同，与城市空间在这里采用的方法有相似之处。与分析物质、形势或静态现象相比，动态的关联分析、过程和潜力被视为对理解城市更加有益的方式。

## 项目化

将过程划分为两类是危险的：特别当它们与可能积极/消极的观点一致时。但是，为帮助更好地理解活动空间，术语项目化在本书用于指活动消极地改变城市公共空间的例子。为了更好地记住这个术语，以及与活动化相区分，我们将其视为活动和商业化的结合。因此，项目化本质上代表活动可以通过缓慢的商品化和关联的商业化、私有化和安全化使城市公共空间收缩。许多活动是凭票参与，即使不是，它们也可以阻止或排除一些人，通过引进特定的实践和协会。当我们想到活动，我们通常将其与自由的感觉相联系。但是一些活动伴随着更加严格的准入控制/行为约束，活动可以在释放城市空间的同时将其分裂。

有必要指出的是，项目化这个词已被其他研究者使用过。雅各布（Jakob，2013）曾使用该术语探究关于城市增长联盟的文化活动的使用。雅各布首先关注文化形式的活动化，认同查特顿和昂斯沃斯（Chatterton & Unsworth，2004：377）的观点，"没有真正的承诺，文化通常不知不觉陷入地区营销和吸引游客的服务中"。本书中，由于主题是公共空间，这个术语用于指空间的商业化,而非文化的商业化。但是,当讨论如公园、广场和街道以及指定的(部分)文化制造的空间时,空间和文化难以分离。

该术语的变形也在最近的文献中出现。斯普瑞科勒等人(Spracklen et al.,2013)使用"eventization"指代类似的过程。斯普瑞科勒等人(Spracklen et al.,2013:167)认为,"eventization"是指"将(免费的或便宜的)交际休闲活动转化为(贵的)公司化大型场面和私有化空间"。在作者看来,商品化过程使空间成为排外的专属地。本书也包括了活动使城市空间私有化和货币化的方式,一定的人们被排除在外。斯普瑞科勒等人(Spracklen et al.,2013:1673)的文献非常重要,因为他们强调经常会有对这种概念的"盲从":在城市空间中被筹划时,活动有积极的效应。这种假设具有误导性,第5章解释了活动如何对排他性、分离性空间的产生做出贡献,以及它们如何抑制这种空间的使用。应当说明的是,从定义上来说,尽管空间的项目化是一个不利的过程,但它是可以被商谈和抵制(见第8章)的。

# 活动的城市化

现今,空间、文化和政治庆典受到广泛的认可,活动化、项目化和活动项目化的更加专业性过程也收获了一些赞誉。但是,鲜少有人写到活动的城市化——城市活动的地理位置在变化。这个过程包括原动力和来自多方的,比如组织者、掌权者、促进者、场馆、财产利益和公共当局等活动利益相关者的协作。本书的下一部分旨在纠正关注的不平衡。在哈格曼(Hagemann,2010:724)对足球赛事的分析中,她指出分析主办城市"活动的城市化"与"活动化"的重要性。在这种环境中,城市化意味着活动越来越多地在中心城市和公共空间展示,而不是在外围的乡村或临时建造场馆。活动的城市化是有多种不同展现方式的过程,这将在下面讨论。

## 再布置

活动城市化的一个显著方式是通过现有活动进行再布置。先前的演出活动多在有目的性建造的城市活动场所——户外体育馆、室内竞技场、剧院和音乐厅——已经变为城市中心(Richards & Palmer,2010)。再布置包括整个或部分活动的移动。这种趋势在体育和文化领域都可以找到,在体育领域可能更普遍。例如,当跑步赛事成为街道完善的特征时,其他田径活动和体育场赛事在公共区域首次出现。英国的伦敦、曼彻斯特和纽卡斯尔都在城市中心举办过"田径"赛事。在2015年曼彻斯特街道上演的年度"城市赛"之后,洛德科(Lord Coe)(国际业余田径联合会副主席)称这种形式"对于田径运动吸引越来越多新的粉丝群体"是必要的(Cited in Ingle,2015)。活动城市化的基本原理将在本章后面探讨。

城市化更极端的例子包括在中央街道建造椭圆形或赛车比赛环路的再布置。新加坡和巴伦西亚有F1方程式大奖赛环路,年度比赛在海滨或其附近的公路区域举办。这些活动或多或少尝试复制世界著名的赛车运动摩纳哥大奖赛的成功,其从1929年开始在密集的城市化公园街道上演。其他城市也举办过城市中央赛车比赛,包括温哥华、阿德莱德、

城市活动：
以公共空间为活动场所
Events in the City:
Using public spaces as event venues

多伦多、底特律、埃德蒙顿、巴尔的摩和伯明翰(英国)，在20世纪80年代曾在城市街道举办年度"超级大奖赛"(Smith,2002)。这些活动有时也在城市公园中的道路举办——意味着可以避免扰人的道路封闭。举例来说，2015年6月，伦敦巴特西公园首次举办了一场方程式赛车。

从传统竞技场到公共空间，活动的再布置同样发生在文化活动领域。在室内场地举办音乐会的大型公司在寻求举办公共空间活动的机会。AEG公司是世界上最大的活动策划公司之一。这个美国公司拥有且/或控制一系列高档次的室内场馆(包括伦敦温布利球场和$O^2$体育场)，但是它也会在公共空间举办活动。例如，2013年，公司的直播娱乐分部宣布与皇家公园达成五年合作:经纪公司负责管理伦敦最负盛名的公共公园。在这个协议下，AEG Live每年举办六场夏季音乐会，意味着每年夏天海德公园将大部分是AEG的会场。事实上，鉴于冬天的$O^2$体育场和温布利球场为AEG的旗舰会场，夏天它们的主场则是海德公园(见图3.1)。詹金斯(Jenkins)(2013)哀叹于这种情况，认为伦敦皇家公园应该与英国乡村竞争，而非沦为商业活动会场。另一个主要的美国活动策划公司"Live Nation"也被授予许可，允许其在伦敦城市公园举办主要音乐节:如克来芬公园的呐喊节和芬斯伯里公园的无线音乐节。

图3.1 人们抵达海德公园中AEG Live的"英国夏日时光"音乐节，伦敦

上述趋势使大型活动会场之间的竞争更加激烈，因为传统的竞技场现在必须和其他传统竞技场及户外公共空间竞争。另一个因素是，对城市土地的高度需求意味着一些室内会场不得不关闭(如伦敦伯爵府2014年关闭)，这也对上述趋势做出了长远贡献。在许多受欢迎的城市，土地的价值意味着中心位置的竞技场更值得作为住宅用而非会场用。这强调了当解释商业化活动促进城市空间的原因时，市场力量和不动产价值也是应考虑的关键因素。

仅因为在高房价的城市中维护会场没有经济效益,并不意味着对这些设施没有充分需求。约翰里德(John Reid),汇演邦(Live nation)的欧洲区总裁认为,最近对现场音乐的兴趣热潮已对主要城市造成压力(Blackhurst,2015),电子和社会媒体不但没有取代现场活动的需求,这些技术反而还激发了人们对现场的乐趣(Jenkins,2012)。其结果就是没有足够的容量来举办主流音乐活动。里德(Roid)感觉伦敦没有充足的适宜的室内会场:"我们急迫地需要更多会场"(Blackhurst,2015:44)。

其他仍传统地在室内竞技场举办的活动,如展览和贸易展会也开始在公共空间出现。尽管飞行表演过去通常被限制在机场,但现在许多城市也会举办空中比赛——飞机在空中环行比赛。其他演出和展览也在更加传统的公共空间出现。伦敦中心的摄政街现在每年11月举办年度机车秀,在这条著名大道上展示接近300种交通工具。类似如附近的摄政公园,在临时会场定期举办艺术展和美食展。将这些活动从展览厅带到公共空间,不仅使它们更加可得和易接近,也代表着其含义和内容的转变。在墨尔本,韦勒(Weller,2013:2854)描述了在城市空间中时尚节日如何越来越多;模糊贸易活动和"当地节庆精神"的区别的"入侵"。这个案例将在第5章中详细探讨。

## 会场扩展

相关的另一趋势是传统活动场地扩展至其周围的公共空间。在传统竞技场举办的活动受到时间和空间的限制,所以提升观众的活动体验的方式之一是将活动扩展到这些空间。在这种设想下,尽管核心活动仍在传统场馆中,通过在邻近街道、广场和开放空间规划的辅助活动,活动的多样性得到扩张。这些通常指由专业涉入的"活化"。此趋势是由凯瑞斯(Cairns,2014)提出的,他认为传统的一到两小时活动场地扩展至更广的休闲目的地——人们可能在其中花费一整天。

美国的美式橄榄球联盟(NFL)是这种类型著名的支持者。NFL橄榄球比赛成为"活动景观"的中心,比单纯的体育馆覆盖了更广的区域。NFL每年在伦敦定期举办一些季节性赛事,观察这些活动如何扩展至主办会场——温布利球场周围的区域非常有趣。2014年,组织者用奥林匹克方式创造了"比赛日粉丝广场",连接温布利公园地下站和体育场的著名大街。使用"广场"这个词,暗含着组织者想要通过再创造城市公共空间的空间限制感来传达活动的公共性。通过街道装扮、商务社交、赞助展览、特许权和商品标准的普遍融合,这个广场举办了表演、大型比赛、博物馆展示和著名的"车尾"派对,NFL由此闻名。通过赛前及赛后的集聚,人们停下并打开他们的车,分享食物和饮料。在2014年,温布利车尾派对(曾是最大的)在美国橄榄球赛开始的七个小时前举行,突出了NFL的比赛日粉丝广场代表着暂时的也是空间限制的主活动的扩展。

上述场地扩展的类型是粉丝公园或"粉丝区"(见图3.2)。这些"活动"与大型活动联合举办,这样没有票的粉丝也能参与其中。粉丝区也为无票但想要增加活动体验的观众带来了额外吸引。它们通常与体育赛事联合,而不是文化活动。首例是2002年FIFA日本和韩国世界杯(Hagemann,2010),尽管在德国举办的此大型活动后续场次(2006)因发展了这个概念而闻名。德国组织者举办过一系列官方"粉丝节",包括柏林粉丝一英里赛跑,从勃兰登

城市活动：
以公共空间为活动场所
Events in the City:
Using public spaces as event venues

堡门延伸到蒂尔加滕（城市大型中央公园）。当比赛包含主办国家时，粉丝区每天吸引一百万参观者，整个比赛过程共有 1 800 万粉丝节参观者。讽刺的是，因为粉丝区对普通粉丝更可进入，其气氛通常比会场更好。例如，出于对足球赛事的尊重，哈格曼（Hagemann，2010）感到粉丝区比沉闷的体育馆有更活跃的氛围。因此，电视制作人在关键时刻会将镜头切换至粉丝区（如进球得分时），而不是体育馆中的粉丝。

图 3.2　伦敦特拉法尔加广场上 NFL 球迷大会的粉丝

　　尽管通常与足球比赛联合，粉丝区也会与其他活动结合。过去五年，伦敦以它们为中心联合举办了铁人三项、篮球、自行车赛和美式橄榄球赛事。甚至 2015 年在维也纳举办的欧洲歌唱大赛也有粉丝区。有时这些粉丝区直接在活动场馆外开展。从这个角度来说，它们代表场馆字面上的"扩张"（Hagemann，2010）。例如，当多伦多枫叶队（国家冰球联盟（NHL）队）和多伦多猛龙队［美国男子职业篮球联赛（NBA）队］进行主场比赛时，粉丝区就直接布置在加拿大航空中心外面。这部分空间通常作为进入通道，但在比赛日道路封闭，为主场馆外观看大屏幕的球迷提供空间（见图 3.3）。NHL／NBA 的购票成本和难度意味着以大屏幕为中心的粉丝区成为粉丝参与支持队伍比赛的主要方式。巨幅显眼的标语悬挂在那里："我们相信观看两层楼高的高清比赛画面是所有体育迷的权利。"

　　粉丝区经常以非常正式的程序组织安排，凭票参与且允许预订。但是，它们也包括对赛事相关活动的自由关注。作为先驱的德国案例，八座城市收取入场费（如科隆、慕尼黑），但其他的，包括柏林粉丝—英里赛跑在内，都可以免费参与（Eick，2010）。2012 年伦敦奥运会和残奥会期间，即有松散组织和自由组织的粉丝区混合存在。有些是可以自由进入的，十分随意。其他如海德公园中的官方"文化广场"——通过结合物理屏障、安保检查、进入状况和排队系统高度控制准入。对于活动组织者来说，这种安排的好处是粉丝区会是安全的和流

图 3.3　会场扩展：多伦多加拿大航空中心（Air Canada Center）外的粉丝区

量可控的系统（见第 5 章），这对解释开创性案例来说是非常关键的。粉丝区吸引没有票的活动爱好者在城市中特定的空间集聚——允许他们与其他粉丝交流。这是一些学者将粉丝区视为民主化大型活动的方式的原因。但是，粉丝在空间上的聚集也使城市管理者易于控制他们。这是弗鲁和麦克吉利亚斯（Frew & McGillivray）文献中的主要观点。两位学者将 FIFA 粉丝节描述为"扩散潜在的异常活动和培养消极形式行为的尝试"（Frew & McGillivary，2008：191）。其他粉丝区的批判分析认定其起到了支持商业意图的作用。例如，克莱默和沃洛德纳霍（Kolamo & Vuolteenaho，2013）认为它们是用来帮助吸引官方赞助的。

　　一些城市已践行会场扩展的观点。相比只是扩展活动至传统场馆的邻近区域，一些城市已经尝试将活动扩展至中心空间。最佳的案例就是瑞典的哥德堡。哥德堡的紧凑和主会场的安排意味着主要活动的组织者可以使用整个中心城区作为赛场（Thörn，2006；Smith，2012）。这里，城市成为活动的会场，即使它们原则上仍在传统场馆举办。最好的案例是2006 年欧洲田径锦标赛（EAC）。在 EAC，关键的仪式（如开幕式和颁奖礼）都在城市公共空间中举行。文化节也和活动联合举办——帮助哥德堡的中心城区转变为当时活动举行的会场（Smith，2012）。甚至有更加广泛的案例发生在大型活动中。在 2012 年奥运会时：大伦敦政府（GLA）"试图将竞技场地扩展至除本地站点之外的伦敦地标性建筑如大桥、公园和其他景点，以增进赛事体验"（Edizel et al.，2014：28）。这包括交通网点和会场之间的路线，以及将活动拓展至公共区域多样的"体验主题区"。GLA 为每个区提供 5 万英镑来装扮公园、街道和广场——资金也用于向伦敦 2012 文化节"购买内容"（Edizel et al.，2014）。

　　越来越多的现场活动在城市公共空间举办，但是它们也越来越多地用于促成其他地方发生的活动。"大屏幕"已成为许多公共空间常见的特征，这也为会场扩展提供了例证。在

城市活动：
以公共空间为活动场所
Events in the City:
Using public spaces as event venues

许多案例中,这些屏幕是暂时性安装;它们为活动安装然后拆除。但在有些城市,大屏幕已成为永久的建筑性设备(见第 8 章)。这些屏幕可以安置在位于城市中心或邻近活动会场的主要广场。放映屏幕本身即是活动:有时它们自由配置,不需要预订、门票或支付。但是,在其他情况下,组织者收取入场费和/或安装屏障来控制准入。

在大屏幕和主要活动之间存在强关联。首块大屏幕"超大屏幕"在 1985 年日本筑波世博会首次惊艳亮相(McQuire,2010)。屏幕通常作为上述粉丝区的中心,它们有时会在活动后保留下来。例如,在粉丝区引入大屏幕有时是大型活动的物理遗留的一部分。在曼彻斯特,2002 年英联邦运动会引进的屏幕上出现了一个重要的涉及 BBC 的"公共空间广播项目"。这表明在未来,活动放映不仅在专用建造屏幕展示,而且会在城市建筑物上投放。根据这个趋势,一些最新的体育馆设计成影像可以在其外部表面投射的形式(Cairns,2014)。

显然,许多体育赛事现在可以在公共空间放映,但是歌剧和芭蕾表演也常常在公共空间展示。城市广场,如伦敦特拉法尔加广场不仅展示来自附近场馆如伦敦大剧院的表演,而且有来自全世界的歌剧和戏剧场馆。使用同样的技术,电影活动也可以在公共空间进行。在许多公园,夏天会有定期的电影放映。露娜电影院在伦敦一些主要的公共空间组织露天观影:包括格林尼治公园、荷兰公园、巴特西公园。这些活动使用副标题"在首都最难以置信的环境中放映经典电影",强调这些活动的吸引力更应在场地上改进,而不是通过电影促销。在某种意义上,这些活动代表现代版的汽车餐厅——室外电影院的原始模型。但是露天电影院也是很好的案例,表明活动越来越多地使用公共空间,也实用性地解释了公共空间允许将已有的休闲活动转化为正式活动。

## 城乡迁移

詹金斯(Jenkins,2012)表明许多活动"由荒地和乡村向复杂的现代城市"迁移。这强调了在搬迁和会场扩展的同时,更进一步的一个趋势是,原先发生在乡村开放空间的活动开始城市化。体育赛事如越野赛、马术比赛和铁人三项,传统上都是在乡村环境举办,但是现在越来越多地在主要城市的中心地段举行。在英国,马术比赛的传统场地是在大型乡村公园,如希克斯特德、巴德明顿和伯利。但近年来最大的两场赛事都在伦敦举行:2012 伦敦奥运会和残奥会马术比赛在格林尼治公园举办;2014 浪琴世界冠军巡回赛(2013 年在奥林匹克公园举办),在皇家骑兵卫队阅兵场举办。在这些案例中,为了举办活动在城市空间中搭建临时场馆。越野路线要求占用三天,在城市中这不是期待看到的事情,但是在过去的两届奥运会中,这个项目是在城市公园(2012)和城市高尔夫球场(2008)中举办的。越野赛也是一种完善的运动项目。它是乡村赛事的象征,但近年来许多世界冠军赛开始在城市中举办。在乡村无法找到合适的土地时,当然会使用高尔夫球场、公园和马场。

铁人三项也成为城市项目。铁人三项需要用于骑行和跑步的道路,还需要游泳用的开放水域。基于这些原因,你可以想到乡村或沿海位置是比较合适的,但是现在规模最大的铁人三项比赛通常是在城市中进行的。事实上,每年世界铁人三项赛在伦敦海德公园内及其周边举行。这正是困扰詹金斯(Jenkins,2013b)的问题,他感到"想要游泳、骑行和长跑的人们可以在很多不会给其他人带来不便的地方做这些事"。其他乡村运动项目也已经逐渐城市化,再次印证了这个次级趋势。2014 年,在曼彻斯特的皮卡迪利公园举行了第三届摩托车越野赛市级选拔赛,皮卡迪利公园是城市最中心和最重要的公共空间。越野赛是一种要求摩托车手越过一系列障碍的运动,通常包括泥浆、原木、水域和其他自然要素。比赛的第一届当然是由红牛赞助的,当时报道称这是"将越野赛带出乡村,引入曼彻斯特的中心"(Red Bull,2012)。这项比赛是很好的案例,一些运动尝试通过城市化而获得可信性和时尚性:这个形容词,指音乐/舞蹈/青年文化的形式。做到这些的最佳方式就是在城市广场而非乡村田野举办这些活动。

出于明显的原因,冬天的运动通常在山区举行。但是,跟随我们描述的趋势,滑雪和滑板滑雪都可以在城市举行。例如,2010 年,美国城市丹佛举办了"Big Air"大赛,其中滑板滑雪运动在直立于市区公园的 106 英尺的高斜坡进行。此项运动吸引了 14 000 位观众。赫尔辛基的参议院广场也举办过滑板滑雪比赛,红牛将它们的"Crashed Ice"滑冰比赛推广到多个城市,包括贝尔法斯特、埃德蒙顿和洛桑。在更大范围内,冬奥会越来越多地由城市"主办"(如温哥华、都灵),而不是山区度假村。

活动在城乡之间的显著迁移也适用于文化活动:户外音乐节过去通常与乡村露天场所联系在一起,满足许多参与者想要逃离的欲望。如伍德斯托克、格拉斯顿伯里、怀特岛音乐节等先锋音乐节都是在远离中心城市的地方举办。许多音乐节仍在乡村环境中举行,但是近年一些最成功的音乐节是在城市举办的,如西盖特(布达佩斯)和桑纳(巴塞罗那)。约翰里德,Live Nation 的欧洲区总裁表示,"我们举办的市内节庆越来越多,不是所有人都想要露营"(Blackhurst,2015:44)。一些潜在的节庆参与者并不能很好理解,他们认定音乐节就是乡村现象。据此,在桑纳英国粉丝官网的首页上,组织者被迫强调:

> 相比许多人熟悉的夏季音乐节,桑纳不包括露营或在泥浆地里跳来跳去。这是个城市音乐节。意味着你必须在城市中或周边寻找住宿。

(Sonar,2015)

## 关于这些趋势的解释

上述分析说明了活动城市化的趋势,并解释了活动如何城市化。然而,分析并没有提到这些过程发生的原因。为什么城市对举办活动普遍感兴趣已在其他书中详尽讨论过,所以本书重点关注为什么活动更多在公共空间举办。为解释这一趋势,我们需要了解其中一些不同的利益相关者的动机和优先权:包括城市当局、掌权者和会场管理者。相应地,接下来的部分分为不同的小单位,每一个对应一类利益相关群体。在每个小单位,讨论的目的是分析这类利益相关者期望从公共空间举办活动中获取的利益。

城市活动：
以公共空间为活动场所
Events in the City:
Using public spaces as event venues

## 为什么城市期望在公共空间举办活动

城市热衷于使公共空间更有生气，这是更多活动在城市公共空间举行的最明显原因之一。通过活动激活城市是第4章讨论的主题之一，所以此处不再详细展开。城市当局对激活创造良好城市空间感兴趣：激活的空间更有商业生产力。帕格里斯（Pugalis，2009）提出此观点，他认为文化活力帮助创造经济活力。在城市空间举办活动可以通过准入许可、租金和其他费用为城市当局创造收入。也可以直接或间接促进地方经济发展：提供就业和收入，并吸引和满足城市游客，他们如果感到满意就可能会再次光顾。塔隆（Tallon，2006）等人在斯旺西（英国）采访的1 215人中：47%的受访者认为户外活动使城市中心更具有吸引力；活动参与者的一个更小样本（$n=224$）的55%的人提到他们希望在城市中心看到更多户外活动和现场音乐会。看起来市民确实喜欢活动，但认为公众意见可以主导城市政策则未免太单纯。

## 都是关于钱、钱、钱……

维护城市空间成本较高，所以在一个有低税负需求的时代，许多政府都面临财政赤字，城市当局热衷于寻找新的收入流。在公共空间举办活动被视为筹集必需的维护资金的方式之一，其涉及的总金额是巨大的。2013年，伦敦地方委员会通过批准芬斯伯里公园作为两天的音乐会场地获得收入26万英镑（Haringey Council，2013）。形成这种商业收入的观念后，许多公共空间可以作为活动场地被租赁。例如，伦敦皇家公园面临严重的政府补助削减，这是它们过去一直赖以生存的收入。现在要求它们自己创造超过一半的收入，意味着它们必须寻求商业机会。活动被视为一种合算的收入来源。2012年3月，皇家公园由活动产生的收入达到668.7万英镑，前一年这一数字是485.6万英镑（Royal Parks，2013a）。在美国也是如此，纽约中央公园早在20世纪90年代就已有一半收入来源于此（Zukin，1995）。祖金（Zukin，1995）警告，这类资金是有成本的——意味着私人利益开始指导公园政策。

这种情况也在伦敦当局控制的其他公共空间出现。大伦敦政府（GLA）和相关的地区委员会一类的机构也在寻求额外收益。因此，伦敦最著名的广场——特拉法尔加广场现在可以用于"基于活动的促销活动和表演"（GLA，2014）。2014年，大伦敦政府对该广场收取每小时1 000英镑的租赁费，第二天及后续的每天收取10 000英镑（GLA，2014）。英国首都的其他公共空间也是可以租赁的，包括波特公园（Potters Fields Park），其坐落于泰晤士河的南侧，毗邻市政府大楼（图3.4）。陶工领域公园（Potters Fields Park）管理信托——负责该站点的民间财团——欢迎人们租赁公园来进行"举办活动、产品安置、市场促销和放映电影"。尽管管理信托宣称"公园一直对公众开放"（陶工领域管理信托：未知日期）。管理信托不会考虑："任何我们认定以青少年为目标的与香烟和酒类产品有关的活动（公司活动除外），以及政治性或宗教性活动"，被荒唐的商业主义冒犯的人们可以得到少许安慰（陶工领域管理信托：未知日期）。图3.4展示了一种认定为可接受的活动——里奥哈（Rioja）红酒促销活动。此活动清晰地说明了公共空间活动的受众通常是中产阶级，人们可以使空间更文明，将其从"不受欢迎的"使用者和用途中收回（见第5章）。

**图 3.4　伦敦陶工领域公园（Potters Fields Park）的活动**

活动和城市景观的融合创造出这种城市与活动组织者共同刻画的活动景观

　　一些公共公园如陶工领域并没有封闭的围墙或栏杆，它们是 24 小时开放的。有些公园有门禁，严格地掌控何人在何时进入。后者能够创造理想的活动收入，因为它们很容易对公众设置禁入。类似的公园是维多利亚大堤花园、靠近查林十字车站泰晤士河北部的公共花园（见图 3.5）。花园由威斯敏斯特市的地方自治委员会管理。正如委员会在官网强调的那样，该地在闹市中开辟了一片净土。然而，这并没有妨碍委员会将其作为活动用地对外出租。花园终年对外开放，由委员会根据季节以及活动类型收取不同的租金（11 月和夏天的月份会更昂贵）。在夏天，私人活动的租金是每天 3 000 英镑（06：00—00：00），而对社区和慈善组织，每天只 900 英镑（威斯敏斯特市，未知日期 b）。对于超过 500 人的大型活动，每天加收 1 000 英镑。所以花园很有可能为委员会带来每天 4 000 英镑的收入，只需在旺季用于大型私人组织活动即可。这突出了城市公共空间的创收潜力。

## 城市形象：由公共空间到宣传空间

　　城市之所以在显眼的公共空间举办更多活动，另一个重要的原因是形成有吸引力的形象，从而提升在象征性经济中的城市地位。城市处于获得对内投资新形式的压力下，城市形象被视为从目标观众吸引注意力和资本的重要工具。投资的潜在资源包括新的居民、商业、学生、电影人和游客。如爱丁堡（在爱丁堡投资）和伦敦（伦敦和合作伙伴）的城市已经建立起致力于吸引观众的新型经纪业务。像这样的组织者以形成具有吸引力的令人难忘的形象为目标，提供城市视觉描绘，但它们也需要传达积极的意义和含义，这可能同潜在投资者的目标一致。这意味着不仅要考虑传达城市称颂的价值观的倡议，同时也应考虑视觉意象（Smith，2005）。正如卡特（Carter，2006：153）所言，活动"提供壮观场面，城市作为投资场所要求夸大它们的潜力"。

城市活动：
以公共空间为活动场所
Events in the City:
Using public spaces as event venues

**图 3.5　活动闭幕式,伦敦维多利亚大堤花园**

因此,空间的活动化与"空间的景观化"相关(Bélanger,2000)。通过在公共空间举办活动,城市马上会将视线投向最为宏伟和引人注目的空间。这些活动通常也会传达关于城市的重要信息。这可以帮助解释为什么城市希望在公共空间举办活动。

在公共空间举办的活动对参与者产生重要影响,但它们也是向外部观众传播形象而开展。在相关的媒体报道中,活动的发生地非常重要:即观众了解活动是在某城市开展。默默无闻的活动对于城市营销是没有意义的,因为活动作为城市营销工具,它的成功取决于在活动和目的之间建立明显的连接。这促使城市在拥有显著地标的位置举办活动,正如理查德和威尔逊(Richards & Wilson,2004)所述,活动可以为这些地标增加价值。使用户外活动空间产生了对具有辨识度的城市景观的媒体报道,将其夸大为活动景观。1992 年巴塞罗那奥运会跳水比赛的媒体报道可能是最著名的案例。巴塞罗那的跳水场馆是一座永久建筑,但是使用临时场馆也能够呈现同样的效果。两项沙滩排球比赛为这种趋势提供了很好的例证:2000 年悉尼奥运会期间在邦迪海滩举行的比赛,以及 2012 年伦敦奥运会期间在皇家骑兵卫队阅兵场举办的比赛(见图 3.6)。

通过观察备选方案,可能更易于理解在中央公共空间举办活动背后的市场营销逻辑。许多活动在城市边缘不知名的地区举办,这种情况下,并不能保证主办城市会被媒体大规模报道介绍。对美国女子篮球"四强"赛的研究显示,在电视报道的 11 小时 45 分钟中,主办城市的画面出现少于 3.5 分钟(Green et al.,2003)。研究 2002 年谢菲尔德世界专业级斯诺克锦标赛的电视报道的学者也发现类似的令人失望的现象。在报道的 100 小时中,只提及城市 123 次,许多提及是附带的。研究者总结:"很难辩驳说这些提及能够帮助树立城市积极形象"(Shibli & Coleman,2005:21)。这导致一些评论家建议主办方应与媒体达成最低报道限度的共识,或者包括保证特定画面,解说词或摄像视角的契约(Chalip et al.,

图 3.6　2012 年伦敦奥运会的沙滩排球比赛场地,皇家骑兵卫队阅兵场

2003)。

如果城市将活动作为促销工具,那么它们可能会尽力控制发布信息的范围和方向,这是符合逻辑的。这也是 2000 年奥运会之前澳大利亚旅游当局试图做的。根据布朗(Brown et al.,2002:177)的研究,通过与媒体合作,澳大利亚旅游委员会尝试"将奥运会制作为全面反映澳大利亚生活的为期两周的纪录片"。2012 年伦敦奥运会也模仿了此方式。凯瑞斯(Cairns)建议在赛事中,

> 除了体育场的画面之外……还可以将国家的标志性建筑和结构以及最闻名的
> 历史纪念碑的画面呈现给电视观众:奥运会成为普遍宣传英国的工具。
>
> (Cairns,2014:1)

这种报道对主办地区非常有价值,特别是会让观众觉得比传统广告更加可信(Smith,2005)。然而,效果无法保证,尤其是小型活动。播放这些赛事的电视台可能并没有时间或欲望在主办城市发展额外的专题节目。在这些情况下,唯一可以保证目的报道的方式就是在具有城市特色的场地中举办活动:也就是城市公共空间。

最近对主办城市可见度的热情所带来的一个连锁反应就是可移动活动的增加,这些活动不需要专用的场馆。马拉松、铁人三项、自行车赛、摩托车赛、飞行比赛和赛艇使用现有的公共空间即可举办。这些活动围绕、穿越或途经城市,电视报道可以结合一些城市特色。这个时代给予城市作为活动内容(不仅是容器)的优先权,使活动格外可贵。理所当然地,许多活动沿着城市街道(或变更行程),使呈现给观众的城市标识最多。在 2012 年伦敦奥运会筹划期间,为了使马拉松比赛终点落在伦敦市中心,路线被重新规划。与以往终点在奥林匹克体育馆的传统不同。组织者宣称,改变是基于后勤的考虑,但是激进的东伦敦当地代表认为

城市活动：
以公共空间为活动场所
Events in the City:
Using public spaces as event venues

这是市场营销目标和电视观众驱动下的决定。也有其他案例，2014 年北爱尔兰政府支付 300 万英镑，批准贝尔法斯特举办"伟大的起点"——环意自行车赛开幕式——三大自行车环赛之一。选择此路线的原因很明确："我们只是想要确保展示出我们主要的景点"（Ross Cited in Addley，2014）。然而，在伦敦的赛事路线选择非常矛盾。东贝尔法斯特服务较好，但要路经城西，因为令人叹为观止的天主教区位居此地。当地新芬党国会议员传达了他的观点："在城市其他地方，我们会看到世界上其他城市都能接触和看到的，西贝尔法斯特除外，只是它不够好"（Maskey Cited in Addley，2014）。

在城市中心环路举行的新加坡大奖赛（始于 2008）也是另一个鲜明的案例。赛事为新开发的滨海湾增强了注意力，尽管活动在晚上进行，组织者成功地通过赛事展现了城市的主要魅力（见图 3.7）。事实上，新加坡旅游局督促赛场附近的建筑点亮他们的房屋地基，以确保发光的赛道不会使城市模糊不清（Henderson et al.，2010）。显然组织者认为，赛车比赛不应该成为活动举办的阻碍；提议将新加坡建成旅游和娱乐中心。游客董事会的介入强化了对城市报道的可靠性是得不到保障的这一事实，哪怕仅仅是上演一场穿过城市的摩托比赛。富有争议性的 V8 摩托比赛在澳大利亚堪培拉的一条街道上举行后，一封写给当地报纸的投诉信经过电视报道后，堪培拉几乎没有什么可看的了（Cited in Tranter & Keefee，2004）。反对者认为把比赛置于城市中，不管其展现出任何堪培拉的优点，都是没有必要的，即使举办这一活动是为了在堪培拉郊区建造一条环线。国会大楼和其他地标景色优美的画面本可以在电视上展现（Tranter & Keefee，2004：176）。这一看法忽略了城市当局不仅希望提升城市空间，还想通过活动戏剧化提升城市空间（活动空间）。

**图 3.7　夜间的新加坡海湾：这些街道被用于每年的大奖赛**

电视播放的画面可能只能在一定时间内传播——比如仅在活动进行之前，进行当中和进行后——但这不意味着在公共空间上演的活动的画面只有有限的生命或者只有暂时的影响力。城市在活动结束很久之后可以在网站上使用相关的图片和视频报道,增加曝光率。当城市中的机构被要求增加对城市的投资,需要对潜在投资者做展示时,他们总是主打在公共空间上演的盛大的活动的照片和影片。这凸显了上演这些活动的关键动机之一——捕捉公共空间最壮观时候的图片,好让这些图片被再现、再应用和再呈现。

## 内部交流

在城市的公共空间举行活动是为了向外来观众传播画面,但是有些活动是针对内部观众的。最近几十年,许多城市增加了大量移民,变得越来越多元化。这对寻求社会凝聚力的城市当局来说是一个挑战。为了增进宽容,鼓励不同群体的融合,他们举办的公共活动一般安排在公共空间——以强调他们的开放性,也因为这些空间是属于城市的。如果城市当局为了沟通城市的政策上演活动,那把它们放在可控的具有纪念意义的地方是合理的。主广场、中央街道和市政公园都是城市象征,并且在这些地方举办文化活动强调了这是为所有人举办的城市范围的活动。

这种途径的一个典型案例,弗尔利和麦克弗森(Foley & McPherson,2007)讨论过了。在2002年3月,格拉斯哥将一个冬季节日引入到城市中心:一系列旨在呈现过了旺季的观光胜地,以此团结城市中的不同人群。活动包括城市中心的露天市场,还有各种文化节日标志的庆典:篝火之夜、除夕和由格拉斯哥的基督徒、穆斯林、印度教徒和佛教徒一起庆祝的一年一度的宗教节日。这一做法的深层含义包含一种改变现状的努力:圣诞节通常是在当时的城市中心唯一能被看到的节日。这一做法旨在从时间(12月—1月)和空间(穿过城市中心)上拉长节日,同时也在文化上扩展它的范围(Foley & McPherson,2007)。这一计划没能真正成功。作者认为这一创举没有成功,使格拉斯哥庆祝多元文化失去了一个机会。因为这一活动把一些东西变得"更容易在各个收入阶层、城市企业家和后现代景象中传递。"(Foley & McPherson,2007:154)。在伦敦还有许多类似的例子,这几年主要节日都在特拉法加广场举办以庆祝各种文化和宗教的节日:如排灯节、中国新年和圣帕特里克节(见第4章)。

## 其他原因

吉布森和霍曼(Gibson & Homan,2004)对于为什么当地政府更多地在公共空间举办活动提出了不同的解释。在他们的研究案例中,政府每年举办大约20场活动,包括音乐会、公共节日、电影和艺术节和民族庆典。吉布森和霍曼(Gibson & Homan)(2004:72)提出这些活动举办的部分理由是为了补偿由财产集中的加剧和立法混乱相结合造成的"现有场地的缺失"。在这种情况下,在公共空间举办新活动就不一定是自愿主动的,而是被政府由于传统场地的问题而强加的。既然许多政府面临预算缩减,维护公共预算的活动就变得越来越难。因此我们看到越来越多的私人活动在公共空间举办的一个深层次的原因就是当地政府想要举办活动,但是他们自己无法为舞台买单(见第7章)。因此鼓励私

城市活动：
以公共空间为活动场所
Events in the City:
Using public spaces as event venues

人组织的活动在公共空间举行，为当地政府想要举办但无法举办活动提供了一个直截了当的替代方案。

## 为什么活动组织者想要在公共空间举办活动

基于上述原因，政府越发热衷于把公共空间作为活动场地。然而，在大多数情况下，活动并不是由政府组织的，而是由发起人、权利人和/或活动管理公司组织的。尽管存在着由于使用非传统场地所带来的复杂性，这些组织对于在城市公园、广场和街道上举办活动富有热情。他们发现把这些场地变得更独特可以为活动本身增添价值。这也意味着他们更可能被电视或者其他媒体报道所呈现。活动举办者认为，在公共空间举办活动对于亲身参与的观众和通过媒体收看的观众来说都更加难忘。在信息通过社交网络飞速传播的时代，任何鼓励人们发推特、发信息或上传有关活动的文字或图片都被认为是有积极意义的。通过在壮观的或者不同寻常的场地举办活动，组织者可以鼓励这类媒介的应用。

把活动置于公共空间对活动本身同样重要。这点对较小的活动来说尤其正确，对他们来说，活动的品牌会大大受益于与影响力巨大的地方标签的结合，如伦敦或者纽约。这给了组织者额外的动机去确保所有人知道活动的举办地。并且，在著名的公园、街道或者广场举办活动很好地确保了观众知道活动将在哪里举行。就大型活动而言，活动品牌也会利用公共空间来提高其特许经营的价值。克拉莫和沃洛德纳霍（Kolamo & Vuolteenaho，2013）用"媒介空间"一词描述活动品牌通过城市空间陈述来增加自我表达的做法。

为了理解那些利益相关者为什么要推动会展的城市化，了解主办者的角色是很重要的。许多新的活动在公共空间举办是基于，或者说不可否认地与某家公司对体验式营销感兴趣有关。在体验经济中（Pine & Gilmore，1999），国家或创造价值的关键在于展示产品。像红牛这样的公司就率先采取这种做法，他们通过创造或举办极不寻常的活动来使他们的品牌生动起来。比如，洛桑市就是红牛破冰比赛的主办方之一。为了这项活动，组织者在城市中央为一场下坡速滑比赛建造了一条道路。这场快速、壮观以及极其危险的比赛大受观众欢迎。然而，在这个案例和相似的活动中，组织者/赞助商从城市空间中所获得的至少和观众一样多。这保证了活动（以及相关品牌）的知名度和曝光度高于其在单场馆上演的时候。

根据比特纳的说法（Hagemann，2010：733），在新兴的体验驱动式的社会中，有一种"对城市空间的情节"。考虑到这一点，各种产品发布会、电影首映式、公关活动越来越多地在城市空间上演就不足为奇了。这些类型的活动是为了推销某些产品而上演的。许多城市现在会出租公共空间，如中央广场，以满足那些希望举办活动的公司。这些公司显然从大量过路人中受益。这种方式还有"延展"和"定位"品牌的优势，"特别是顾客会对品牌的印象更深，如果一个公司与一个带有情感的地方联系起来的话"（Klingmann，2007：83）。这对品牌可能有积极影响，但对城市空间的利用来说是存疑的——这部分将在第5章被讨论。

## 为什么传统场地想要在公共空间上演活动

与此同时,城市和活动举办者可能推动活动在公共空间上演,而人们可能假定那些代表传统场地的人们更加不支持这一趋势。这在大多数案例中可能是对的,但是也有很多场馆帮助将活动推向公共空间。有些案例已在上文引述过:场馆正在创造公共领域的延伸。然而,也有场馆把活动放到离它们自身经营场所很远的公共空间。如果场馆接受了公共资金,它们通常需要证明,它们正在拓展受众。相比于说服人们到建成的场馆中参加活动,把活动放在公共空间更容易达成这个目标。所以关于活动的城市化的一个重要解释就是,举办活动在象征性和实际意义上都更易于亲近。伦敦的巴比肯是一个很好的例子:这是一座可以容纳包括舞蹈、电影、音乐、歌剧和视觉艺术等多种艺术形式的有名场馆。巴比肯是欧洲最大的表演艺术场馆——包括一系列控制间、展览空间、电影院和其他活动场地。这一综合设施的规模意味着没有任何逻辑上的理由把活动放到它的场地外举办。但是,2013 年巴比肯推出了"飞跃巴比肯",多次将巴比肯展览带上伦敦东部的街头、广场和公园。就像巴比肯一直以自己推动艺术突破边界为傲,这对场馆超越他们自身的表现边界有重要意义:"这个夏天我们和一系列演奏会、节日庆典、演出、亲子活动和免费活动一起翻越围墙横穿伦敦东部"(Barbican,2013)。巴比肯坐落在伦敦市一个相当令人费解的野兽派建筑中,并由伦敦当局——全世界最富有的地方政府之一部分资助。因此,将场地延伸到位于东部不远的相对落后的地区是很重要的——伦敦的哈姆雷特区和哈克尼区。然而,"飞跃巴比肯"也并不是纯粹出于公益目的而进行的。之前提到的品牌转变的思想也部分说明了这一倡议的根本原因。巴比肯既通过在东伦敦向新的观众宣传自己,又在更广泛的层面上赢得了声誉。与伦敦金融城区的精英文化机构不同,该组织与伦敦东部(伦敦最时尚的"前卫"地区)联系在一起(Papplalepore et al.,2014)。

## 相反的趋势

历来在专业场所举办的活动越来越多地在城市公共空间上演。然而,还有一个有趣的相反趋势浮现了出来。一些以往在公共空间上演的活动正被推往传统场所。对于需要考虑公共安全和犯罪问题的狂欢节活动,城市当局试图把它们推向更加正式的场合。近几十年来这些活动受到了更加严格的监管,进一步的场所管制和形式化管制也是合理的。伦敦诺丁山狂欢节就是一个很好的例子。多年来,警方一直急于将这个活动从街头转移到一个更加封闭的空间:海德公园或者一个封闭的体育馆(Manning Cited in Belghazi,2006)。迁移这一活动受到了参与者的强烈反对,这场争论似乎在全世界发生。在拥有世上最著名的狂欢节的巴西,许多城市都在考虑将活动正式化和去中心化,以便更好地管理它们。例如,自2007 年以来米纳斯吉拉斯地区的"奥洛普雷托嘉年华"已经被分散(Flecha et al.,2010)。该

城市活动：
以公共空间为活动场所
Events in the City:
Using public spaces as event venues

活动的一部分现在在市中心外的一个专门区域举行，人们必须付费进入。这些例子凸显了传统街头活动被正式化的方式。同时，以往在专门建造的场馆所举办的活动也被带入了公共空间。

# 总　结

　　前面的讨论突出说明了我们的城市是如何被点亮的，活动是如何城市化的。这些融合的过程似乎符合活动举办方和当局者的利益。正如乔纳森和科西塔基维茨（Johannsson & Kociatkiewicz，2011：395）所主张的，"城市空间为节日赋予意义。但这个过程是相互的，因为节日也给城市带来新的意义。"这一章节介绍了我们如何理解活动对公共空间影响的过程。活动化指通过赋予现有空间生气或者建造新的公共区域来产生公共空间的方式。这一过程将在本书的下一部分（第4章）详细探讨。活动化是空间通过活动商品化，是一种空间的私有化、商业化和安全化内在联系的过程。这一过程在第5章中被解释和探讨。在这些问题被探讨之前，重要的是要强调单一活动可以同时产生活动化和活动主义：他们不是相互独立的过程，但是一件事情的两面。

　　这一章节介绍了本书聚焦的主要趋势：活动的城市化。活动已经经历了城市化：从专门的场馆中转移，现有场馆的扩建以及来自乡村的活动转移。也许更重要的是，这一章节还探究了为什么会发生这种情况。最重要的两个原因是，第一，产生收入的需求；第二，把城市推广给外部观众的渴望。然而，越来越多的活动会在公共空间举办，因为他们希望让沉闷的空间充满活力并且希望在人们逐渐撤到更个性化的空间时实现更好的社会活动。下一章将详细讨论后一种情况。

# 第4章 活动化

## 活动和城市公共空间的产生

## 引 言

活动化是一个过程,通常与非正式的、自发的或者地下活动联系在一起(Plger,2010)。这一章论述了活动化也可以应用于官方活动。在正式活动的背景下,城市公共空间的活动化涉及两个维度:公共空间通常产生于不被视为公共空间的地方,并通过解放和生动化赋予它们活力,使被构建的公共空间变得更公开化。在理想情况下,活动可以暂时(活动期间内)实现这些效果,也可以长期实现(活动结束之后)。本章首先评估哪些空间需要被赋予生气(如广场),以及活动如何实现这些目标。在第2章介绍了自由空间的概念,接着分析了活动如何释放那些通常非常有序和规范的空间(如公园)。随后,考虑活动如何有助于在通常由交通和商业(如街道)主导的地点产生公共空间。最后,或许最重要的是该章节评估了这些积极影响到底是暂时的还是可持续的。虽然探讨并主要概括了城市公共空间的积极作用,但重要的是要注意到活动总是会产生一些麻烦的影响。因此,应该将本章与下一章一起阅读(第5章),以评估在公共空间中举办活动的一些不利影响。

## 使公共空间富有活力

在城市设计文献中,点亮公共空间是最普遍的想法之一。动词"to animate"的意思是赋予生命,或者赋予其灵魂;而且正如这些定义所表明的,把城市空间变得富有活力通常被认为是一种积极的现象。实际上,沙夫托(Shaftoe,2008:25)认为"活化"是"以积极的方式把公共空间带入生活的任何事情"。富有活力可以通过各种方式实现,但是活动通常被用来达到预期的效果。将活动战略性地应用于城市的想法可以追溯到20世纪70年代在法国兴起的动画文化。为了鼓励人们参观和逗留在城市空间,一些城市的文化倡导者们安排了活动

城市活动：
以公共空间为活动场所
Events in the City:
Using public spaces as event venues

和节日（Montgomery，1995）。动画文化的传统以其最真实的形式,通过皇家豪华（一家主要业务是经营壮观街道的剧院的法国公司）这家公司将一只机械大象带到了伦敦街头,把一个巨人带到了利物浦街头。

许多城市设计师把城市空间看作形式、活动和意义三者的有机结合,即所谓的 F-A-M 模型（Montgomery，1998）。按照这种逻辑,设计师将使空间生动化,以增加在公共空间人们活动的数量。参与、鼓励社会互动,也能使人们感觉更安全。然而,在热闹的空间和拥挤的空间之间有一条细微的分界线。虽然大多数人喜欢观看并与他人接触,但也有人喜欢拥挤的空间:这限制了活动并压缩了城市空间。值得记住的是人们喜欢这些空间是因为他们代表了拥挤嘈杂的城市环境的一个例外。公园和其他冥想场所都是如此。有些人喜欢它们,因为它们提供宁静、受保护和隔离的空间。因此,生动化不应该是应用于所有城市公共空间的手段。在需要生动化的地方,活动被看作是实现它的好办法。活动的概念很广阔。在微观层面,街头艺人是可以活跃于城市空间的活动,大型文化活动也是同样的原理。城市当局认为活动是相对容易引入的一种无须重大资本投入就能实现的快速解决方案。事实上,沙夫托（Shaftoe，2008:120）将活动视为一种将公共空间带回生活的低成本方式。然而我们将在下一章中看到,这种观点可能低估了举办活动的直接和间接成本。这种过分简化的态度意味着活动本身就是一件好事——而忽略了活动对空间的商业化、私有化和安全化的贡献。

## 哪些空间需要活力？

虽然活力化的策略已经被应用到不同的城市环境中,但识别最常用和最需要活力化的地方还是有用的。在城市中心有一些充满活力的空间,因为它们位于人们常住的地方。而有些地方则死气沉沉,毫无生气。这可能是因为它们的位置偏僻,交通不便,设计缺陷等意义不明或者其他原因。人群会吸引人群——人气不足会隔离人群,形成被忽略、空荡和脱离社会的空间。以为只有偏远的地方存在死气沉沉的空间是错误的,城市里最著名和重要的广场同样会如此,因为它们和日常生活无关。这些类型的空间可能被作为象征性的建筑物,纪念古今的英杰——这意味着它们并不是很吸引人。例如,在一篇典型的煽动性文章中（题目为"为什么我讨厌特拉法加广场"）,作者威尔·塞尔夫（Will Self，2012）写道,伦敦的特拉法加广场是:"没有理由在一个总觉得自己会被扣上叛国罪名的地方闲逛,就像蕴含在它布满了狮子和上将的底座以及壮观的尖柱上体现的威严。"

在许多城市,尤其是那些国家纪念碑密布的首都城市,这些冰冷的、无趣的巨大空间是一个很大的问题。芬兰首都赫尔辛基就是一个很好的例子,这座城市一直被认为相当乏味和寒冷,它的声誉从城市历史中获得,成为俄罗斯和芬兰国家力量的代表（Lehtovuori，2010）。赫尔辛基的寒冷和简朴通过城市空间得到了强化,在赫尔辛基最著名的公共空间是由城市大教堂主导的参议院广场。像许多仪式场所一样,这个广场的照片令人印象深刻,但它一直是一个死气沉沉的地方。虽然广场是城市的一个重要标志,但空间本身历来是不被当地居民使用的。

城市中的公共广场已经变成了空荡荡的空间的代名词（Giddings，2011），而举办活动是处理这个问题的常见方法。沙夫托（Shaftoe，2008：122）觉得女王广场、布里斯托尔"只有当举行特别活动时才真正地活着"。活动可以重新构建起物理空间和人们的社会联系（Stevens & Shin，2014）。根据罗威和贝克（Rowe & Baker，2012）的说法，像公开放映这样的活动为陌生人之间自发、身体和感官上的互动交流提供了机会——在当今的城市广场，这种接触越来越罕见。恢复公共空间的社会地位通常是引入或者复兴节日的基本理由之一。史蒂文斯和信（Stevens & Shin，2014：1）认为这些节日肩负着重新定义、重新发现当地社会生活和对它的理解的使命。

特拉法尔加广场和参议院广场是典型的首都城市空间，纪念碑式的建筑为主导，牺牲了更加人性化的空间。在这两个例子中，活动都被用来鼓励人们利用这些空间，同时也用来适应它们根深蒂固的意义。自千禧年以来，在特拉法尔加广场举行了一系列的城市化活动，包括管弦乐演奏会（图4.1）、文化节、粉丝节、歌剧放映和取得胜利的英国运动队的官方招待活动。2004年广场被重新设计，使得举办此类活动更容易。特拉法尔加广场和国家美术馆之间的道路被禁止通行，并建造了一个更加人性化的不那么像一个交通安全岛的区域。步行区域也有助于削弱广场的"直线的僵硬感"（Self，2012）。活动也有助于通过更多样化的用户，用途和意义来解放空间。

**图4.1　伦敦交响乐团在特拉法尔加广场的演出**

举办更多非正式的，参与性强的活动有助于使特拉法尔加广场成为一个活跃的空间，而不是一个被动的空间。这些活动把广场变成伦敦人使用的一个广场，而不是一个仅限游客拍照的地方。一个很好的例子就是大型舞会。这是由伦敦市长举办的两年一次的活动，包括群众参与以及更传统的演出。这些类型的活动有助于削弱人们心目中特拉法尔加广场相对生硬的形象。空间的身份与英国密不可分，因此将排灯节、光明节、开斋节、丰收节、中国新年、圣帕特里克节和一个新的非洲节日都放在这里的理由是很清晰的。这些尝试都是为

城市活动：
以公共空间为活动场所
Events in the City:
Using public spaces as event venues

了让每个人都能看到特拉法尔加广场。在一个显眼的公共空间举办这些节日也为那些通常不会庆祝这些活动的人们提供了机会，从而促进人们对多元文化伦敦的包容与理解。除了在周末举办常规活动外，特拉法尔加广场还采用"第四基柱"活动来进行活动化。这是一系列安装在广场空基座上的艺术品。艺术品和传统雕塑的并列削弱了特拉法尔加广场根深蒂固的身份属性——这一效果的最好诠释可能是安东尼·格姆雷的艺术品《是彼与此》，它让参与者可以在一小时内做任何他们想做的事。2009年，2 400名参与者在"柱子"上表演。从事这项工作的艺术家强调了这一案例对公共空间生动化的重要性：

> 在特拉法尔加广场英勇和雄姿的历史雕像的背景下，将日常生活提升到和不朽艺术同样的位置，使我们能够反思多样性、脆弱性以及当代社会个体的特殊性。它与人们一起来做一些不同寻常和无法预测的事情有关。
>
> （Gormley，2009）

塞尔夫（Self，2012）认为，特拉法尔加广场需要更多这种正在进行的活力化，以使其可以摆脱死板的形式："广场需要的是遍布街头的、露天的，提供意式浓缩咖啡的咖啡馆；一流的街头艺人和自由街头艺人；一个露天市场；一些优质的民族风味食品摊位。"

位于赫尔辛基的参议院广场也面临着和特拉法尔加广场一样的挑战，即活动被用来带来创新活动和赋予空间新的身份。冷战结束后，在参议院广场举行了一系列活动，以解决死气沉沉的空间显得相对无意义的问题（Lehtovuori，2010）。1933年举办了一场以彼得格勒牛仔为主题的摇滚音乐会，这一活动"打开"了广场，吸引了更多使用者。参议院广场现在已经成为一个活动的舞台。这一新的空间功能在2000年提升到了新的水平，当时赫尔辛基被欧盟提名为欧洲的千年文化之都之一。从那以后，各种仪式、音乐会和节日都举行了，广场也举办了一些体育赛事，比如红牛城的一场滑雪比赛。就像在特拉法尔加广场一样，这些活动被视为一种将人们带入这个空间并改变其意义的方式。莱赫托沃里（Lehtovuori，2010）以其他方式证明了举办活动能够改变广场，活动需要大量的基础设施安装，有助于减少公共空间的规模，使其不那么吓人。然而，这种影响也不完全是正面的。一些人担心这些活动，特别是这里上演的商业活动，已经损害了这个国家的纪念碑。我认为这是合理的担忧（见第5章），但上演活动并不一定会减少广场的象征价值——事实上它恰恰相反。正如莱赫托沃里（Lehtovuori，2010）所强调的，这些活动和它们所产生的想象通过交流提升了赫尔辛基的形象，把赫尔辛基从一个冰冷的、死气沉沉的城市变成了一个好客、充满活力的城市。

城市中很少有公共场所是死气沉沉的，大多公共场所随着日常活动而波动。白天街道和广场通常很喧闹，但晚上却很安静。因此，一些城市做了一些活动规划，努力增加晚上的活动。刺激夜间经济或打造"24小时城市"有充分的经济考量，但是主要动机是让这些地方感觉更安全（Montgomery，1995）。也许最好的例子就是蒙特利尔。每年夏天，蒙特利尔的市中心街道都被用来举办弗朗明哥音乐节：一系列的节庆活动，包括著名的爵士音乐节。尽管有一些活动是需要门票的，但是也有许多免费街头的活动。这些活动是多元的，表演者和观众涵盖了广泛的民族。杰曼和罗斯（Germain & Rose，2000：157）表示："这个节日有成千上万的各种年龄和文化背景的人参与，他们行进在几个城市街区，直到午夜，活动并没有多少安保力量但也非常安全。主办这些活动的地区现在被称为"户外表演区"，以反映其作为节日场地的作用。批评人士可能会说这代表了一种城市净化的观点，这与马丁(2014)的观点一致，他认为促进城市活力是净化社会的委婉说法。然而，鼓励人们在夜晚走上街头应该被看作是积极的，而不是视为中产阶级化的证据。根据杰曼和罗斯(Germain & Rose,2000)的说法，这些节日加强了城市的安全氛围，即使是在节日区域的边缘"。

许多其他城市试图在公共场所举办夜间活动，从而同时实现经济、文化和安全目标。在欧洲几个城市上演的一种引人注目的活动以"白夜"或"光之夜"为概念(以在欧洲其他地方不眠之夜，白夜节著称)，在创意照明的帮助下，活动于夜晚在公共领域进行。商店的文化景点都开得很晚，营造出节日气氛。尽管这个活动的起源可以追溯到欧洲北部城市(赫尔辛基和巴黎)的创新项目，但瓦莱塔(马耳他的首都)举办的案例非常成功。自20世纪70年代，瓦莱塔将许多酒吧和餐馆搬到一个室内餐饮区以来，一直很难有夜晚吸引人们到这座城市来。这造成了一个更大范围的忧虑：这个城市有人口减少和退化的经验，因此他们建立了一个基金会，试图使城市恢复生机。在这一长项目中，鼓励夜间活动的一个重要措施是白夜节。在此期间，"街道和广场都成为露天音乐会的场所"(Lejlimdawwal,2014)。马耳他艺术委员会主席强调了这个城市对这一活动的重要性，他将此次活动描述为"瓦莱塔城周围一片不和谐的文化景观"(Lejlimdawwal,2014)。

# 释放空间：把活动作为释放呆板公园的方式

活动可以用来使垂死的广场活跃起来，也可以和公园积极结合起来。理查德和帕默(Richards & Palmer,2010:23)认为，公园的生活化是自然产生的。在不同时期，不同的人群对他们在足球比赛、野餐、滑板、音乐和打击乐的使用上有不同的看法。这意味着不是所有的公园都需要活力化，有些公园是不需要的，因为它们通常被认为是和平安静的地方。齐思若(Chiesura,2004)对阿姆斯特丹最受欢迎的公园冯德尔公园中的467人进行调查后发现，游客去那里最主要的动机是放松、亲近自然和逃离城市。但是，如果一个公园太安静，游客太少，则可能被认为是一个危险的地方，这样一来就会失去缓解压力的作用。在这种情况下，定期举办活动可以使更多人进入公园。

公园可能会从其他安排好的活动中受益，例如，它们可能会从一些被活动所释放的空间中受益。许多公园被认为是正式的城市观光项目，尽管它们被认为是公共空间，但公园一直受到严格的管制和规定。许多构思都是在维多利亚时代出现的，因此仍然反映了很多维多利亚的价值观：尽管它们不再是一个群体对另一个群体的专制控制(Taylor,1995:220)。但是，正如沃森和拉特纳(Watson & Ratna,2011:73)所言，公园(尤其是英国的公园)是伴随着一种论述"这反映了当地政府对休闲空间的控制，包括一份精心设计的使用条例和限制"。最能证明这一点就是对公园管理员的刻板印象，他们试图通过严格的规定和相关指导：请勿踩踏草坪来规范行为和保护空间的美观。一旦人们进入公园，就会受到严格的管制(大门和栏杆)，也会受到技术上的约束——包括景观美化、标志和既定路线。例如，人们都倾向于走

城市活动：
以公共空间为活动场所
Events in the City:
Using public spaces as event venues

有标记的路径。在一些公园里,秩序和控制进一步发展,需要付费才能进入。洛斯(Lowes,2002:115)描述了温哥华的黑斯汀公园,它与公共绿地的理想形成了鲜明的对比:"事实上,公园的大部分景观都是被铺设或者拦起来了,并通过入场费的形式严格控制人流。"

活动可以通过不同用途、使用者、意义、人流和行为的引入来帮助解放公园空间。例如,内瓦雷兹(Nevarez,2007)强调了跑步和音乐会给纽约中央公园增添了刺激和冒险元素(图4.2)。这个公园被认为是一个暴露隐私的空间,而不是一个充满活力的空间。它仍然是一个被动性的娱乐场所(Nevarez,2007)。因此,一些活动,尤其是小规模的、参与性的活动是在公园中增加活动维度的有用方法。在文献中还有其他例子,作者强调了活动正在改变公园的角色和感受方面的作用。史蒂文斯和信(Stevens & Shin,2014:17)建议在格拉斯哥举办音乐节"把传统植物园和凯尔文罗夫公园改造成活跃的社会空间。"此外,作为城市发展计划的一部分,在新公园中加入社交活动也是一种不错的方式。这些公园通常被认为过于做作,而活动可以将这些空间归还给住在周围的人;让他们支持和维持社会网络(Lloyd & Auld,2003)。

图4.2 中央公园(纽约)

## 制造公共空间

以上讨论的重点是城市公共空间的活力化,尤其是对那些死气沉沉的广场。这是活力化的一个重要方面,但它与第2章中概述的方法放在一起略显尴尬。第2章将公共空间视为由人产生的东西,就像设计师设计的那样。在这一原则下,重要的是要强调公共空间也可以在那些通常不被认为是城市空间的地方产生。这与活动是非常相关的,简单来说,活动制造城市空间。正如莱赫托沃里(Lehtovuori,2010:144)所指出的,城市中的活动是制造有纪念性的公共空间的重要方式。有些人可能会说,这些空间只在某些活动存在的时候存在,因此不如日常的空间重要。但是,如果我们接受城市空间都是不稳定、流动地和短暂性的普遍观点,就容易得出所有城市空间都是短暂的这一结论。如果所有空间都是暂时性的,那么经过安排的活动所产生的空间就和其他时候的空间是一样的。然而更重要的是令人难忘的活动对空间的画面和生活所产的影响是持久的。

# 复兴街道

在街道上演的节日和活动是活动制造城市空间的最好例子。街头艺术节可能是最显著地将城市空间转变为城市公共空间的活动。正如史蒂文斯和信(Stevens & Shin,2014)所指出的那样,诸如此类的活动可以创建非正式的、互为主体的空间,在这些空间中人们可以表现不一样的身份。班加西(Belghazi,2006:106)认为在节日期间"组织者将城市形象塑造成一个适合邂逅的空间"。这意味着节日空间比由人们在日常生活中产生的空间更需要被构建。然而,有证据表明,计划中的官方活动可以帮助提供一种框架,使社会互动在公共领域得到鼓励,从而创造公共空间。街道被视为民主和共享的缩影,但是有些街道却是私人拥有,或者私人控制的,其中许多都是高度商业化的,尤其是主要街道。正如里夫和西蒙斯(Reeve & Simmonds,2001)所指出的那样,尽管人们通常认为商业街是热闹的社交场所。并不是所有的公共场所都是社交场所:就像购物中心一样,它们受到警察的监督和监控。因此,在许多街道,特别是商业占主导地位的街道,创造公共空间十分必要,否则它们就不会存在。在这当中,活动可以扮演重要角色。雅各布斯(Jacobs,1961)曾发表过关于街道的重要言论,即"街头芭蕾"活动,布鲁斯·斯普林斯汀在他的歌词中使用过这个比喻(如都市密林)。活动和街道是一体的,并且主要是与日常活动联系在一起,而官方活动是让街头生活(重新)充满活力的理想化方式。据史蒂文斯(Stevens,2007)说,纽约马拉松和柏林的爱情游行等大型专业活动都经过特殊的舞蹈编排,这可以增加我们街道景观的丰富程度。

当街道因交通而封闭,日常营业(如商业)把街道让位于活动时,就可以创造新的公共空间(图4.3)。有一些很明显的例子,每年夏天纽约和伦敦的街道都禁止了交通,将交通路线和商业区变成社交和节日空间。例如,伦敦摄政街每年7月在"夏季街道"活动中都禁止通行。这一活动与7月的三个周六在纽约上演的类似活动有着完全相同的名称(Montgomery,2013),暗示着政策和实践正在从一个城市转移到另一个城市。摄政街在其他日子也不开放,因为车展(见第3章)和"摄政街日",人们被邀请去"享受来自世界各地的美食和表演"。这一活动与上面特拉法尔加广场所讨论的活动有相似之处,尽管多元文化主题更多的是出于商业目的而非为了文化融合。在摄政街的活动中,我们小心翼翼地为全球品牌和主导这条街的旗舰店提供最大化的长期利益。

城市活动：
以公共空间为活动场所
Events in the City:
Using public spaces as event venues

**图 4.3 一年一度的边缘艺术节期间的爱丁堡皇家大道**

还有许多其他把繁忙的街道变成公共场所的例子。布里斯托尔举办了一场街头活动，在那里，城市的街道在这一天变成了客厅(Shaftoe，2008)。这是在创造性地尝试创造更好的公共空间和旨在引起公众注意的公关噱头之间的一个微妙平衡。在另一项布里斯托倡议中，一条主要街道封闭了交通，变成了 300 英尺长的滑梯。一家英国公司在其他城市也安装了临时滑梯。城市街道的改造常常涉及把它们从城市变成农村。哈布克(Harcup，2000)描述了利兹的一个阶梯状的街道如何使用 800 平方米的草来搭建一个社区节日和电影放映场所(电影在一个房子的屋顶上放映)。其中一名居民解释了这一做法的理由：这里的房子没有花园，街道是我们仅有的公共空间。我们必须更好地利用它们。人们已经习惯了街道，所以我们不得不做一些事情(Ward cited in Harcup，2000：227)。一位在当地住了 8 年的老人简单地阐述了这一动机："我们在街上要一个游乐场"(Higgs cited in Harcup，2000：226)。活动改变了空间的使用方式：有更多人一起漫步、坐着、站着的社会互动——换句话说，人们放慢了脚步。而且，尽管这只是暂时的，但它让那些参与其中的人认识到我们之间的关系是如何建立的，彼此又是有可能发生冲突的(Harcup，2000：227)。

2014 年，伦敦计划通过效仿推动一项名为"未来街道孵化器"的 200 亿英镑的项目，该项目旨在将伦敦的街道变成人们可以进行社交和互动的场所。发起这个项目的公共官员呼吁如"临时公共广场和快闪式的街头运动活动"这样的想法。她的上司伦敦市长也解释了这个项目更广泛的目的："街道不仅是用来四处走动的——它还塑造了我们的城市，以及人们对它的感觉……"伦敦的街道可以通过我们的创造性思维被改善(TFL，2014)。通过这项新政，伦敦的第一个开放街道活动在萨福克街道上演。5 月的一个周六，在 5 个小时的活动里，这条街道成为一个没有汽车的空间，人们被邀请到那儿去游玩、散步、汽车、跑步或者只是放松一下,用一种全新的方式观察自己的城市(见图4.4)。这是一个积极的活动,但在周六下午限制街道的交通是相对自发的,尽管有些限制,还是希望在未来几年里,开放的街道会被延伸和复制。

**图4.4　伦敦萨福克街道举行的第一次开放街道活动中,骑手经过一个现场乐队**

在哥伦比亚波哥大的西克维亚活动是一个更加极端、也更著名的临时关闭街道的例子,这个活动起源于20世纪70年代,现在已经被其他几个拉丁美洲的城市效仿。每个周日,在哥伦比亚首都的60英里的城市道路上,这些街道对汽车关闭,只对骑自行车步行和慢跑的人开放。"这是一个非常受欢迎的倡议:公众喜欢它,而对政府来说它代表了创造新的公共空间的一种非常划算的方式。"事实上,蒙哥马利(Montgomery,2013)将这一活动描述为公园用地的短暂延伸,而非仅仅是一个无车日。这一理论被旨在创建另一个版本的纽约中央公园的初衷所强化。无须购买土地,驱逐居民,拆除现有建筑,斥巨资投资项目,新的空间可以简单地由暂时中止交通创造。还有一些证据表明,西克维亚(Ciclovia)满足了一些用来评估是否确实是公开空间的标准。据当地一位企业主(他拥有一家自行车店,是公认的受益者)说:西克维亚是为数不多的几个有不同阶层的哥伦比亚人的地方(Power,2010)。

近年来(自2013年起),伦敦试图通过其"里德隆顿倡议"复制西克维亚的精髓。这是一个一年一度而不是每周一次的活动,但它让伦敦人有机会在没有机动车的城市中央大道上骑上一回车。这个活动在一个周末举行,包括运动员和儿童的比赛,以及针对业余骑手的长途活动。伦敦马拉松比赛的灵感来自业余爱好者和职业运动员的不同寻常的组合(见第7章)。尽管这些类型的活动会让人重新认识空间,且会创造更多的公共空间,但它们也吸引了在伦敦一天中常见的人流。自行车或者跑步者代替机动车在街上流动穿梭。这代表着一个可喜的重点转变,值得高兴的节奏变化和不一样的听觉体验,不需要像其他街道上的活动那样改变空间的流动。

城市活动：
以公共空间为活动场所
Events in the City:
Using public spaces as event venues

# 爱丽舍广场

德罗伊和克莱格(Deroy & Clegg,2012)在他们对世界上最著名的街道——巴黎香榭丽舍大街分析中提供了一个关于活动在创造更多公共空间方面的作用很好的例子。这条街道长 1.25 英里,每个周末有 60 万人参观,每年有 1 亿人参观(Deroy & Clegg,2012)。香榭丽舍大道被誉为时尚购物大道,但近年来它一直在做一场"看似必败的战斗",即反"银行化"和"去社会化"(Deroy & Clegg,2012:360)。就像伦敦的摄政王街一样,这条街已经被全球品牌的"旗舰店"占据了,这一趋势遭到了抵制,但并没有被组织起来。1906 年成立的一个私人组织负责管理香榭丽舍大街。该公司通过引入一系列编排好的活动来应对人们对街道过度商业化的担忧。

每年 7 月,环法自行车赛的最后一天,在香榭丽舍大道上举行盛大的巴士底日庆祝活动。在秋天和冬天街道被覆盖上草皮,人们可以在大街上野餐或者赤脚行走。例如,2010 年5 月这条街道上有 8 000 个街区地块,并为法国农民组织的活动装饰了 15 万棵植物。其他活动也在上演:如电影节和文化活动。2011 年 7 月他们举办了一场"热带活动",旨在促进多元化,鼓励不同种族的人到街上游玩。对当地企业来说,活动往往是不方便和无利可图的,但它们被视为一种恢复这条大街原有身份和意义的重要途径。通过举办活动,委员会重新将街道恢复成一个人们可以在那儿逗留、融合和交流的社交场所的历史身份。这是一个浪漫的、田园牧歌般的目标,而活动被视为"时间机器",让市民体验和以前一样的欢愉。正如罗伊(Rowe)和贝克尔(Baker)所说,争取民主的城市空间应该是一种创造和建设的活动,而不是修复和恢复。尽管这是个合理的建议,但在现代大都市,人们渴望体验历史上的欢乐。正如弗里查等人(Flecha,2010:137)所指出的那样:"有一种强烈回归从前的嘉年华精神的愿望,带着对狂欢曲和幻想的热忱把公共空间从现代生活、交通和匆忙中复原出来。"

德罗伊和克莱格(Deroy & Clegg,2012)的一篇详细的批判性分析报告强调了城市空间发生的活动的积极效果。统一的、商业的、平凡的空间被转化为不规则的、可接近的、有意义的空间。活动使得被指责象征着虚无的空间(如被全球化的街道)变成"在某些活动中,香榭丽舍大街所象征的力量"(Deroy & Clegg,2012:369)。德罗伊和克莱格(Deroy & Clegg,2012)的报告指出,这里的活动有助于创造一条虽然很少实现公共空间理念,但是与理想中的公共空间概念有诸多共性,表现出一种社区情感的街道。事实上,作者声称在特殊的活动中:"香榭丽舍大街变成了一个让人们再次表达公共价值观、情感和感受的地方"并补充说:"……在这些特殊的场合,它展示了它创造符号互动的能力(Deroy & Clegg,2012:369)。"

运用弗兰克和史蒂文斯关于释放空间的观点,香榭丽舍大道的空间似乎被官方通过固定的意义和非特定的人流活动释放出来了。换句话说,这些空间是去领地化的。新的潜力和可能性被打开,这增加了活动结束后空间可能不只是回到正常的固定的或者"束缚"的状态的可能性。继约翰逊和科西塔基维茨(Johansson and Kociatkiewicz,2011:396)之后,活动成为空间实践的后续沉淀的蓝图。从逻辑上讲,如果活动是常规活动而不是一次性活动,则更有可能实现这一目标。的确,对于德罗伊和克莱格(Deroy & Clegg,2012)来说,这是重复的维度,使重新定位的街道被识别被确认。然而,在有效的重复和审美疲劳之间有一条细微的分界线。莱赫托沃里(Lehtovuori,2010)提出了这些活动的挑战性所在,以避免它们变得太司空见惯,由此来保持它们的实验性质。

香榭丽舍大道上的活动创造了包容、公共的空间,超出了通常固有的商业空间的范畴。尽管这些倡议是由一个非常成熟的私人机构组织的,但它们与一些激进的社会团体所采用的策略有相似之处。例如,在丹麦的首都,哥本哈根运动已经出现了以活动解放地区为宗旨的团体。像委员会一样,哥本哈根运动想要逆转街道的商业、消费主义、投机美学,并削弱其面向游客和有规章的空间的定位(Ploger,2010),并将正式的空间转换成非正式的空间。他们通过将日常的舞台空间和低成本的活动活动化来实现这一点。这两个组织截然不同。Openhagen 是一个受情境主义者激发的社会活动,一个也想利用活动把正式的空间转变成非正式的空间的团体。委员会是一个保守的组织,试图恢复帝国街以往的荣耀(Deroy & Clegg,2012)。然而有趣的是,这两个组织采用的策略有相似之处。

## 活动如何帮助生成城市公共空间?

重要的是要探索街头节日变成城市空间的基本机制,并将其从半公共空间转变为公共场所。下面的讨论对四种关键机制进行了识别和速览。

第一,活动可以改变空间的节奏。在大多数购物街上,人们走得非常快,很少有机会让人们放慢匆匆的步伐。而活动可以改变街道的节奏,许多作家哀叹当代街道空间节奏多样性的下降,而活动通过鼓励减慢步伐和不同的运动节奏为街道出现新节奏提供了可能。例如,史蒂文斯和信(Stevens & shin,2014)确定了街道的封闭道路能让人"更慢、更轻松的行走"。科西塔基维茨(Kociatkiewicz,2011)也讨论了如何引入新的节奏。许多节日都是让人在街道上闲逛或散步。通常,在城市空间逗留被视为一种令人怀疑的危险行为。但是,当城市举办节日的时候,这是被人鼓励的,因为这让人们更容易互动。

第二,活动产生公共空间的机制是相互作用的。在街头活动中,人们更有可能停下来互相交谈。他们可能会坐着或者站着,但他们更有可能交流和互动。正如史蒂文斯和信(Stevens & Shin,2014)建议的那样,在封闭的道路上举办音乐节会增加面对面交流的条件。

第三种机制是再循环。通常商业街的人流非常均匀。然而,当活动发生时这些人流被打乱并重新定向。他们走在不同的方向,改变着空间的外观和感觉,而不只是人们进出商店或上下班。

最后,活动有助于改变使用空间的人。根据德罗伊和克莱格(Deroy & Clegg,2012)的说法,不同的、更多样化的团体会在活动上演时造访香榭丽舍大道:例如,体育爱好者和少数族裔的人平时不会来。这符合塔隆等人(Tallon,2006:36)的观点,他们认为在城市中心举办的活动是为了"让更多的人参与进来",并最终"重新利用公共空间"。

街头活动显然改变了人们使用街道的方式——鼓励举办不常见的活动(如人们在一起跳

城市活动：
以公共空间为活动场所
Events in the City:
Using public spaces as event venues

舞和唱歌）也改变了街道景观的使用方式。坐在街边的人们就是一个很好的例子（Stevens & Shin，2014）。城市空间被活动组织者的工作所改变，他们安排演出并展览工艺品，但正如史蒂文斯和信（Stevens & Shin，2014）所强调的那样，这是出席者的非正式行动，最终街道将变成临时的公共空间。大型的、计划好的活动有时被看作被动地消费空间的景观，但史蒂文斯和信（Stevens & Shin，2014）的研究表明，有组织的活动可以推迟一系列的"次要活动"，包括许多自发的社交活动。这是在摩根（Morgan，2008）的节日研究中被认为特别重要的二级活动。摩根的研究分析了一个民间音乐节，该音乐节是在市中心和西德茅斯（英国德文郡）的海边举行的。摩根（Morgan，2008：92）确认了人们喜欢的节日体验，他的研究强调了"创造或允许发展边缘活动的重要性"。这并不一定意味着与我们在爱丁堡每年8月看到的那样正式的边缘表演相似，而是更简单的"在主要演出之前和之后提供见面、社交和放松的地方"（Morgan，2008：92）。

提供社交机会有助于使节日更令人愉快，这也是节日期间城市公共空间产生的关键。人与人之间的互动——由封闭的道路和破坏正常的人流、噪声和环境——有效地产生公共空间。因为活动涉及人的空间和时间的集中，所以在活动中人们更有可能发生互动。理解这种动态及其结果的一种方式是"共同创造"或"共同生产"的空间。参加音乐节的人之间的互动不仅在城市空间中发生，还有助于创造空间。史蒂文斯和信（Stevens & Shin，2014：18）认为这种在正式化的活动场地边缘空间的互动和协同创新的频率更加频繁。以这种方式，节日可以制造比在一个指定的官方场馆多得多的城市公共空间。

上述研究（Morgan，2008；Stevens & Shin，2014）也强调了节日空间"渗透性"的重要性。在许多街头活动中，人们的运动受到很大的限制，人们使用道路进行表演的方式受到安全措施和出入限制的影响。"骑车/跑步"和"街头游行"都是很好的例子，当这些活动上演时，人们通常很难在城市空间里走动。十字路口在指定的地点/活动中受限，大量的人群组织自由移动，而从路边进出的人群往往受到人群的高度限制。有一种危险在于，如果人们的流动受到太严格的控制，那么公共空间就自然会受到限制：人们不能轻易地相互交流，而空间变得越来越难得。对运动的担忧反映了更广泛的关于什么是好的公共空间的想法。例如，帕格里斯（Pugalis，2009：228）强调"不受限制的行人"常被认为是关键因素。洛斯（Lowes，2002）也强调了在公共空间自由活动的重要性。在封闭的街道上举行的一个可渗透的节日提供了一个在城市中走动和闲逛的特殊契机——公共空间是通过这个运动创造的不同的节奏和氛围创造出来的。人们在街上徘徊，不感到尴尬也毫无自我意识；他们漫无目的地闲逛，以及做那些他们平时不被允许做的事情。简而言之，这个活动促进了城市公共空间的产生。

## 物质的变化

大多数关于活力化公共空间的文献讨论了将社会活动带到现有空间的方法。然而，从几个值得注意的例子中可以清楚地看到，一些公共空间已经发生了实质性的变化，以方便通过活动更加具有生机活力：换句话说，它们已经被重新设计，以允许它们成功地举办活动。

因此,这是社会和物质共同作用产生空间的结果。许多城市广场都被当作活动场所来重新装饰:因此,举办活动不仅是临时的作用,而且是空间的专用功能。前面讨论的特拉法尔加广场案例是一个很好的例子,但也有其他一些鲜为人知的案例。科赫和莱瑟姆(Koch & Latham,2012)讨论了威尔士西部的一个十字路口——威尔士亲王号(Prince of Wales Junction),那里的活动被用来帮助创造"更好的公共空间"。这里上演的各种各样的活动(如音乐剧表演、家庭娱乐活动、文化节日)需要由人们组织,但也需要适当的空间。两位作者认为,"该遗址的物料的重新配置不仅包括一个更大的空间,还包括新的铺路石、照明、水和电,使这些活动成为可能(Koch & Latham,2012:524)"。这个案例表明,程序化的活动需要一定的"东西",在任何公共场合都不可能定期举行活动。这再次证明第 2 章中关于在评估城市公共空间的生产时需要同时从有形和无形两方面考虑必要性。

一些城市公共空间已经被重新配置,不仅变得有助于容纳对活动有用的细节,而是根据最前沿的活动(重新)设计。德让(Degen,2003)在曼彻斯特中心的一个后工业空间的研究中指出,随着再生产周期的推进,该场地活动是如何被形式化的:这最终推动了一个用于活动的迷你场地的建造。以一种不太正式的方式、景观、台阶和设备被用于创建混合公共/活动的空间。它们提供了人们在日常生活中坐着、玩耍、见面和吃饭的空间,但它们也可以用于日常活动。现在有一种常见的不同尺度的当代露天剧场的设计,包括城市广场、海滨小径和公园空间,例如,塔桥和伦敦大桥之间的沿着伦敦海滨的空间是由一个下沉式的大型户外剧院主导的。其他著名的公共空间也被重新设计为活动空间。吉丁斯等人(Giddings,2011)分析了英国伯明翰中心的张伯伦广场最近的重新设计。与锡耶纳的田野广场(在第 2 章中讨论)相似,这个广场受益于水平下降 6 米,并有一个圆形剧场的设计。这意味着张伯伦广场为各种各样的公共活动提供了一个舞台(Giddings,2011:208)。

一些城市的街道被专门设计为仪式和活动场所,但近年来,其他街道也进行了物理上的改造,使得它们更适合举办活动。这是斯蒂文斯(Stevens,2007:206)所推崇的,他认为"街道不只是为了有规律的循环,他们经常有一个代表性的功能,这在对这些街道进行功能性改造时需要被考虑。"最明显的例子是让街道改造服务于举办活动的功能。街道被发现可以举办赛车赛事。例如,新加坡当局加宽、调整和重新铺设路面(如拆除了路边石),并新建了 1.2 千米的路段,以使这个城市适合一级方程式赛车大奖赛(Henderson,2010)。物理上的变化有时会引起争议。例如,伦敦的巴特西公园(Battersea Park)计划从 2015 年起举办一系列方程式赛车比赛,一名当地居民在伦敦晚报的一篇文章中写道:"我对方程式赛车的意见和你所报道不一样,噪声和破坏是暂时的,不是故意毁坏文物的行为,这是为了五年的比赛所做的准备。"(Cook,2015)

仅仅因为有一些公共空间为了举办活动而重新被设计,不能保证它们能成为好的活动空间或者更好的空间。活动导向影响城市设计的众多例子中的一个是多伦多重新设计的海滨区域:港湾中心(图 4.5)。在重新设计的过程中,一系列的户外活动场所非常突出。然而,这些场所从未真正成为多伦多戏剧界或者城市整体的一部分(McKinnie,2007)。这是因为这些是过度构思的活动空间:不是由当地利益相关者产生的,而是联邦计划的产物(McKinnie,2007)。也许应该避免这种明显的意图,将公共空间转变成活动场所。有关公共

城市活动：
以公共空间为活动场所
Events in the City:
Using public spaces as event venues

空间的文献(在第 2 章中回顾)提出,固定的意义和确定用途的空间是没有好处的。有一种危险在于,当公共空间被重新设计为场所时,我们将活动作为这些空间的预先决定的功能引入。这意味着它们成了被赋予意义的空间,而不是将其从这些意义中解放出来(见第 5 章)。

图 4.5    多伦多港湾中心

## 长期的影响

活动可能会暂时地占据它们所在的空间,但通过举办活动也可能会给地方带来持续的影响。

(Foley et al,2012:23)

本章的前几节强调了活动可以在公共空间中产生的积极影响。在活动中似乎有一系列这样的影响,包括空间的生动化(如广场),呆板的公共空间的解放(如公园)和通常被认为是半公开性的地区(如街道)。然而要理解活动的重要性,关键是要考虑这些活动的影响是否持续到活动结束后,以及当这些活动没有发生时(如果有)活动对空间有什么影响。

正如莱赫托沃里(Lehtovour,2010)所指出的,那些利用活动来促进城市空间的人面临的一个关键挑战是如何保持活动的特征。因此,重要的是要考虑活动发生后会发生什么或者发生了什么活动(举办活动对于许多公共空间来说是一个越来越重要的功能)。看起来有许多种可能性,其中明显的一种便是空间回到它以前的状态。然而也有可能空间的身份、意义甚至空间的使用可能由活动的上演而改变。这些潜在的结果将在下文进一步讨论。

活动改变了人们对公共空间的看法。举办活动可能意味着已确立的功能和意义不再稳定,有些东西在编排好的活动结束后不必结束。对于科赫和莱瑟姆(Koch & Latham,2011)来说,创造这些空间中重新稳定的不确定性可以是一件非常积极的事情:这就是创造"潜力"的意义的所在。活动引起人们对公共空间潜在用途的关注,即使在计划的活动不被安排的情况下,也可能在未来制订。帕格里斯(Pugalis,2009)对英格兰东北部公共空间的实践研究突出了这一点。帕格里斯的研究结果（2009：223）表明，活动突出了场地对受众的潜在影响：
"通过更频繁的活动安排，期望和意识被潜移默化地提升，这说明了它们潜在的潜力"。普罗
格（Ploger，2010：851）也提到了这一点，他断言，活动可以被用来证明现有空间的"不同潜力
和异位使用"。莱赫托沃里（Lehtovuori，2010）在他对赫尔辛基的分析中发现了一个类似的过
程。他提出"实验性并列"和通过街头游行帮助参与者加深对城市生活的看法来创造临时空
间。这个活动在其他城市举办的活动"粉碎"了固有被接受的对城市空间的态度
（Lehtovuori，2010：145）。重要的是，莱赫托沃里（Lehtovuori，2010）认为这导致了对这些空间
的使用的改变，而不仅仅是它们的意义：城市公共空间被重新占用。

　　另一种可以为暂时逗留的公共空间留下积极遗产的方式是制造图像和记忆。班加西
（Belghazi，2006）以在非斯（摩洛哥北部城市）的不同空间上演的世界圣乐节为例写了关于城
市节日化的文章。班加西（Belghazi，2006：106）指出，"虽然这些场地只是昙花一现，但它们
的影响是持久的，因为人们的记忆和地方的形象都是短暂的。"这成为一个有用的提醒：城市
最终是一个社会形象。城市的社会形象是由临时活动创造的，对城市的任何永久建筑的生
产一样重要。呈现了什么类型的图像，什么类型的城市，是通过在公共空间上演的活动决定
的，正如第3章所讨论的，城市倾向于利用这些活动来展示他们想要宣传的城市的选择空
间。正如班加西（Belghazi，2006：106）所指出的，"城市呈现了其对组成部分的选择性，特别
是包含更具有历史意义和地位的事物"。拘束的城市形象是被（再）构建出来的——这是一
种认为"活动城市"与"概念城市"有很大联系的观点：城市生活的复杂性被简化成统一的
印象。

　　值得注意的是，在公共空间安排的活动和有关用户体验的营销一样多。这个市场功能
也会影响活动所转换的空间的寿命。在公共空间举办的活动通过不断使用城市中的事物获
得了一定程度上的持久度（Harcup，2000）。这些空间的图像通常充满了活动的意象，在数字
媒体主导的象征性经济中，这些形象与任何其他事实一样都是标志性的。特拉法尔加广场
是一个明显的例子。伦敦管理局网站上特拉法尔加广场被活动图片主导，人们可以通过访
问最近活动的在线画廊来重温那里的活动。在伦敦的官方旅游网站上，在特拉法尔加广场
的页面上，"活动"是第二大突出的部分，甚至是最突出的部分，告诉读者：你将经常发现文化
活动、演出、表演和其他特殊活动的日程。关于如何找到广场的指示显示在标有"地点指示"
的区域内。即使在独立的网站上，活动图像也占主导地位，一次性活动（如2007年特拉法尔
加广场被草皮覆盖）被用来代表空间。伦敦市中心其他著名的公共场所也充满了临时活动
的图像。由于马拉松比赛、各种自行车赛、音乐会和黄石活动的不断交替，海外游客参观购
物中心（伦敦纪念性意义的链接特拉法尔加广场和白金汉宫的中轴线）时可能期望到处都是
挥舞着手臂的人。而当他们在日常生活中遇到这种情况时，可能会有些失望。

　　另一种可能产生长期积极影响的方式是将注意力吸引到被遗忘或忽略的公共空间。这
可能意味着即使活动没有发生，它们也会被更广泛地使用。与其他临时用途一样，人们也知
道其他的用途可以激发未来的活动（Bishop & William，2012），活动可能提供了开启隐藏或
未被使用的空间潜力的钥匙。乔纳森和科西塔基维茨（Johansson & Kociatkiewicz，2011：394）
强调说："城市节日通常是为了展示城市迄今为止被掩盖的亮点或隐藏的特征。"同样，莱赫

城市活动：
以公共空间为活动场所
Events in the City:
Using public spaces as event venues

托沃里(Lehtovuori,2010:139)指出,临时用途可以调动公众关注被遗忘的公共空间,这意味着举办活动实际上会产生新的公共空间。

本章的大部分讨论都是乐观的。但是值得强调的是在公共场所举办活动可能会有一些长期的危害。下一章将详细讨论这些问题。应该注意到,公共空间中上演活动的变革性效应不能被一次又一次的重复。一旦人们习惯了某些空间可以被用作活动场所,或者同一活动的几个版本已经上演,活动的正面影响可能会减少。活动自己也成了特定公共空间建立和决定的方式,就会削弱他们的变革效应。正如莱赫托沃里(Lehtovuori,2010)所指出的,当活动被用于"绑架"通常不用于上演活动的空间时,往往会产生戏剧性的效果,但它很难一次又一次地"绑架"城市空间。

即使一个活动取得了巨大成功,空间以包容和解放的方式更加富有活力,整体的影响可能仍然是有问题的。一个可能的影响是,当这些活动结束时,因活动变得稍微生动的空间可能显得更加死气沉沉。普加利斯(Pugalis)的一位受访者告诉他,这个节日是一个伟大的经历,唯一的麻烦是它让空间在其他时间看起来似乎显得沉闷。普加利斯(Pugalis,2009)的研究还强调了一些用户不希望他们的公共空间永远展示他们在活动中所呈现的特征。假设活动总是代表着现状的改善是危险的。事实上,在许多公共空间的使用者更喜欢这些空间平时的样子。当我问及英国北部的一个公共空间时,一位受访者说:"当然,活动在这里举办了,但我更喜欢的是它的日常特色"(Pugalis,2009:223)。

## 总　结

这一章表明,举办官方活动可以对城市公共空间产生积极的影响。活动可以帮那些从没有公共空间的地方产生公共空间:例如,繁忙的、高度商业化的街道。

最终产生公共空间的原因是人们之间的互动,但官方提供了一个框架,在这个框架内,可以鼓励这种互动。通过改变城市环境(如封闭道路)的相关变化,也通过引入不同的行为、节奏、人流和人们公共领域活动。活动还有助于使传统的公共空间更加公开。城市广场是一个关于空间的例子,这些空间经常被他们朴素的形象所忽视或影响,而活动可以使这些空间充满活力。活动可以帮助那些未被充分利用的空间显得更加整洁,尤其是当它们在晚上上演的时候。广场和公园通常被认为是非常受控制的、正式的和呆板的空间。活动可以帮助放松这些空间,使它们看起来从物理上、社会上和象征意义上更容易接近。章节后半部分着重强调了活动的发生不是必要的。受限于活动的持续时间,一些公共场所举行的活动只是用于美化的宣传噱头;可能没有什么长期效果,而且有的活动可能会破坏已经确立的功能和特定空间的含义。举办一场活动可能减少城市空间,并在活动后引入对于新的空间的实践。因此,节日和活动不仅在城市中留下印记,还有助于通过公共领域的非属地化创造城市公共空间。

# 第5章 项目化

## 活动及对城市公共空间的损害

## 导 论

第4章强调了活动如何对城市公共空间的规定产生积极作用。所举的例子主要是规模较小、商业化程度较低的活动,许多活动在资金和物质两方面都可以自由利用。当大型的商业活动在公共空间上演时,其影响往往更成问题。最明显的例子就是大型活动,这些例子说明活动对城市空间可能产生的负面影响。例如,桑切斯和布鲁德乌(Sánchez & Broudehoux, 2013:133)将2016年里约奥运会描述为"政府协助的公共领域私有化和商品化"。将在公共场所举行的所有大型商业活动斥之为破坏性活动是不公平的,前面一章提到的许多积极影响仍然适用。但是大型商业活动是造成城市空间公众化程度降低的原因,本章将讨论这些不利影响。

遵循第3章中介绍的概念框架,项目化这个术语是用来指活动损害公共空间的过程。项目化代表着活动通过商品化以及私有化、商业化和安全化的相关过程来收紧空间的方式。这些过程构成了本章的前三节内容。这个讨论需要以第2章中的论点为基础,即城市公共空间在很大程度上已经商业化、私有化和安全化。因此,本文的分析评估了活动对这些过程的贡献,它没有考察活动是否会导致商业化、私有化或安全化。在本章最后一节,还讨论了活动损害公共空间的其他方式:包括噪声、环境破坏等基本影响,以及对普通居民造成的不便。根据第4章使用的结构,首先讨论空间临时改变的方式,然后明确考虑活动是否对更持久的影响负有责任。

## 商业化

重大活动日益成为商业实体。它们往往是由商业机构组成的,而且买卖的是产品或品

城市活动：
以公共空间为活动场所
Events in the City:
Using public spaces as event venues

牌。重大活动也是销售其他产品的工具——许多产品严重依赖销售、许可和赞助的收入。尽管有这些特点，一些作者相信活动仍然是社会实体，这种性质使它们区别于传统商品。例如，桑德尔（Sandel，2012）提出，流行摇滚演唱会等活动所代表的不只是商业企业。他认为，像对待商品这样对待活动会削弱它们的影响力，并引用其他作家的观点来说明他的观点："唱片是商品，音乐会是社交活动，在试图从现场体验中制造商品时，你可能会毁掉整个体验（Seabrook cited in Sandel，2012：38）。这里的讨论并不探讨活动是否属于商品，或者它们是否被不当地商业化以销售其他商品。这是在其他文本中提到的问题。这里的分析集中在活动如何使它们所占据的公共空间商品化和商业化。当活动在公共场所举办时，商业层面是一些评论者所担心的，他们认为公园、街道和广场应该受到保护，以免过度商业化。然而，我们需要考虑在第2章中提出的论点：我们的许多公共空间已经商业化了。除对商业化的担忧外，也有对商品化的担忧。利用公共空间作为活动场所的想法本身就代表了一种形式的商品化。在一篇关于城市活动的批判性文章中，詹金斯（Jenkins，2013a）明确了他的立场：我们的开放空间不是商品，把它们还给我们。

公共空间一直以来都是作为活动场所使用的，而活动也总是会在这些场所举行。问题是，那些以商业为目的而举办的大量商业化活动是否应该经常在著名的公共场所举行。例如，虽然在赫尔辛基参议院广场举行活动通常被认为是一种积极的现象（见第4章），但有些活动被认为不适合在这样一个重要的地方进行商业性的活动。红牛城市飞行——一个商业单板滑雪项目——就是一个很好的例子（Lehtovuori，2010）。在这些情况下，活动被明确地用作推广公司的工具，允许一种通常不会被容忍的户外广告。活动（庆典、动画等）的更广泛的社会合理性常常被商业活动的组织者巧妙地用来为其辩护，但最终这些活动是为私人利益服务的，而不是为公共利益服务的。通过这种方式，桑德尔（Sandel，2012）关于活动是社交场合（而不仅仅是商品）的伟大论点被一些公司巧妙地用来证明在公共场所举办商业活动是合理的。

活动已经成为城市公共空间的重要功能，但活动也成为一些商业利益集团霸占这些空间的重要手段。洛斯（Lowes，2004：73）的研究结果表明，"公共空间几乎完全是作为支配它们的商业利益的推广工具"。在公共空间举办活动无疑为商业赞助商提供了一个有价值的平台。事实上赞助商可能会更有兴趣把他们的品牌与城市空间结合起来，而不是与特定活动相关联，因为这可能会积累象征性的资本。在城市举办活动的赞助商成为城市赞助商，受益于强大的地方意义。这诱使公众接受企业作为重要场所和空间的天然合作伙伴。正如洛斯（Lowes，2004：73）所说，"在公共场所举行的活动有助于自然化，从而使既得的商业利益合法化"。

海德公园在2013年世界铁人三项锦标赛决赛有助于证明这一点（见图5.1）。一般情况下，当奥克利酒店向当地规划部门（威斯敏斯特市）申请获准安装这样的大型广告牌时，他们会被告知这不适用于皇家公园。但重大活动为公司提供了规避正常的规划限制的机会。既定的规则会随着重大活动的发生而改变，这些活动往往伴随着明确的义务让其赞助商享有某些特权。这不只是体育赛事的问题，文化活动也允许赞助商进入城市空间（见图4.2）。为避免这种肆无忌惮的商业主义，各种活动都以政策工具、筹资者和/或娱乐活动而不是商业企业的形式出现。例如,组织者声称这不是一个商业活动,而是一个阶段:让英国运动员有机会与国际铁人三项运动员竞争,并鼓励普通人参加铁人三项(Inneset et al.,2013),从而证明在海德公园举办铁人三项赛决赛是正确的。不过,这个活动是由一家商业公司组织的,涉及商业赞助商,这意味着这实际上是一个商业活动。

图 5.1　在伦敦海德公园为 2013 世界铁人三项决赛标记路线的充气横幅

在公共区域的球迷地带特别容易受到指责,他们会商业化他们居住的固有空间。第3章解释了这些活动的起源和发展。根据克劳泽(Klauser,2012)的观点,球迷区是城市公共空间重大活动的"暂时印记"。这类活动与本书的此部分相关性极强,因为球迷区产生的一个关键动机是扩展可供主办方利用的活动空间量。球迷区不局限于传统场地,而是提供了一种手段,使城市空间也能得到赞助。科拉莫和沃洛德纳霍(Kolamo & Vuolteenaho,2013:514)认为国际足联球迷节品牌概念(在第3章有介绍)是"首次引起对世界杯官方品牌的关注"。这不仅仅是国际足联的问题,因为它也适用于其他赛事的特许经营权。参考欧洲足球锦标赛,克劳泽(Klauser,2012:1043)援引欧足联的文件,其中包括如下承诺:"球迷区将为某些商业合作伙伴提供更多的合作机会来让他们参与其中。"

球迷区是以商业的方式进行的,但这并不意味着它本身就是一件坏事。最终事实证明,它们很受欢迎,因为它们允许人们一同在大屏幕上观看赛事,而不是一个人在小屏幕上看。有些讽刺的是,屏幕现在正被用于恢复城市中的社区互动,而屏幕通常被认为是社会互动下降的一个主要原因。然而,我们不应该过早地解散影迷区和公共放映。在某些方面,它们让重大活动变得民主化,因为它们允许没有票的球迷们也能参与到活动中来。麦奎尔(McQuire,2010:572)提出了不太全面的辩护观点:"对公共空间商业主导地位的合理关注不应成为仓促谴责公共屏幕的借口。"这一点很重要。球迷区将公共空间商业化,但公众放映

城市活动：
以公共空间为活动场所
Events in the City:
Using public spaces as event venues

没有任何不妥之处，只是其组织方式引起了关注。

　　控制体育赛事的主办方有时会限制体育赛事赞助的知名度，因为这被认为是对赛事的贬低。比如在奥运会期间，场馆内的赞助就很少。但是同样的，主办方却鼓励城市在活动期间在公共空间放置赞助赛事的相关品牌（见图5.2）。例如，在对奥运的分析中，霍恩和霍内尔（Horne & Whannel，2012:60）指出，"赞助商不会在体育场看到他们品牌的名字，但火炬接力提供了一个可以将品牌名称和主办城市的视觉背景联系起来的机会。"其他活动"激活"了公共空间，也将主办方与主办城市联结到一起。在2012年伦敦奥运会期间，海德公园举办了一个大型现场直播网站，可免费进入，吸引了80万人浏览（皇家公园，2013年a）。这个网站更易被理解为是一个商业平台，而非组委会的一次慈善举动。直播网站托管了主要赞助商的安装；如"吉百利之家"就是类似于米昆达（Mikunda，2004）所描述的那种"品牌地"的"品牌体验"。2012年伦敦超级市场建成，其他商业设施被允许靠近现场。

图5.2　观众在2012年奥运会期间离开奥林匹克公园，周围是可口可乐和阿迪达斯的户外广告

　　超级商店不仅是一个零售商店，它还包含了"赞助活动区"，专门用于可口可乐、阿迪达斯和斯沃格。这意味着，尽管在海德公园（长距离游泳，铁人三项）举办的奥运会没有过度商业化，但它们伴随着一系列的"激活"，结果形成了一个高度商业化的公园。通常情况下，海德公园能从围绕它的密集商业活动中得到一些缓解。但在2012年奥运会期间，该公园成为这个商业区的延伸（Osborn and Smith，2015）。

　　大多数球迷区，尤其是国际足联球迷节期间，都是为企业品牌创造生存空间而不仅仅是消费空间的工具。它们是城市激活其作为活动东道主身份的方法，但它们也是活动赞助商激活其赞助的方法。例如，国际足联球迷节由可口可乐大力赞助。在2010年南非世界杯上，约翰内斯堡球迷节的中心是一座由数千箱可口可乐制成的巨大雕像。在2014年的巴西世界杯上，可口可乐继续统治着球迷节。在纳塔尔球迷节国际足联的官方视频中，孩子们抱着巨大的可口可乐瓶子,好像他们是可爱的玩具。这种对著名公共空间的"深度赞助",对可口可乐这样的公司特别有价值,因为它们不仅与活动有关联,而且与举办活动的地点有着千丝万缕的联系。像巴西这样的地方拥有强大的品牌形象,通过赋予赞助商在科帕卡巴纳海滩等地创建品牌体验的权利,企业可以通过地方协会创造价值。

如果赞助商是粉丝盛会的主要受益者,那么你可能会期待这些赞助商或国际足联会支付这笔费用。不过,尽管"FIFA 提供了大量的财政支持,包括一流的屏幕、舞台、音响和灯光"(FIFA cited in Panja,2014),其他费用还是要由主办城市支付。这导致累西腓(巴西)扬言要在 2014 年世界杯前取消他们的球迷盛会,因为他们付不起用于举办该盛会的 460 万美元的费用(Panja,2014)。

大型活动被企业用作汽车,将其品牌遍布世界上最著名的一些公园、广场和街道。发生在 2006 年德国世界杯的例子最为明显,在那里,柏林的勃兰登堡门是最大的球迷节的支点。纪念碑上覆盖着赞助商的品牌名称,这在其他任何情况下都是被禁止的(见图 5.3)。2008年,由奥地利和瑞士联合主办的欧洲足球锦标赛也出现了类似的情况。其中苏黎世是主办城市之一,苏黎世是一个保守的城市,通常对户外广告有严格的限制(Hagemann,2010)。在锦标赛期间出现了特殊情况,绕过了常规规则,苏黎世被广告材料覆盖。正如参与该活动的一位经理所言,这些活动"产生了许多特殊的情况,在这些情况下,通常是不可想象的许多事情突然变成了可能"(Hagemann,2010)。结果之一是城市景观更加商业化,成为未来进一步进行商业开发的一个令人担忧的先例。哈格曼在其谴责这个日益增长的现象概要中扼杀了对粉丝区的关注:

**图 5.3　2006 年世界杯足球赛期间的柏林勃兰登堡门**

一块公共空间被暂时从城市中分割出来,并隔离起来交给一个私人活动组织者控制,然后让其经济地开发和规范我们使用它的方式。

(Hagemann,2010:730)

城市活动：
以公共空间为活动场所
Events in the City:
Using public spaces as event venues

这句话强调了粉丝区不仅仅是商业化的例子，它们也是公共空间私有化和安全化的例子。本章后面的部分将讨论这些过程。

## 消费者的消费空间

在城市的公共空间举办活动是恢复城市经济和将城市中心转化为有利可图的消费中心的更广泛尝试的一部分（见第 3 章）。这意味着邀请某些人参与，但不包括其他人。正如韦特（Waitt，2008：522）所说"城市节日被概念化为一种从特定空间排除或者包括某些人的机制"。就像其他形式的城市创业主义一样，活动的策略往往旨在吸引"正确的人"——换句话说就是高消费的中产阶级。万·杜森（Van Deusen，2002）在对美国锡拉丘兹（纽约）克林顿广场的重建分析中提供了一个很好的例子。活动被定义为重新设计广场应该用于的事情：鼓励更积极的休闲空间来克服旧设计的被动性（Van Deusen，2002）。换句话说，克林顿广场的重新配置是在考虑活动功能的情况下进行的。然而，万·杜森（Van Deusen，2002：153）引用了与空间管理有关的人，他们明确表示必须有选择性地决定举办什么样的活动。过去在旧版广场上演的乡村和西部节日被认为不适合新的空间，因为它产生的经济效益很小。人们参加了这个音乐节，但没有在附近的酒吧和餐馆消费。据万·杜森（Van Deusen，2002）的受访者称，爵士乐和布鲁斯音乐节被认为是合适的活动，因为参加者在市中心花了很多钱。德根（Degen，2003：875）在曼彻斯特的工作重申了这一论点。引用空间管理者的话说，他们的活动基本上是为了吸引"中产阶级"而举办的，因为"你不能为那些不愿意花钱的人提供活动"。这些例子突出了活动的内在排斥。如果有的话，也少有吸引大家的活动。每一个活动都有专门的观众并且举办活动（和不举办活动）会自然地给一些社会团体特权并且忽略其他人。中央公共场所举办的有组织的活动旨在吸引消费阶层。这挑战了上一章介绍的观念，即活动以某种方式使城市空间民主化，或者使它们更具包容性。

阿特金森和劳里埃（Atkinson & Laurier，1998）在布里斯托尔公共场所举办的票房大典提供了这种排他性特征的进一步证据。作者将这一活动与传统的街头狂欢节概念相提并论，在那里建立的等级制度被侵蚀，并且（暂时）实现更大的社会平等。作者声称：

> 布里斯托尔的海洋节并不像一个包容性的狂欢节式的统治秩序倒置，而是将某些群体排除在家园之外，从而使他们看不到城市景观和城市的新形象，或者蔑视游客的目光。
>
> （Atkinson & Laurier，1998：200）

韦特（Waitt，2008：522）认为节日与"新自由主义的消费者"固有地联系在一起的观点与这种解释十分吻合。这种流行的意识形态认为某些群体不属于公共空间，"穷人、无家可归者、街头性工作者、流氓和政治活动家"（Waitt，2008：522）。伍德和亚伯（Wood & Abe，2011：3252）进一步证明了这一趋势：在 2007 年国际田联世界田径锦标赛筹备期间，大阪（日本）政府"加强了警务和监督政策以便清理'不纯'的无家可归的人生活的公共空间"。与城市活动相关的公共空间的这种"卫生"是非常普遍的。

一些活动的排他性在特大活动中更为明显。博伊科夫和法西（Boykoff & Fussey，2014：

260)认为，"奥运会这样的大型活动加速了一系列城市流程,这些流程促进了富有游客收到邀请和轻松通行,同时使全球的输家活动受阻并且受控"。作者将此与鲍曼(Bauman,1998)的观点联系起来,认为在当代社会中被视为"旅游者或流浪者"和那些不能或不愿加入消费阶级的人被故意排除和处于不利地位。从这个意义上说,活动是公共空间被重新配置为消费者空间的典型方式,而不是对"公共"更慷慨或民主的看法。这本质上是排他性的,因为不是每个人都愿意或有能力消费。当活动购票时,谁属于公共场所取决于支付能力(Owen,2002)。

票务活动就是消费产品本身,他们还与其他产品的消费相关联的:食物、饮料和商品。这种驱动消费的活动在许多公园都受到鼓励,如曼哈顿中城的布莱恩特公园(Zukin,1995)。纽约旅行指南书强调了每年夏天在这个公园举办的活动的"让人眼花缭乱的时间表"(Time-Out,2005)。在对布莱恩特公园进行保守分析时,马登(Madden,2010)没有引用一个经常被引用的观点:这个城市空间已经被军事化或者通过这种改变而被私有化或变得不真实。然而,在过去曾经将公园"重新政治化"为"公众消费者之家"的影响下,马登(Madden,2010:200)确实认为布莱恩特公园已在商业和消费方面被重新配置。对于马登(Madden,2010)而言,这是没有民主的公开证据——公园是可以访问的,但只适用于从事某些事情的某些人。

其他评论家也强调了活动将关键公共空间从政治场所变为消费场所的方式。在更有名的纽约公园的几个城区街道,内瓦雷兹(Nevarez,2007)指出中央公园活动政策中涉及的虚假。音乐会和电影在公园的大草坪上受到欢迎,但是政治示威常常被禁止,因为它们可能损害空间。当迪斯尼决定在那里举办《风中奇缘》(Pocahontas)的首映式时,对大草坪的潜在损害似乎并不是一个主要考虑因素(Garvin,2011)。与此相类似,詹金斯(Jenkins,2013a)讽刺地暗示政府防止地点被用于示威的一个简单方法是向私人活动公司"出售"空间并宣布它们关闭。海德公园是英国最著名的政治场所之一,以演讲角和著名的政治集会而闻名。2003年反战月期间,政府阻止示威者进入公园,理由是虚假的健康和安全问题(Jenkins,2013a)。后来,詹金斯认为,该公司通过把它变成一个活动场地而"抓住了它"。同样地,虽然特拉法加广场一直是政治示威的场所,但詹金斯(Jenkins,2013a)认为,在那里举办一系列有价值的节日和活动意味着它已经非政治化——因为现在这个空间用来表现政治正确性,而不是政治示威。使用弗尔利等人的(Foley,2012)的术语,空间是有纪律的—— 一个高度象征性的(松散的)空间变成了一个(紧密的)功能空间。

第3章介绍了活动日益城市化的观点,即它们被带出传统场地并在城市公共场所举办。当商业或贸易活动在公共场所而不是在室内场所举行时,显然存在这些公共场所内在商业化的危险。关于此主题的最佳案例研究之一是韦勒(Weller,2013)对欧莱雅墨尔本时装节的研究。本次活动由一个致力于本地时尚产业发展的增长联盟组织;最近组织者已将这一活动带入墨尔本的街道。与墨尔本的城市景观建立联系对于时尚界来说是有意义的——这个城市具有国际化大都市的形象,并且充满了时尚界想要与之相关的价值观。与"街道"的联系更加宝贵:这是时尚趋势出现的地方,通过将它们的商品与街道、时装公司和其真实产品联系起来。根据体验经济的概念(Pine & Gilmore,1999),服装通过在公共空间展示而获得价值。通过将时尚活动放置在街道空间,组织者也在利用与当地节日不可分割的"庆祝精

城市活动：
以公共空间为活动场所
Events in the City:
Using public spaces as event venues

神"。商业时尚活动被表现为街头艺术节的一种类型，使它积累了这些活动的一些积极内涵（Weller，2013）。

最终，在这种情况下公共空间被用来为时装产业创造价值。这一结果对于节日和产业来说可能是积极的，但墨尔本公共场所的结果不太积极（Weller，2013）。节日入侵公共领域已经为这个特定的经济部门创造了新的"工业空间"（Weller，2013）。正如韦勒（Weller，2013：2862）所指出的那样，该活动有效地"促进零售扩展到城市的公共空间"。该活动将墨尔本的公共领域商业化，但其影响比之更为复杂，因为墨尔本的街道空间已经在很大程度上商业化。考虑到这一点，这一过程中真正的失败者似乎是其他非时尚导向的企业，它们通常会占据被节日"入侵"的空间。这一结论与德约（Deroy）和克莱格（Clegg）关于香榭丽舍大街活动的观察一致——活动可以激活城市空间，但它们不一定对现有企业有帮助。

# 私有化

当大型活动在公共场所举行时，这不仅仅代表了空间商业化，它也代表了一种私有化形式。对于收票的活动，人们被要求付款以使用通常可以免费访问的空间。这样树立了障碍，安装了安全措施，活动组织者要对街道、广场和公园承担责任。如果在许多情况下，当活动组织者是一个私人公司或私人利益联盟，其目标不是为公共利益服务，而是为开展一个商业上有利可图的活动时，这显然是有问题的。阿特金森和劳里埃（Atkinson & Laurier，1998）对布里斯托尔海洋节的分析提供了一个很好的例子。这次活动是由私人利益发起和组织的，旨在成为一个牟利节日。根据阿特金森和劳里埃（Atkinson & Laurier，1998：201）的说法，组织者在节日期间被授予完全和独家使用布里斯托尔的码头区的权利，同时有权向布里斯托尔公民收取入场费，以便进入他们已经付过税的地方。很容易看出为什么一些布里斯托尔的当地居民会反对。

公园活动的增加被某些人认为这些公共空间逐渐私有化。在伦敦，詹金斯（Jenkins，2013a）悲叹可以用"音乐会促销员、展会组织者和产品推销员"的身份购买皇家公园来赚钱和将其对公众关闭的方式。在某些情况下，活动私有化是显而易见和戏剧性的。例如，洛斯（Lowes，2004：73）描述了在墨尔本的阿尔伯特公园使用一级方程式大奖赛来"私有化"，以和州政府在20世纪90年代中期引入的其他私有化一致。这种情况将在下面进一步讨论。同样，将瓦伦西亚海滨地区转变为重大赛事场地以举办F1大奖赛和美洲杯帆船赛的项目，普拉瑟克和梅克斯（Prytherch & Maiques，2009：112）认为这是"公私土地私人开发试验"。在其他情况下，活动主导的私有化是一个更加微妙的过程。为了让它们举办商业活动，许多公共场所的管理责任已变成私营公司。用户可能甚至没有注意到，但通过这种方式，活动帮助改变了我们的公共空间的管理方式。对于新自由主义者来说，这是一个积极而不是负面的趋势。通过活动私有化可以"清理城市景观"（Foley，2012：72）——这对城市当局很有吸引力。负责在纽约布莱恩特公园举办活动的个体认为私有化是一件好事："我们的信念是政府提供的每一项服务都可以得到改善"（Biederman cited in Madden，2010：200）。然而，大

·70·

多数评论者肯定地认为,任何让民主选举组织远离公共空间的事情都需要以极大的怀疑来对待。

将活动评估为私有化工具的一个关键问题是我们是否应该将重大活动视为公共或私人职能。如果门票是公开可用的,并且如果有更广泛的公共利益,我们是否应该将重大活动视为公共场合?这个问题的答案是否定的。对于许多活动而言,门票的可用性有限,并且即使有些门票可用,但它们通常很昂贵。一项收费的活动与第2章中提出的公共空间的定义相矛盾:根据定义,任何形式的票务都会限制可访问性。即使门票是免费的,发行门票的行为也会限制空间的可访问性和拥挤度。门票强加进入条件,这意味着该空间的用户有义务以某种方式行事。纽约中央公园的许多活动都是免费向公众开放的,但票务受到严格监控,公园管理机构设定了无数关于门票分配的规则(Nevarez,2007:164)。实施规则来限制利润丰厚的二级市场中的免费票(Sandel,2012)。因此,虽然公共性概念经常被用于帮助证明活动的论述,但视收费活动为公共事项是错误的。这些活动往往会使城市空间拥挤,而不是宽松。正如弗尔利等人(Foley,2012:30)认为的那样,重大活动策略进一步强调了"封闭式城市",因为活动所有者要求排除公民。

当活动进行时,场地的许多部分甚至不能公开访问,即使持票者也是如此。这进一步侵蚀了活动空间是公共空间的想法。这些私有化的空间包括贵宾区和为表演者和辅助人员保留的区域。在给奥运会起名为"建成"的过程中,詹金斯(Jenkins,2012)写道:"今年夏天伦敦的公园已经成为工业区,挤满了商业圈地、集装箱、跑马灯和停车场。"哈格曼(Hagemann,2010)为奥地利和瑞士举办2008年欧洲足球锦标赛的分析提供了另一个很好的例子。哈格曼(Hagemann,2010:732)指出城市空间是如何或多或少地"分解成私人组织的观看地点、招待区和贵宾休息室,限制进入或有偿入场"。这是分裂的城市化的临时迭代(Graham & Marvin,2001)。

伦敦大学学院的课题"谁的奥运会"使用"视频和社交媒体的力量"来记录2012年伦敦奥运会(谁的2012年奥运会)公共开放空间私有化的例子。博伊科夫和法西(Boykoff & Fussey,2014)也强调了一些相同的情况。奥运会交付管理局(ODA)申请了一块受保护的绿地,以放置临时篮球训练设施。在附近的另一个有价值的绿色空间被用来为伦敦奥运会期间征召的1 200名官员提供简报和集中的设施以便进行治安维护。这些私人用途违反了旨在保护这些空间的现有立法,但它们因为参与公共项目——举办奥运会而被批准。在伦敦奥运会期间,对官员车道(所谓的Zil车道)的保留提供了另一个公共空间私有化的例子,以促进活动的组织。还有其他的例子。为了保护限制广告和商业活动赞助商的商业利益,实施了特别法律(伦敦奥运会和2006年残奥会法令)。詹金斯(Jenkins,2012)认为这些举措的总体效果是将伦敦变成一个"奥威尔式的私人监管机构和伦敦奥运会LOCOG检查员在街头流浪,撕毁政治旗帜和百事可乐广告"。

特权企业赞助商侵蚀了在公共场所举办活动的关键正当理由——让当地企业获益更多。正如弗尔利等人(Foley,2012)指出,当地的目标和利益通常被赞助商协议"排除在核心之外"的,这使得当地企业难以受益。如果公司不是官方赞助商,则不能与该活动建立联系。在传统舞台之外举办活动的理由通常包括更多本地企业以获得与活动相关花费为前提。然

城市活动：
以公共空间为活动场所
Events in the City:
Using public spaces as event venues

而,活动组织者经常会让非官方公司很难从活动中获利:通过监管和空间组织来实现。策略包括在指定区域对非正式交易者进行严格管理,在运输节点和场地之间的通道聚集人群,限制人们进入场地。由于他们无法从活动相关业务中受益,并且由于正常贸易的中断,许多城市中心企业因活动而受到不利影响。活动将城市空间私有化,但它们也将活动收益私有化。

尽管纽约中央公园在举办免费活动方面享有盛誉,但有时也被用于举办大型私人活动。这往往是因为它们是"资金筹集者",无论是出于好的原因还是为公园自身(Nevarez,2007)。运用同样的逻辑,中央公园管理局(管理公园的组织)通过资助在公园举办的众多免费活动的理念证明了需要少量私人活动的好处。这一政策与更广泛的观点有关,即公民只有在愿意为其提供资金的情况下才能拥有良好的公共场所。在没有慷慨的政府补助金的情况下,资助公园最可行的方法之一是通过举办利润丰厚的活动来半私有化。很少有人会反对偶尔举办一些私人活动来筹集更多资金。问题在于许多公园现在都经常举办收费活动。例如,在一个著名的活动专家的观点中,布莱恩特公园(纽约)的活动项目意味着"在秋季和冬季的大部分时间里,该空间实际上对公众是封闭的。公园的整个中央草坪已被转租给商业实体进行限于持票人的私人活动"(Kent cited in Madden,2010:199)。英国许多公园也存在类似的情况。公园与活动推动者签订合同,在几年内举办一系列活动,有效地将公众封锁在外一段时间。这是活动如何私有化公共空间的一个相关例子。

## 安全化

城市发展受经济优先事项驱动,但精英焦虑和不安全感也是重要的驱动因素(Wood & Abe,2011)。结果是城市的安全化问题。关于这一趋势的大多数文献都指向消极,它假定保护城市空间的努力受到不必要的严格限制,这是由于对城市空间的恐惧、暴力和公共秩序混乱造成的妄想引致的。前面的章节解释了一些活动是如何通过增强空间(夜间)活力及其可访问性而使之更安全。活动也与城市公共空间的安全化有关,但以更负面的方式呈现。当大型活动在公共空间举行时,它们会压缩空间。传统上,公共活动被视为治安和法规放松的时间——当局对那些通常不容忍的行为视而不见,例如,酗酒、赌博和卖淫。然而,当代活动通常会导致比一般情况下更严格的控制措施的引入。这是由对恐怖主义、示威和骚乱的恐惧造成的。在重大活动期间,恐怖主义构成的威胁被认为更高。在公共场所举办的高调活动对恐怖分子具有吸引力,因为它们对城市当局具有吸引力——它们的象征价值。亚特兰大奥运会(1996)的爆炸活动和波士顿马拉松赛(2013)袭击造成了麻烦——虽然是孤立的例子。活动地点营销价值意味着当局有更多动机确保示威、混乱或非法行为不会渗透媒体报道并干扰它们试图传达的信息。结果造成更高的安全化和更严密的空间。

在重大活动期间,通常会实施超出刑法标准的控制和限制(Palmer & Whelan,2007)。人们可以在公共场所做什么,可以带来什么以及可以消费什么。设立了新的约束条件。虽然这些更严格的限制通常基于安全原因是合理的,同时也旨在保护赞助商的商业利益,并增加临时活动场地内的物品销售。这是商业和安全议程变得模糊的地方。在大型活动期间,对公共场所施加的更大控制可以远远超出活动场地的范围。在 2012 年伦敦奥运期间,在整个城市建立了分散区,警察可以隔离任何被认为参与反社会行为的人,并解散受怀疑的团体(Boykoff & Fussey,2014)。

尽管担心过度安全化及其对公共空间的影响,但也有一些案例显示活动似乎(意外)从过分热忱的安全措施中解放了空间。即使没有举办活动,著名的公共空间也已经受到严密控制,因此在某些情况下,活动可以帮助改变这些空间的动态。肯内利和瓦特(Kennelly & Watt,2011)描述了 2010 年冬季奥运会期间,温哥华一个著名的公共空间如何被大屏幕和相关节日所改变。一位受访者描述了她在奥运开始之前如何不断地搬家。然而,一旦奥运会开始,她的经历就改变了。她的存在突然被容忍,因为她被认为在大屏幕前观看奥运会,而不仅仅是"闲荡"。肯内利和瓦特(Kennelly & Watt,2011:774)得出结论:"奥运奇观把这个中心城市空间从一个强烈的监视和监管场所变成了一个消费空间。"

在活动期间,街道和广场被安全化,公园也是如此。公园的安全传统上由公园管理者和其他形式的"次要社会控制"提供保障(Palmer & Whelan,2007)。根据伯吉斯等人(Burgess,1988)的说法,这些工作人员的撤离减少了开放空间及其使用。近年来,通过聘请专门的安保人员进行正式的控制。这些人员在活动中更加明显。事实上,尽管有些活动可以通过引入更多用户来鼓励城市空间的自我调节(参见第 4 章),但在重大活动期间,通常会有更多的安全人员。他们包括传统的警卫和军官,但也有不太常规的安全人员。罗伯茨(Roberts,2010)认为,活动志愿者是城市当局在活动中使用的"二级警察力量"的一部分,以帮助识别滋扰行为。罗伯茨(Roberts,2010)对 2010 年国际足联世界杯期间德班安全化的分析也有助于我们理解安保安排的动机:在这里,如何根除与城市形象顾虑紧密相联的防害行为成为重要困扰。在活动期间还引入了新的条例来规范公共空间。

所有这些额外监督的结果是,城市公共空间在活动发生时被更严格地控制,减少了空间的渗透性或松散。纽约中央公园的案例很好地说明了加强安全以及使空间更加严密的活动效应。这个公园每年都举办一系列重大活动,包括音乐会、电影放映和体育赛事。这些活动的一个影响是安全化暂时被延长。内瓦雷兹(Nevarez,2007:165)认为,"在重大活动中,秩序美学比在日常生活中更加明显……控制传播遍及整个公园,包括通常监视较少的区域"。如德根(Degen,2003:870)所指出的那样,监督可以"在物质环境和社会关系中根深蒂固"。内瓦雷兹(Nevarez,2007)指出,在重大活动中,中央公园的边界更加严格地标记——通过栅栏,但也通过更微妙的机制(如垃圾箱的位置)使得空间感觉不到并且可穿透。这是一种由迪士尼主题公园完善的技术,其中物体用于引导游客远离或朝向某些位置(Degen,2003)。这类控制意味着在重大活动期间的公园空间代表宽松空间的对立面。根据内瓦雷兹(Nevarez,2007)的说法,加强安全的原因很明显,当局采用与德班相同的理由(Roberts,2010)。在重大活动期间,中央公园展出——对当地居民来说,它变成一个奇观而不是"后院"。因此,一切都是为了控制空间和空间的形象,使其地位不受影响。尽管重大活动传统上被视为对正常秩序的破坏,但在中央公园,这些活动为当局提供了一个展示秩序井然的公共空间的机会。

# 街头赛车

上面讨论的商业化、私有化和安全化过程本质上是相互关联的。正如克劳泽(Klauser, 2012)所指出的,商业和安全利益融合在一起,既受益于分散的城市主义,又受到重大活动发生时实施的严格控制。私人化、商业化和安全化可以在公共空间举办某些活动的同时进一步推进。本节着重介绍一种似乎对所有这些过程有贡献的活动:街道赛车。尽管吸引了热忱的追随者,但这是一个特别难以证明的活动类型。某些作者,特别是洛斯和保罗·特兰特,一直致力于引起人们对这些活动相关问题的关注。问题不在于是否应该举办赛车比赛,而是应该看看政府是否许可在城市街道上公开举办比赛。

特兰特和洛斯(Tranter & Lowes,2009:155)认为,在重要的公共空间举办赛车运动有助于促进这项运动及其商业利益,并"促进城市文化,有利于消费者空间"。在公共空间举办的大多数主要体育赛事都是如此,这些活动往往得到大量赞助和商业化。但汽车运动及其赞助商具有特别不确定的关联。"汽车的荣耀"与当代公共政策不符,这一信息对道路安全等关键优先事项没有帮助(Tranter & Lowes,2009)。如果这项运动及其赞助商获得公共资金补贴,那么颂扬超速似乎很难证明是合理的。如果你考虑研究证据表明那些对汽车运动感兴趣的年轻男性更有可能参与高风险的驾驶行为(Tranter & Warn,2008),那将更加困难。

除了安全问题之外,赛车运动也是与负面环境影响相关的活动,并且会破坏促进环保运输模式的努力。世界上大多数城市都试图降低空气污染和碳排放水平,举办赛车比赛也与这些目标相矛盾。赛车界试图通过推出更环保车型的新赛事来解决这个问题:2014年5月发布了方程式E——全电动车系列。这个新活动的一个版本于2015年6月在伦敦巴特西公园举行。但与自行车赛和跑步赛(也在城市街道上举办)不同,传统的赛车比赛会污染城市。它们是可持续发展的对立面,城市当局鼓励公民负责任行为受到在公共空间举办赛车比赛的破坏和伤害。

各种各样的街头赛事引发了一些问题。澳大利亚堪培拉居民认为,2000年和2001年在城市街道举行的三天V8比赛,损害了城市空间的尊严和意义(Tranter & Keefee,2004)。同样,墨尔本的居民反对使用他们的一个公园举办墨尔本大奖赛。阿尔伯特公园是一座历史悠久的城市公共空间(建于1876年),传统上提供了放松和娱乐空间。根据洛斯(Lowes, 2004:73)的观点,在阿尔伯特公园举行的大奖赛,这与这个公共空间的完整性、目标和核心理念是相反的。洛斯(Lowes,2004)认为墨尔本大奖赛在阿尔伯特公园的举办代表了该空间的私有化,由于举办和解散这一年度活动需要四个月的时间,这不仅仅是暂时的私有化。活动的结果是在公园安装了永久性建筑物(如一座两层的建筑物),尽管有人保证赛马设施是暂时的(Lowes,2004:76)。该活动也造成了其他负面影响:环境恶化(移除了1 000棵树)和公共设施(13个运动场)的损失。试图抵制公园作为赛道的使用受到了澳大利亚大奖赛法案(1994)的阻挠,该法案赋予州政府特殊权力来阻止抗议和示威活动。因此,墨尔本大奖赛除了阐述活动如何将宝贵的公共空间商业化和私有化之外,还强调了重大活动如何被用来引入新的安全机制。这种制度侵蚀了公园是民主抗议和抵制的地方,并确认和肯定了它们是被动娱乐和消费空间的观念。

# 活动及对空间的物理损害

上面的讨论强调,活动象征性地损害了公共空间,它们还可以改变空间的可访问性和人们在这些空间中的所作所为。在公共空间举办活动也可能以其他的方式损害公共空间。活动可能会给普通用户带来不便,并且可能会损坏自然环境。这些问题都将在下一节中讨论。所有活动都会对环境和社会造成负面影响,所以这里的讨论有意避免了所有活动一般的影响。相反,分析主要关注在公共空间举办而不是在传统的场所举办的活动而引发的问题。尽管很多公共空间已经适应了舞台活动(参见第 4 章),但是大多数场所并不是被设计为活动场地的,这意味着它们通常无法处理交通音量和其他与活动相关的不同的行为。这可能会加剧负面的环境影响。

## 物理损害

当活动在公园举办时,通常会担心造成负面的环境影响。由于很多公园都有保护使命,当局面临着很大的压力要确保采取措施来减少负面影响。其中一个主要问题是对草皮和其他植被的损害。在潮湿天气期间,活动会将绿地变成褐色。即使使用了保护性的表面,但下面的草也会受到挤压和缺少阳光。一些公园现在必须定期重新铺地,因为它们举办的活动数量的影响。这在活动结束后对公园来说是昂贵的,并且扰乱了公园之后很长一段时间的使用。还有对植物和动物的损害。重大活动已经被用作移开树木的借口,这造成的噪声扰乱了野生动物和当地居民。不可避免,花卉和植物会被践踏。在 2012 年伦敦奥运会期间,大量人群对精心培育的植被的影响是可见的。在比赛的第一天,一切都是原始壮观的。一周后一切都被毁坏。

对公园的损害不仅仅是人为造成的,还有为了活动进行可能由运动的车辆造成的(见图5.4)。这也是其他类型公共空间举办的活动的一个问题。弗里查等人(Flecha,2010)解释了为欧鲁普雷图(Ouro Preto)嘉年华(米纳斯·戈亚斯州,巴西)供给的卡车所造成的振动如何引发古老建筑的裂缝。问题非常严重,国家文物局长主张将这些活动从历史核心中撤出。自 2007 年以来,组织者将部分庆祝活动从历史中心转移,旨在防止狂欢节每日举办的30 000名额外人员造成的自然损害(Flecha et al.,2010)。这件事表明,尽管我们假设城市街道和广场比自然环境更为强健,但在自然灾害面前它们还是很脆弱的。城市空间用于举办活动时,它们可能会遭受附带损害,但也可能因破坏行为而遭到损坏。大型体育赛事和文化节往往涉及享乐主义或极端行为,这可能会增加街道和广场被故意损坏的可能性。活动之后,发现商店橱窗和街道家具具已被打破,或涂鸦被喷洒在标志、墙壁和纪念碑上并不罕见。这些都是相对较小的问题,但许多广场和街道是重要的标志,所以即使是轻微的损害也可能被视为一个主要问题。

城市活动：
以公共空间为活动场所
Events in the City:
Using public spaces as event venues

图 5.4　正在为伦敦海德公园的一个临时活动场地服务的卡车

## 噪声

当活动在室内进行或在专门建造的体育场进行时，噪声并不是真正的问题。然而，当活动在公共空间举行时，居民和其他用户经常抱怨噪声等级，特别是当表演持续到深夜。大部分噪声是由公共广播系统和使用强大的扬声器引起的。活动中的分贝等级通常由公共当局管理。在英国，噪声委员会的"音乐会环境噪声实践准则"用于程序许可中。它规定在"其他城乡场地"15 分钟内平均的音乐噪声水平不应超过 65 分贝。这个限制被故意设置为低于"城市体育场和竞技场"的 75 分贝限制的 10 分贝。然而，伦敦的许多公园和广场使用 75 分贝的限制标准：换句话说，它们被视为体育场或竞技场而不是城市场地（Vanguardia, 2014）。例如，伦敦的维多利亚公园和特拉法加广场通过将噪声限制在 75 分贝的场所许可条件进行管理。在这些地方，声音在任何噪声敏感场所的正面 1 米处被记录（Vanguardia, 2014）。这 10 分贝的差异可能听起来不多，但值得注意的是，当声音相差 10 分贝时，这意味着一个声音会比另一声音大一倍。

降低噪声等级并不一定会产生最佳结果，因为它可以减少人们对活动的乐趣，这让观众和居民都不满。在公共场所举办的许多音乐活动中，人群对于表演的安静程度感到沮丧。海德公园就是一个很好的例子。正如一位英国喜剧演员最近所说的那样："近年来海德公园里有众多的观众聚集在一起，在世界从未见过的最安静的摇滚音乐会上相互警告对方小声点。"（Williams, 2015）。在公共场所举办的最喧闹的活动是赛车比赛。虽然墨尔本、摩纳哥、新加坡和瓦伦西亚的公民可能会放心注意到近年来一级方程式赛车故意安静下来，有趣的是，这一变化引起了竞赛爱好者的投诉。这突出表明了活动的一个关键问题——它们是故意设计的,旨在提供更好的体验,所以任何试图对其进行调节以使其适合日常城市生活的尝试可能会适得其反。

在特殊的情况下,主办方会关闭扬声器来确保规定的噪声等级没有被超过。最著名的活动发生在 2012 年伦敦海德公园,当时布鲁斯·斯普林斯汀(Bruce Springsteen)的麦克风在与保罗·麦卡特尼(Paul McCartney)的二重奏中被关闭。这位美国艺术家正在继续他的加演表演并已经超过了他的指定时间。不顾表演者的地位,地方安理会官员不愿让演出继续。这种类型的规定正在成为活动组织者的主要问题,并可能限制公共空间作为音乐会场地的进一步发展。汇演邦的欧洲总裁约翰·里德认为,伦敦的公园由于许可法律和噪声控制而越来越难作为音乐会场地使用。他对那些反对他的活动的人显示出某种蔑视,里德(Reid)认为:"少数有关的居民可以指挥大量的人似乎很奇怪。"(Blackhurst,2015:44)控制不可预测的艺术家和表演只是问题的一部分。大量人群产生的噪声往往被低估。在人群噪声无法真正调节的活动中,这是一个问题。随着人群离开并通过住宅区回家时,这也是一个主要问题。然而,正如下一部分内容所示,对于当地居民来说,这可能是他们最担心的问题。

## 随地小便

在公共场所举办活动的一个令人不悦的影响是随地小便,当地居民对这些活动的许多抱怨可以被视为保守的邻避主义,但很难说居民应该忍受陌生人在他们的前花园里小便。这是在公共空间举办活动的一个特殊问题,因为这些活动通常不具备容纳成千上万需要使用厕所和其他基础设施的人所需的设施。音乐和街头节日的饮酒水平很高——这意味着人们想要更频繁地使用厕所,而且时间比平时长。在公共场所举办的许多跑步活动也面临这个问题。跑步者倾向于在比赛中喝大量的水。他们经常在起跑线上停留一段时间,所以一旦比赛开始,参赛者立即开始寻找排尿的地方。伦敦马拉松赛的组织者现在提出,要求跑步者不要在人们花园里撒尿。

现在在大多数活动中都有大量的临时厕所,其中包括为某些人提供的户外"卫生间",但从来没有足够的能力满足大量人群。有些人总是因为自己的安排而避免排队。活动结束后,很大一部分人想要使用厕所,缺乏可用之地意味着人们在任何可能的地方小便:在公园、街道、门口或人的花园里。伦敦的芬斯伯里公园在 2013 年举办了两场有争议的石玫瑰乐队音乐会,其中一个主要问题就是随地小便。大量投诉和负面新闻报道促使地方议会就芬斯伯里公园举办活动进行演习。在这次演习中,当地居民抱怨说:"公园里天天都有随地小便的"(Haringey Council,2013)。另有居民表示,这个活动意味着我们前花园里都是粪便、尿液、呕吐物和垃圾(Haringey Council,2013)。

## 乱扔垃圾

活动的大小通常通过消耗的物品的规模来衡量——销售多少瓶水,消耗多少品脱啤酒,吃了多少香蕉等。不幸的是,当这些物品在公共场所被消耗时,这些空间被创造的废物所污

城市活动：
以公共空间为活动场所
Events in the City:
Using public spaces as event venues

染。这似乎是唯一的一次被社会所接受的在街道广场和公园里丢弃垃圾的机会。体育活动参与者肆意将水瓶扔在地上，庆祝节日的人们在排水沟里留下空的啤酒瓶，音乐会参加者不假思索地将食品包装纸扔下。这个烂摊子通常很快就会被清理干净，但与此同时，城市公共空间显得凌乱和晦暗。

## 禁止进入

在公共空间举办活动最明显的影响之一是通常居住在这些地方的人不能这样做，这其中包括当地居民、工作人员，也有想要看看公园广场和街道日常状态的游客。尽管经常来的游客和居民可能希望看到被活动改变后的空间，但是这些改变对于不常来的游客来说就不是很理想了。游客们去到一个城市参观的时间有限，他们大多想要看公园或广场的常态，他们的体验会因为禁止入内而受到不好的影响。2011年，伦敦特拉法加广场出现了一个特殊例子。广场被用作哈利·波特电影专辑最后一部首映式的场地，人们从世界各地来到这里参加这次活动。中断不仅仅是在放映当天造成的，而是因为成千上万的粉丝在此露营过夜以确保他们能够在活动中有好的位置。这突出了在公共场所举办大型活动的另一个实际问题——很难知道会有多少人参加。如果人数超过预期，且通道可能不受限制，则可能导致严重的中断和安全问题。

活动占据了公共空间的日常使用（例如，遛狗、慢跑），这给许多人造成了干扰和不便。这种干扰不仅仅只在活动举办期间：大部分的活动都需要一段时间来搭建和拆除场地。在这种情况下，人们被迫改变他们的路线。但是，当城市在公共场所举办活动时，更多的人被认为是"不被欢迎的"。无家可归者和非正式商贩被从城市广场公园和街道上"移开"。这些人靠公共空间提供住所和收入，所以对于他们来说，举办活动的影响比单单只是不方便和被打扰更重要。

很多的街头活动，还有其他一些在公共空间举办的活动都会导致道路戒严。虽然这是一件正面的事情（见第4章），但这显然不利于企业职员和居民对道路的日常使用。由于这些原因和近期街头活动数量的增加，伦敦的官员现在认为这座城市不能举办比现在更多的街头活动了。世界铁人三项决赛于2013年在海德公园和周边街道上举行（见图5.5），"导致整个伦敦西部五天的交通阻塞和延误，最终导致整体交通混乱，因为皇家公园和海德公园角落在周末关闭"（Jenkins，2013b）。詹金斯（Jenkins，2013b）认为，当这些项目被构想出来时，"没有人会为普通的通勤者或城市用户说话"。

如果你对活动不是很感兴趣的话，道路戒严会很令人讨厌和不方便。但是对于一些城市用户来说，这是经济上的损失。这个成本的大小很难估计。一个发到伦敦交通局的信息自由要求表明当局根本不知道伦敦道路戒严需要多少成本（Carey，2013）。有时候伦敦的道路会戒严一天，或在一些独立的情况下会戒严一整周。像那些在城市街道上举办摩托车比赛的别的城市遭受了更广泛戒严的不便。为了举办2008年大奖赛，新加坡的许多道路都关闭了12天。亨德森等人（Henderson et al.，2010）的研究发现，超过一半的居民样本（$n=338$）认为他们的日常生活因此次活动而受到干扰。在某些情况下，如利兹的圣瓦伦丁博览会（见第1章），这种干扰导致该活动被转移到更外围的位置。这反映了塔隆等人（Tallon et al.，

图 5.5　2013 年伦敦海德公园铁人三项赛决赛对道路使用者造成的干扰

2006）的研究，其中指出，如果活动太成功，它们就会"超出"城市中心。因此，尽管近年来活动城市化了，并且试着戒严城市交通道路，但是城市可能还无法承受这一点。

## 公共安全

在公共空间而不是在传统场所举办活动也会产生其他影响。除基础设施（如交通和卫生间）的不足之外，在公共安全方面还引起很多的普遍关注。公园、街道和广场都被设计成可以容纳大量的人，但在每个特定的时间点并不必要。过度拥挤可能会造成不便，但也可能导致更严重的后果。在传统的场馆也发生了很多起死伤事件，但是自希尔斯伯勒（Hillsborough）足球场灾难以来，更好的安全措施被引入了。类似的措施可以应用于公共空间举办的活动，但在这些空间更难以规范。

在公园、广场和街道上举行的活动，已经有导致参与者死亡和受伤的几个极具代表的例子。在 2000 年的罗斯基勒音乐节上，丹麦城市公园自 1971 年来每年都举办一次该活动，9名观众被害。在珍珠果酱集市期间，当人群向前推进时，环境变得湿滑并且致命的伤害持续发生。爱的游行，一场在柏林（1989—2007）以及在德国鲁尔区（2007—2010）举办的泰克诺

城市活动：
以公共空间为活动场所
Events in the City:
Using public spaces as event venues

音乐节,因在 2010 年造成 21 人死亡后而被永久取消。参加者在杜伊斯堡的踩踏活动中受到挤压。当欢度节日的人们进入狭窄并且无法容纳大量人群的隧道时,死亡就发生了。这次活动与 1990 年在沙特阿拉伯麦加城外发生的令人震惊的悲剧有相似之处,那里有 1 400 多名庆祝开斋节的朝圣者死于行人隧道。

安全问题不仅仅是过度拥挤造成的。大多数传统场所现在都在观众进场的地点进行搜查和安全检查,但如何防止武器被带入在公共空间举办的活动中更困难。2012 年,多伦多伊利音乐节的组织者取消了在登打士街广场计划的所有音乐会(见图 2.2)。这座城市最近经历了一系列的枪支犯罪活动,组织者无法找到一种方法来搜查大量预期参加的人。

## 暂时还是永久的影响?

本章探讨了活动的有害影响以及活动损害公共空间的方式。即使我们接受这些负面影响的发生,但需要承认的是,在很多情况下这些影响都是暂时的。一旦活动结束,公共空间将恢复到原来的状态。只要活动有问题,任何商业化、私有化、安全化或物理损害都存在,但是,在许多情况下,这些负面影响仍然存在。正如约翰逊和科西塔基维茨(Johansson & Kociatkiewicz,2011)所述,为活动采用的做法为未来的空间实践提供了"蓝图"。在这些考虑中,解释项目化引发永久变化的机制是重要的。

本章所讨论的许多活动中的一个问题是,它们代表了对领土的再地域化,而不是去域名化。前一章讨论了活动如何放松对空间的身份和意义的束缚。换句话说,有些活动可以协助城市空间的非地域化。但是,当公共空间成为商业化和收费活动的常规场所时,它们会被有效地重新划分为场地。这些空间与狭小的空间更为相似,而不是弗兰克和史蒂文斯(Franck & Stevens,2007)提倡的宽松空间。空间身份被这些活动所改变,但不一定是积极的方面。鉴于一些更为宽松的活动挑战固有的意义和确定的功能,举办重大活动可以重新定义并提供新的确定功能。因此,现在很多人认为公园和广场就是举办活动的空间,因为他们习惯了这种新的意义/用途。例如,许多伦敦人现在接受特拉法加广场和海德公园是活动场地。他们习惯了在周末或夏天不能使用这些空间,所以它们的含义已经改变。除了其他影响外,这也破坏了它们作为政治场所的重要性——作为民主的地方和抵制的地点(Jenkins,2013a)。

临时活动还有其他方式会导致活动结束后持续很长时间的负面影响。在公共空间举办的许多大型活动作为特殊场合向公众出售。它们不仅凭借其暂时性,而且凭借它的不规律来证明其合理性(Smith,2014)。任何与举办此次活动相关的争议都被强调这是一次性的。然而,这些特殊活动一旦举办就会成为先例:因为在这之前已经有明确的理由再次进行。如果一个活动进行得很顺利,或者它被呈现为成功,那么这也提供了一个授权,以便在将来进行类似的活动。从一件事我们得到一个活动循环。根据阿加本(Agamben,2005)的观点,我们得到了一个永久的例外状态。

在某些情况下,城市当局希望将公共空间商业化、私有化和安全化。正如本书前面的部分所解释的,他们很多人想要实现收入(见第 3 章),限制某些群体的访问(见上文)或处理持续的安全问题(参见第 4 章)。知道以这些方式改变空间可能是有争议的,重大活动是引入变化的好方法,然后在活动后保留。换句话说,活动被当作"特洛伊木马",以便利的方式来推动有争议的变化。当公共空间商业化、私有化并通过活动安全化时,它也有助于使这些过程及其结果正常化。人们习惯在这些空间中看到企业徽标,他们已经习惯了在某些日子不能使用它们的事实,并且习惯引入控制行为的措施。换句话说,曾经被视为不寻常的东西变成了"新常态"。正如哈格曼(Hagemann,2010)所言,"暂时重构"可以成为"新常态"。

## 结束语

　　本章重点介绍活动如何以有害的方式影响公共空间:通过促进其商业化、私有化和安全化。这些过程引发了用于展示活动的空间的收缩,这是一种代表项目化的典型的重新地域化。这里讨论的过程是相互关联的:活动组织者及其商业合作伙伴需要排他性和安全化。寻求地方营销利益的城市当局控制通过限制访问和行为传播的信息。显然,公共空间已经商业化、私有化和安全化,因此重要的是强调活动并不完全对这些过程负责,但本章的分析表明活动会加剧这些趋势。大型活动及其相关活动(如粉丝区和赞助商安装)似乎是该受到责备的。活动发生的规律性也存在问题:这只是为公共空间引入了一个新的预定活动函数。很少有人反对在他们的公园、街道和广场偶尔举办的活动,但定期活动代表了对无障碍设施的高度要求。购票活动也削弱了公共空间的另一个定义属性,它可以自由访问。有时候这里讨论的负面影响是举办活动的偶然和不幸的副产品。然而,在其他情况下,有意将这些活动用作商业化、私有化和安全化的手段——无论是作为干预未来变化的主要先例,还是暗地里尝试使用活动的"掩护"引入新的安排。本章削弱了活动是一件好事的总体思路,但这种盛行的观点是用来证明有争议的做法的重要手段。商业活动的组织者使用传统的活动特征(庆祝活动、社交活动、逃避主义)来证明公共空间中的设施和限制是不能被容忍的。

# 第6章 将公共场所用作活动场地

## 格林尼治公园成为奥林匹克公园

## 引 言

本书前几章讨论了活动及其对公共空间的影响,但之前所提到的各种情况都相对简单。为了弥补这一缺陷,本章将更详细地描述一个案例,这显然是有帮助的。本章通过深入分析在 2012 年举办奥运会和残奥会期间将格林尼治公园作为马术比赛场地的使用情况,来说明关键问题。在皇家公园举办奥运赛事几乎没有典型的场景,但是可以从这个案例中学到很多东西,其中包括关于将公共场所作为活动场地的优点的激烈辩论。虽然格林尼治公园是一个皇家公园,但 19 世纪早期以来,公众就有权利将其用作娱乐用途,而且当代研究表明,它是一个被充分利用和高度重视的公共空间(Burgess et al., 1988)。尽管还有其他选择,包括已建立的场馆,2012 年奥运会的组织者仍决定在这里举办马术比赛。本章的目的是:研究这一决定的合理性与抵制的方式,以及评估在公园举办赛事活动的影响和结果。虽然 2012 年奥运会成了空前数量的学术研究的主题,但格林尼治公园的规模受到的关注却非常有限。本章也有助于纠正这一点。

## 方法论

本章综合利用主数据和辅助数据来进行格林尼治案例研究。研究者在 2010—2014 年定期对格林尼治公园进行了观察,并在赛事开始前举行了几次会议,其中包括两个非常重要的会议:2010 年 1 月 17 日举办的"从奥运赛事中拯救格林尼治公园"(最大的公共论坛召开的反对活动)和 2010 年 3 月 23 日举办的"格林尼治委员会规划委员会会议"(当时提议在格林尼治举行赛事活动的提案获得批准)。

此外,在 7 月 30 日、7 月 31 日、8 月 2 日、8 月 4 日、8 月 30 日、9 月 1 日以及其他在会场外的其他时间也对活动进行了观察,更正规的研究也开始进行了:在格林尼治公园被用于举办马术比赛的两天内进行了 234 次调查,这项研究与南澳大利亚大学的格雷厄姆·布朗 (Graham Brown)教授共同开展,本章也包括了这些调查结果。

为补充主要研究成果,对 2008—2014 年度的官方文件和报纸也进行了分析。所审阅的官方文件包括参与争议的三个主要利益相关群体:

> 1 负责组织这次活动的机构
> - 伦敦奥运会和残奥会组委会(LOCOG)
> 2 负责该网站的机构
> - 文化、媒体和体育部门(DCMS)——负责管理皇家公园的国家政府部门
> - 皇家公园——由 DCMS 指定管理公园的机构
> - 格林尼治议会——地方规划局
> 3 领导反对派运动的社区行动组织
> - 不参加格林尼治奥林匹克运动会

# 格林尼治公园历史

格林尼治公园的起源可以追溯到 15 世纪早期,当时格洛斯特公爵获得了在伦敦东南部的布莱克希斯开拓 74 公顷土地的许可(Bold,2000)。鹿在 1555 年被引入,后来这个地方被用作贵族和皇室家族成员的狩猎场。随着时间的推移,这里陆续添加了各种各样的建筑。在 1619—1625 年,一座 12 英尺高、2 英里长的墙围绕着这个公园,至今仍然存在。17 世纪后期,又增加了一些重要的建筑,包括女王的房子(由依理高·琼斯设计)和皇家天文台(由克里斯多弗·雷恩设计)。1705 年允许公众进入:节日期间限制进入,包括并不知名的格林尼治博览会(1683—1857),这个博览会每年举办两次,5 月三天、10 月三天。

19 世纪早期,格林尼治公园的利用为格林尼治博览会提供了一个有趣的先例,可以帮助人们了解当代的争议。查尔斯·狄更斯(Charles Dickens,1836)对该博览会的说明先于本章讨论的 21 世纪的争议:"如果这个公园是伦敦的肺,我们想知道格林尼治博览会是什么。"格林尼治博览会原本是一个牛市,但它后来演变成了一场更喧闹的、涉及一些娱乐活动的大型活动,如戏剧、蜡像展、动物展、职业拳击赛、魔绳术、算命先生等各种摊位,吸引点包括可以使用望远镜观察和在公园里"跌跌撞撞"的乐趣——从公园的山上翻滚下来。根据阿斯莱特(Aslet,1999)的研究,那些被称为"跌跌撞撞"的人代表了格林尼治博览会的"有组织的混乱"。到了 18 世纪后期,人群越来越大,便不能轻易穿过这个公园了(Aslet,1999)。对于居住在附近的富裕的当地人来说,这一切都是非常不合时宜的。从 1825 年起,他们发起运动要停止这个博览会,最终,这个博览会于 1857 年被废除。这与 21 世纪的争议有相似之处:在 2012 年马术比赛的筹备过程中,一场阻止他们在格林尼治公园举办活动的运动也是由富裕的居民领导发起的。

有一些作者提到,将格林尼治公园当作马术比赛场地是不合适的,因为该场地很少与马

城市活动：
以公共空间为活动场所
Events in the City:
Using public spaces as event venues

术运动联系在一起(Hayes & Horne,2011)。这个观点忽视了一个事实,那就是这个公园的原始用途之一就是用作马术场地。韦伯斯特(Webster,1902:24)记录的格林尼治公园历史的笔记表明,1552年"爱德华六世(King Edward Ⅵ)之前,在格林尼治公园有大量的骑兵",他的继任者亨利八世(Henry Ⅷ),同样也在这个公园进行马术活动,并且在王室成员离开后,仍继续与马匹保持联系。在格林尼治博览会期间,马术表演是主要吸引点之一,进入20世纪后,骑马也是周边地区流行的一种休闲活动。的确,林德(Rhind,1987)指出,在第二次世界大战开始时,布莱克希斯的最后一所骑术学校关闭了。这段历史不足以证明将格林尼治公园用作奥林匹克马术比赛是正确的,但是它确实表明了这个提议并没有完全脱离实际或它的起源。

# 格林尼治公园的当代地位

格林尼治公园现在由皇家公园管理,该机构由每年的政府拨款和商业活动产生的收入资助。皇家公园有两个核心目标:

> 1 保护和加强公园的自然及建筑环境、历史景观以及生物多样性,以造福我们不同的观众和子孙后代。
> 2 继续提高物有所值和探索商业机会,加强组织及其有效性。

(The Royal Parks,2013a)

然而这两个目标不一定相容。例如,与保护公园环境的使命相比,增加收入的计划就会显得较为尴尬。目前的商业计划(The Royal Parks,2013b)指出:"那些认为过度商业化会威胁公园内在品质的人与那些接受更多收入的人之间的紧张关系仍然存在。"上述企业目标2强调,削减政府资助意味着皇家公园被置于来增加商业收入的巨大压力之下,皇家公园现在产生超过一半的收入和他们的最新年度报告(2012/13)表明,约有三分之一的收入来源于大型活动(The Royal Parks,2013a)。这反映了第3章关于活动项目的财务驱动因素的讨论。和其他公共场所一样,格林尼治公园在过去几年里也开始举办更多的活动,包括电影放映、音乐会和戏剧表演。在格林尼治公园举办2012年伦敦马术比赛的决定需要考虑到这一背景。

正如卡莫纳(Carmona,2010:171)所指出的,格林尼治公园是一个公共空间,但不一定是开放的,"尽管在白天对公众开放,但对公众权利和访问的限制仍然存在"。公园完全被围墙和栏杆包围着,只有在规定的时间才开放。皇家公园和其他开放场所法规(1997)提供了控制访问、使用和行文的法定文书。具有讽刺意味的是,由于2012年在公园举办马术比赛,除了连接两个主要入口的大马路上可以骑马,其他道路都被规定不许骑马。2012年的活动旨在塑造良好的媒体形象,所以同样讽刺的是其禁止拍摄商业照片。公园行动指挥部门管理着皇家公园,在格林尼治公园内有一个警察局靠近布莱克希斯。警方经常会巡逻,并且近期也安装了闭路监控的摄像机。因此,如许多其他当代公共空间的案例一样,格林尼治公园也是受高度监管的。

格林尼治公园的地位如同一个皇家公园，象征着它是属于国家的；其作为世界遗产名录（1997）的铭文传达了其作为全球资产的地位。这使人们对公共空间常见问题的答案感到困惑：这是谁的？这个公园是一个主要的旅游景点，但与其他公园一样，它仍然是当地使用的重要设施。伯吉斯等人（Burgess，1988：469）对格林尼治区开放的公共场所进行了广泛的研究，结果发现格林尼治公园被当地居民视为最重要当地范例，因为它管理良好，并且"提供了自然环境和人文吸引的双重体验"。这对后续的分析是很重要的；公园不但可以为了放松和逃避，而且还可以为了娱乐和休闲。在格林尼治，人们主要是为了走出家门，带着他们的孩子去某个地方锻炼（Burgess，1988）。格林尼治的居民在公园时也会想要一些"意想不到的东西"（Burgess，1988），这说明，活动可以使公园变得更加有趣。

# 格林尼治公园成为奥林匹克场地的机遇

尽管伦敦直到 2005 年才获得举办 2012 年奥运会的资格，但早在几年前就开始了临时规划。格林尼治公园的一个临时场地，很早就被指定为马术比赛的场地。在 2003 年的可行性研究中，英国马术协会（BEF）表示格林尼治是他们的首选，而场地是伦敦申奥的关键部分。在提交给国际奥委会（IOC）的候选文件中，伦敦申奥团队写道："我们选择了一些可以提供先进设施并且拥有壮观背景的地点，包括格林尼治世界遗产地址、威斯敏斯特宫和伦敦塔"（London，2012，2004：10）。将格林尼治海岸区（以及关于金丝雀码头和伦敦市的观点）纳入场地的机会，是在格林尼治举办这些活动最令人信服的理由（见图 6.1 和图 6.2）。

组织者非常希望在伦敦申奥中加入格林尼治公园，因为他们知道这将增加他们成功的机会。申办 2012 年奥运会的竞争异常激烈，巴黎、莫斯科、马德里和纽约也都在列。将世界遗产地址作为一个场地，可以提供独特的卖点，负责该遗址的官员们也非常热衷于提醒政府这一点。根据他们提交的一份议会报告，"国际奥委会决定将 2012 年奥运会主办权授予伦敦，这一决定很可能是受了格林尼治海岸的特殊性质的影响"（Maritime Greenwich，2011：section 4.5）。《观察家报》则报道了一种更为直白的解释："伦敦的组织者在他们认为巴黎可能会胜出的时候投了格林尼治。"（Moss，2012a）

除了形象方面的考虑外，格林尼治公园作为马术比赛场地最常被提及的理由是它靠近主要奥运场馆和奥运村所在的斯特拉特福德。正如麦克拉伦（McLaren，2012：132）所指出的，伦敦奥组委"想要在格林尼治公园举办赛事，因为它将确保可以与其他大部分伦敦奥运场馆相近"。这对于显示和象征性的原因很重要。格林尼治公园距离斯特拉特福德只有 4.5 千米，这也有助于保障现代五项运动的后勤工作，其中有一项活动要求参与者在同一天使用奥林匹克公园的水上运动中心和马术设施，因为这是唯一涉及动物的项目。马术比赛项目被广泛认为是奥运会主办城市后勤所面临的高度复杂的挑战。1956 年奥运会马术比赛是分散举办的（在斯德哥尔摩），因为检疫规定不允许他们在主要城市举办（墨尔本）；2008 年奥运会马术比赛在香港举行，距离主办城市（北京）1 000 英里。这种地理位置上的分散给运动员带来了许多不利的影响：运动员们觉得自己不是国家队的成员，他们不能参加开幕式，也没有和其他运动员一起住在奥运村（Dashper，2012）。国际奥委会（IOC）是一个非常重视运

城市活动：
以公共空间为活动场所
Events in the City:
Using public spaces as event venues

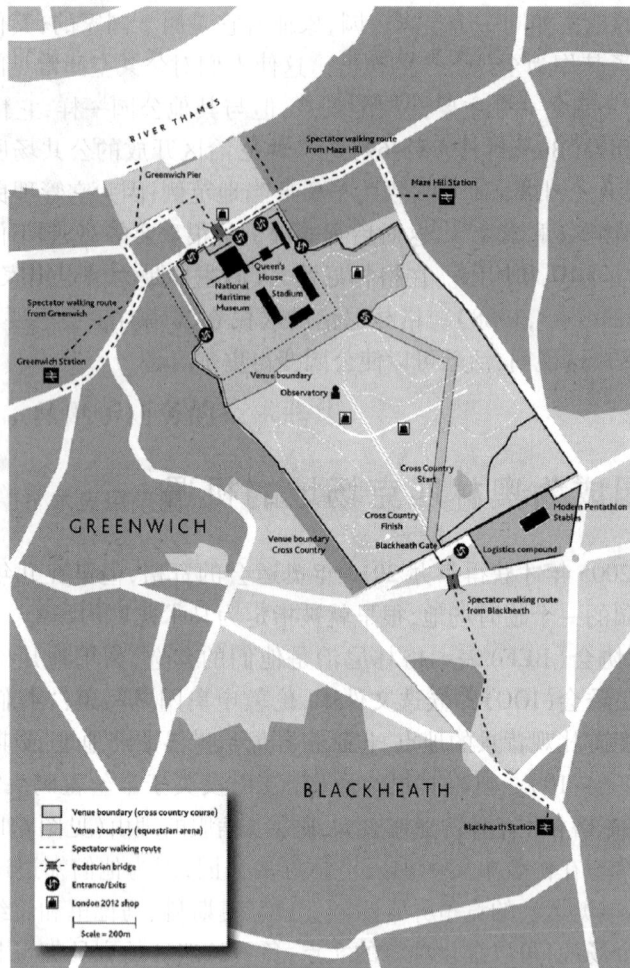

**图 6.1　2012 年伦敦奥运会和残奥会期间格林尼治区域配置情况**
资料来源：Mason Edwards

动员需求的组织，因此，为了取悦运动员和国际奥委会，伦敦想要举办马术比赛，这是更广泛的比赛的一部分（Dashper，2012），这个任务也促成了将格林尼治公园作为比赛场地的决定。在格林尼治公园举办马术比赛的一个附属目标是把这项运动带到普遍的（农村）环境之外，以吸引新的、更年轻的、更多的城市观众，这也同 2012 年奥运会的口号"激励一代人"相符合。

举办马术比赛需要在一个大型体育场进行花式骑术训练，并展示跳跃项目和赛场。最初，该计划是在国家海事博物馆的基础上修建主体育场，但现在改变了，竞技场修建在了格林尼治公园附近的一个地方（见图 6.1 和图 6.2）。此外，还需要为竞争对手、观众以及工人提供广泛的基础设施的支持，包括数百匹马匹的马厩。负责拟议场地的机构，即皇家公园和国家海事博物馆，对将公园作为奥运场馆使用的决定表示支持。这是可以预料的，因为这二者都由负责组织 2012 年奥运会的国家政府部门（DCMS）管辖。格林尼治是一个主办城市，而且在北格林尼治体育馆和伍尔维奇举办过其他赛事（见第 7 章）。在奥运会期间，格林尼治一直在寻求获得皇家自治市的地位，2012 年被授予了头衔。因此，毫无疑问的是当地政府也支持将格林尼治公园用作奥运场地。

**图 6.2　用于马术比赛赛事的建设、使用、拆除以及赛后效果图**
注:这些照片拍摄于 2012 年 5 月(左上)、2012 年 7 月(右上)、
2012 年 11 月(左下)和 2013 年 1 月(右下)

## 异议与反对

　　伦敦获得 2005 年奥运会举办权后,新成立的伦敦奥组委(LOCOG)打算在格林尼治举办马术比赛,由此也产生了一场反对运动。"不要在格林尼治公园举办奥运会"的社区行动小组成立于 2007 年,NOGOE 组织得益于其支持者的专业能力(法律、IT 和交流技巧),并且该组织获得了著名作家大卫·斯达克(David Starkey)(皇家历史学家)和著名记者安德鲁·吉祥根(Andrew Gilligan)的宣传和支持。该组织不是反对奥运会本身而是反对在格林尼治公园举办奥运会,NOGOE(不要在格林尼治公园举办奥运会)组织获得了反对 2012 年奥运会而成立的其他群体和网络的支持,其中包括"运动会监督组织",它是在伦敦奥运会举办过程中对一些问题提高认识的一个组织(Games Monitor,2015)。NOGOE 组织采用了"拯救格林尼治公园"这一响亮的口号,但相比他们的实际工作要夸张得多。他们的反对者驳斥他们具有"制造恐慌"的特征。奥运会的支持者经常被指控为炒作(Waitt,2008)。但是这个社区行动小组使用了类似的策略来表达自己的观点。

　　虽然 NOGOE 组织对格林尼治公园关于伦敦奥组委的计划表示出多种担忧,但是他们的反对运动主要是由两个主要问题决定:活动对环境的影响以及活动限制了公园的出入方式。环境问题的提出是基于"活动不仅给重要的自然环境还给考古遗产带来了不必要的风险"这一观点提出来的。NOGOE 组织始终主张将温莎公园——一个已建的赛马场地——作为风

城市活动：
以公共空间为活动场所
Events in the City:
Using public spaces as event venues

险较小的替代方案。人们对在历史悠久的公园建造一个 23 000 个座位的竞技场感到担忧（见图 6.2），并且反对运动家担心越野赛会破坏宝贵的草原和古树。NOGOE 组织的反对运动经常强调历史公园和临时活动之间的时间差异；以及因计划只进行几天的活动而遭受永久性损坏的"愚蠢"。他们还认为，组织者希望通过亵渎它来使格林尼治公园更加知名，这在组织者逻辑上存在着内在矛盾。某位讨论参与者在公开会议上认为这等同于打击自己获取名人效应。

在 NOGOE 的运动中，公园入口的原则也很突出，这个问题不仅仅是代表住在公园附近拥有特权的居民提出的。伯吉斯等人（Burgess，1988）详细的研究发现，与其他地方不同的是，格林尼治公园附近的居民经常使用这个公园，相对于伦敦其他地区和英格兰地区来说，格林尼治是一个相对贫困的地方（见第 7 章）。NOGOE 强调，这个公园被格林尼治那些没有花园的贫困居民广泛使用。这一论点得到了当代数据的支持。据 2011 年人口普查数据显示，在格林尼治皇家自治市，人们对花园的使用非常有限：46.4% 的人们住在一层平房、二层洋房或者公寓里（格林尼治皇家自治市，2011）。在夏季的几个月里，预计将会有一场马术比赛在伦敦举行，届时，当地的反对者会询问，在这期间，他们的孩子们应该在哪里玩（公开会议，2010）。NOGOE 还声称，这个公园太小了，以至于无法举办活动，因为这里没有足够的空间来进行一次完整的越野赛，英国马术协会也赞同这一点。NOGOE 强调的其他论点同样包括威胁公共安全、交通堵塞以及对当地企业造成干扰的可能性。

## 伦敦奥组委的回应

伦敦奥组委（LOCOG）和一些利益相关者对 NOGOE 的反对做出了回应，称格林尼治公园将会以原始状态回归公众，还试图强调可能会产生的积极影响。伦敦奥组委表示，这些赛事活动将"增强该地区在全球的形象""为居民带来启发"，还能"把运动带给新的观众"（Smith，2014）。由于预测的花费已严重超出最初文件中给出的数字，所以需要更充分的理由来说服人们愿意在格林尼治举办这些赛事活动。最初文件中给出的数字是 600 万英镑，而临时建立的场地的最终成本预计为 6 000 万~1.2 亿英镑。英国马术协会（BEF）希望利用临时场地来说服伦敦奥组委，使其相信马术比赛是一项能够负担得起且易于管理的比赛项目，但由于 2012 年奥运会相关的成本和争议，他们并未能完成这一任务。

后来有人使用了情绪化的言辞来证明在格林尼治举办马术比赛的合理性。在公开会议上出现的一种说法是，有人认为利用公园是"国家利益"的主张；也有人认为，"我们需要为英国做点什么"，因为限制进入格林尼治公园是一件合理的、值得做的事情；此外，"借用"和"分享"的概念在那些渴望看到格林尼治公园成为奥运场馆的人们的话语中也较为明显（Smith，2014）。那些支持者们声称他们仅仅希望以"借用"这个公园为一个好的理由来敦促格林尼治的居民表现出"慷慨的精神"，来"与世界上的人分享公园"。因此，这不是试图通过积极影响来获取居民自身的利益，这些言辞是为了恳求当地人能够为奥运会的举办贡献一些东西。这也符合志愿精神，被称为"举办运动会"，即鼓励伦敦举办 2012 年奥运会。

## 规划过程

关于格林尼治公园被指定为奥运场馆的争议在 2009 年末至 2010 年初达到了一个临界点。2009 年 11 月 30 日,伦敦奥组委提交了在格林尼治公园举办马术比赛的规划申请书,主办方提交的文件有很多:如果你在当地的图书馆询问,会看到几个装满报告的大箱子。在举行的公开会议上讨论这个提案时,一位撰稿人指出:"我专注于对规划申请的回应,而且我从未见过如此庞大的规划申请。"最初要求要在 28 天内给出答复,这似乎是一种旨在限制异议的战术策略,尤其是在截止日期与圣诞节假期重合之际,然而咨询期的窗口最终被延长至 2010 年 1 月 17 日。

在咨询期间,NOGOE 为争取本地支持而进行了激烈的竞选活动,并在此期间举行了公开会议(2010 年 1 月)。此次会议以开幕致辞和一部极其夸张的电影开场,暗示了格林尼治公园会无限期关闭的危机。在会议结束时,NOGOE 议员分发了他们的支持者寄给格林尼治委员会规划官员的信件模板,上面写道:

> "我反对上述有关在格林尼治公园举办 2012 年奥运会马术比赛的规划申请,并希望你们能考虑这些反对意见。我所提出的主要反对意见的原因如:此次赛事活动可能会对格林尼治公园造成一定的破坏;在公园即将关闭或部分关闭的漫长时期内出现交通拥堵;影响当地居民的生活;以及将会造成任一遗迹的缺乏和破坏。"

委员会记录表明,共收到了 2 099 人对规划申请的答复,其中有 236 人表示赞同,有 2 063 人表示反对。据统计,51%的提交者使用了 NOGOE 所传播的标准模板,递交给委员会的请愿书也超过了 13 000 份。然而,在 2009 年 10 月发出的 2 022 封信函中,有 58%的人支持在格林尼治公园举办 2012 年伦敦奥运会。此外,伦敦奥组委也完成了他们自己的调查,结果表明有 85%的当地人支持举办这些赛事活动。这些所有的证据都被格林尼治委员会的规划委员会考虑在内了,还有来自包括地方设施、国家体育、遗产和环境组织在内的第三方机构提交的申请。在考虑了这些申请后,规划人员建议批准此次申请,并施加了 38 个条件(见专栏 6.1)。这种不同寻常的大量条件既反映了对最初提议的担忧程度,同时也是公民社会团体在规划过程中提出的反对意见的成果。

### 专栏 6.1　关于格林尼治委员会规划官员允许在格林尼治公园举办奥运会和残奥会马术比赛项目的附加条件

1　　该场地必须恢复使用
2　　活动的时间不能超过 09:00—18:30
3　　主办方必须坚持所提交的规划申请
4　　主办方必须提交比赛项目的方案

城市活动：
以公共空间为活动场所
Events in the City:
Using public spaces as event venues

| 5 | 必须要准备好观众/车辆/垃圾管理计划 |
| 6 | 在地方规划局批准之前,不能在敏感地区开展工作 |
| 7 | 必须制订一个具体的现场环境管理计划 |
| 8 | 必须制订遗产管理计划 |
| 9 | 必须制订社区缓解计划 |
| 10 | 未经书面许可,不得挖掘 |
| 11 | 必须制订考古计划 |
| 12 | 必须批准考古计划 |
| 13 | 必须采取地面防护措施 |
| 14 | 剑术必须获得批准 |
| 15 | 必须批准后方设施 |
| 16 | 考古遗迹必须保留 |
| 17—19 | 各种考古规定 |
| 20—23 | 关于赛场的考古条件 |
| 24—27 | 考古和其他设施 |
| 28 | 运行期间车辆移动的安全条件 |
| 29 | 运输调度只可在工作日的08:00—18:00和星期六的09:00—17:00进行 |
| 30 | 卸载/装载管制 |
| 31 | 确保场地得以恢复,以及马术装备的传统用途 |
| 32 | 截至2012年12月,所有的建筑都要拆除,并成为遗址 |
| 33 | 板球和网球的交替选择 |
| 34 | 洪水风险评估 |
| 35 | 如若发现有污染,工作将被暂停 |
| 36 | 要有交通管理/运输计划 |
| 37 | 必须使用当地规划局的计划 |
| 38 | 只有在地方规划局满意的情况下才能启动 |

为了实现民主责任制,这一决定需要由格林尼治规划委员会(由选举产生的议员组成)商议而定,并于2010年3月23日召开会议讨论该申请。此次会议持续了近5个小时,有许多人参加了会议,其中包括NOGOE的成员和伦敦奥组委主席及其他代表。NOGOE在其声明中重申了他们对环境和社会影响的担忧,但后来他们自己也受到了自己的批评,一些人在抱怨NOGOE的邻避主义(NIMBY)和危言耸听。一位撰稿者称:"感谢上帝,NOGOE不是来阻止对格林尼治公园的物理改造的。"这场争论凸显了格林尼治公园的发展及其举办奥运会马术比赛的合理性,这将可能为公园的角色增加一个新的维度。一位撰稿者——当地人的另一位代表,认为NOGOE是一个"直言不讳、资源丰富的少数族裔"。这反映了此前在公开会议上的言论,即奥运项目的支持者否认NOGOE的反对活动是"反青年保守主义"。

申请的重要性在于其时机(任命另一个场地为时已晚)和格林尼治委员会作为支持奥运会的一个关键角色,这总会使一些事变得不太可能——委员会拒绝伦敦奥组委的建议:他们通过投票（以 10 票对 2 票）来审批申请。每个成员都为自己的投票做了辩护，有几个人引用了奥运会的一般情况，而不是在解释他们发表共同意见时所考虑到的提案的适用性。一位议员表示，他以"期待着观看地球上最伟大的表演"为理由而支持该申请；另一位议员则以在格林尼治举办奥运会的重要性来证明其支持是正确的。虽然这些支持规划申请的理由都不合理，但完全可以预测。一年前一位规划专家曾预测，"任何涉及奥运会的事情都会倾向于引导理智的人，委员会也许会认为拥有奥运场馆的荣誉将是压倒一切的措施"（Cuckson，2009）。持不同意见的议员们给出的理由是值得考虑的，因为有人认为提议的关闭时间太长了；另一种建议认为，倡导者所提到的媒体/全球范围的考虑并不是支持规划申请的适当理由；此外，一位持不同意见的议员也暗示，他的同事们对勋爵的干预行动并没有太大的震惊，并表示他"比委员会其他成员更乐观"。这些评论加强了对个别规划申请的适当考虑，使其成了更广泛、更引人注目的项目。

NOGOE 必须预料到他们会在规划委员会会议上失去投票权，就像他们在声明中所说的那样："不要丧失信心，因为我们将继续通过合法的渠道进行斗争。"伦敦奥组委大量的文件证明了该活动在环境方面的反对意见已经被封锁，因此 NOGOE 的重点转向了关闭和封闭公共空间的合法性。在格林尼治公园和其他皇家公园里，有许多这样的先例可供选择，然而伦敦奥组委为额外空间的需求提供了一个合法改造的机会。在他们的规划申请中，组织者表达了他们的夙愿，即将布莱克希斯的马戏团场地作为通道和控制区域（见图 6.3）。这个地点位于公园围墙外，而且反对者声称，在 1871 年布莱克希斯补充的《城市公地法案（1866）》中，这片土地是非法的。所以奥运会主办方通过利用伦敦奥运会和残奥会（2006）购买了这片土地的使用权，从而回避了反对意见，这使得伦敦发展局可以利用公共土地来举办奥运会，而不是为了保护公众开放空间的法律。尽管 NOGOE 反对，格林尼治规划委员会仍于2012 年 1 月批准了使用马戏团场地的申请。

图 6.3　伦敦 2012 年奥运会和残奥会期间位于布莱克希斯的马戏团场地

城市活动：
以公共空间为活动场所
Events in the City:
Using public spaces as event venues

以上概述的证据显示了一些于管理大型活动相关的问题,这些活动最容易被理解为复杂网络的单个活动和由强大的品牌/意识形态支撑的项目,这种情况下很难区分,这意味着处理单个活动的过程与更广泛活动的基本原理是相互混淆的。相反,为整体制定的法案可能会被错误地用来处理他们无意提出的具体建议。在伦敦奥运会和残奥会法案的帮助下,马戏团场地的围场提供了一个例证。关于选择性使用部分概念和整体概念的更进一步的例子是,2012年伦敦马术比赛使用华丽的辞藻作为宣传和帮助那些年轻的、处于劣势地位的伦敦人的理由。正如随后的分析所表述的那样,这忽略了一个原本难以忽略的事实,即特定的活动不太可能被贫困的观众所消费。

# 赛事活动

于2012年7月28日至9月9日期间举办的赛事活动被媒体和马术爱好者们称赞为一个巨大的成就。接受调查的观众无疑是非常享受这场活动:92%的人对他们这次经历非常满意,其中65%的人的满意程度非常高。整体上,有80%的人认为这场赛事活动不可能在一个更好的场地举办,尽管这似乎是一个理想的结果,但也约有10%的人保持中立,这意味着格林尼治公园的评级低于2012年伦敦其他高知名度场地(Brown & Smith,2012)。有学识的观众知道还有合适的替代方案,他们认为这个公园太小了,不适合跨国活动;而骑手们认为赛道太滑,且过度的"紧凑且曲折"(见图6.4),不但有几匹马丢了蹄铁,并且74位新手中有15人没能成功绕场一圈。

图6.4  伦敦2012年奥运会和残奥会期间一位竞争者完成了在
格林尼治公园设置的"紧凑且曲折"的越野赛道

交通混乱、安全问题以及其他灾难性的场景都没有在这次活动中发生，主办方也将观众人数限制在了 50 000 人以内，这比规划阶段所设想的 75 000 人要少很多，而这也使观众相对容易地进入场地、在场地内移动或者离开场地。这些以及主办方所做的其他修正，可以追溯到当地市容组织——布莱克希斯协会和威斯寇姆协会在正式规划过程中所表达的担忧。赛事活动结束后，经过对格林尼治公园的检查发现，只出现了由马匹造成的表面的损坏。

本书的前几章强调，赛事活动可以代表公园的创新用途，也可以鼓励新的使用者。考虑到这一点，确认格林尼治公园的马术比赛能否会吸引不同的人来观看（而这些人通常不会参与这些活动）也是很有趣味的。尽管有一些关于帮助年轻的、弱势的伦敦人观看马术比赛的赛前言论，但可以预见的是，马术比赛的观众中来自英国不同地区中产阶级的狂热爱好者占主导地位。公园受访者的调查资料（$n=234$）显示，与其他奥运赛事相比，马术比赛的高龄观众中女性的比例较大，而且伦敦以外地区的英国居民更具有代表性。样本中仅有 1% 的人失业了，但这并不代表格林尼治自治市人口的经济构成——失业的人占 6%，观众的这种相当优越的特征得到了主办方通过电子邮件调查持票人所收集的数据的证实。此外，这一数据也表明，在此次赛事活动中，女性的比例较高且平均年龄也很高。更令人担忧的是，尽管伦敦存在种族、民族、宗教等方面具有多样性，黑人和少数族裔观众的表现却非常差。虽然格林尼治皇家自治市的黑人与少数族裔人口占很大比例（最近的一次人口普查中占 47.7%），但只有 4% 的观众是来自这些群体。

所以，尽管赛前有一些言论，年轻的、弱势的伦敦人在格林尼治的赛事活动中仍表现不佳。虽然这次活动确实吸引了许多居住在伦敦外的公民来到公园，但它并没有改变公园使用者的社会经济状况。而且，收集到的数据也否定了在格林尼治举办这些活动能把马术运动带给不同的观众的观点：接受调查的观众中几乎有一半的人已经是正式的参与者；更可观的是，一些迹象表明经历这一活动会激励更多的人去骑车。在接受调查的观众中，有 49% 的人已经开始定期骑车，57% 的人表示他们会在接下来的 12 个月里定期骑自行车。

以上提到的数据进一步证实了关于格林尼治人群构成的媒体报道。据《卫报》报道，"出现在格林尼治的人们是一群马术爱好者和那些真正希望能在未来的体操比赛中出现的人"（Moss，2012b），该报纸在第二天又称，"格林尼治感觉像是有一群比平常更专业的人"（Hyde，2012）。莫斯（Moss，2012c）尝试着总结这一现象："想想莱德杯高尔夫球赛，加上 1 万匹马和疯狂的年轻女孩的尖叫声，你会得到一些想法。""疯狂爱好者"这一引人注目的存在，在一定程度上破坏了伦敦奥组委和英国马术协会向新的（更多的城市）观众介绍马术的使命。此外，媒体对此事的关注，以及对赛事活动中英国王室成员的关注更加剧了这一问题。王室的关系帮助格林尼治重新成为一个皇家自治区，但几乎没有削弱马术运动作为特权阶级娱乐的声誉，因为它可以让更多的当地人和更少的特权人士进入奥运赛场。但是在残奥会期间，更年轻、更多样化的观众也能够进入赛场。

格林尼治公园现在是一个奥林匹克公园，也是一个皇家公园。在赛事活动后的几个星期和几个月里，可以看到许多游客正在尝试寻找赛事活动发生的地点，所以，举办奥运会为公园增添了丰富的意义。然而，2012 年的奥运会并没有动摇其既定的地位，也没有按照第 4 章所建议的方式对其进行限制，此次活动也没有使这里的场地变得更加宽阔；他们暂时将这

城市活动：
以公共空间为活动场所
Events in the City:
Using public spaces as event venues

一空间进行了私有化,并排除了那些无法获得门票的普通用户。最终,格林尼治公园巩固了其作为一个引人注目的、高度控制的和王室地方的身份,而不是被此次活动重新改造。

# 影　响

自 2012 年伦敦奥运会马术比赛举办以来已经过去了两年,现在有可能会反思其持久的影响。这次活动并没有像 NOGOE 所说的那样对格林尼治公园造成能永久性的环境破坏,尽管树木的枝干被移除了,而重新出现的草坪也会对公园的生态稳定性产生一定的影响。因为最明显的破坏是在草地上进行的,一些草地时间长了才能重新长出来,而这也并没有得到天气的帮助:这一活动发生的时间,加上异常大量的降雨,意味着 2013 年春季之前,草地的主要部分得到了恢复(见图 6.2)。不仅是比赛场地的草地被破坏了,因为比赛需要柔软的草皮,所以越野路线上的草地必须重新铺设,这突出表明,虽然马匹造成的损害很小,但是那些为符合奥运规范而制定的准备工作,对环境造成了长期的影响。

除了环境问题,NOGOE 的另一个主要关注的是活动对格林尼治公园可访问性的影响。由于主办方需要从 2010 年开始筹备这一项目,因此跨国比赛意味着长达数年会受到较小的限制,而建造一个大型竞技场的需求(见图 6.5)意味着大约会持续两年的中断;从 2011 年春季(开始赛事活动的准备工作)到 2013 年春季完成重新铺设。一旦奥运会结束,伦敦奥组委迅速恢复了对公园部分区域的使用权,并承诺在 2012 年 11 月底之前拆除这些设施。虽然一些重新开放的日期被推迟了,但总体上破坏被最小化了。尽管在其他时期也出现了部分关闭的情况,但这种情况仅限于 2012 年的三个月(7 月至 9 月)期间。讽刺的是,考虑到 2012 年奥运会的目的是增加体育参与度,受影响最大的是那些经常进行体育运动的利益相关者:橄榄球场和网球场都是当季不能使用的地方。

象征性的影响对于在格林尼治举办这些活动的合理性是至关重要的,而且这些似乎已经实现了,特别是在那些切身参与的人当中。在接受调查的观众中,有 69% 的人对格林尼治公园将是 2012 年奥运会的象征这一观点表示同意(其中 24% 的人表示非常同意);有 80% 的人认为在这个特别的场地举办马术比赛的经历更令人难忘(其中 38% 的人表示非常同意)。媒体报道的内容既广泛又积极,表明效果将远远超出那些切身参与的有限的人数。在此次赛事活动举办前,海事格林尼治世界遗产地址曾预测:"前皇家海军学院和皇家公园所提供的优秀环境将会成为本次奥运会在全世界广泛报道的特色,这是毫无疑问的"(海事格林尼治,2011),而且事实证明的确如此。跨国比赛项目设计的初衷是为了让伦敦的视野更开阔,而且本次赛事的许多照片使用了背景中与金丝雀码头一起跳跃的骑士形象,其他媒体则倾向于报道竞技场与世界遗产地址关联的观点,尽管重点强调的是配置这一活动已经付出了相当大的代价,"格林尼治是一张六千万英镑的明信片"(Moss,2012a)。为了最大限度地增加对电视观众的视觉影响,他们做了额外的努力,即建造了一座塔用来支撑头顶的摄像机,其结果是一种"媒体景观"——这是一种对景观的强化和战略调整,并已被确立为"标志性的"景观(Kolamo & Vuolteenaho,2013)。

图 6.5　格林尼治公园内为 2012 年伦敦奥运会和残奥会设立的其中一个巨大的临时观看台

　　为了安抚当地反对在格林尼治举办奥运会和残奥会马术比赛的人，主办方承诺当地企业将可从中受益，这也是一种常见的方式。通常，在公共场所举行赛事活动而不是在周边场所举办是一种合理的行为（见第 3 章），然而，经济效益未能实现，企业抱怨收入低于正常预期。有一种情况被认为是一个重大活动所突出的问题：他们经常扰乱正常的商业活动，而且他们的短期经济影响是负面的，除非观众会利用当地的贸易商。当地的企业尤其感到愤愤不平，许多人觉得他们受到了不公平的待遇，因为从火车站到会场的门票持有者都被限制了。为了解决预期的运输问题，伦敦奥组委却在无意中使当地企业更难以从中受益。在最繁忙的日子里，由于担心出现过度拥挤，最近的车站都被关闭了，因此观众被要求前往布莱克希斯车站或格林尼治站（见图 6.1），然后人们都去了指定的路线。在布莱克希斯观众们被有意从布莱克希斯村的后面转到场地，这意味着当地的商店被绕过了，而在格林尼治通过使用物理屏障实现了这种引导（见图 6.6）。这一策略被设计为一种安全措施，但它不鼓励人们使用当地商店和服务。人们直接进入了会场，在离开的时候又直接回到了车站，其结果是，格林尼治和布莱克希斯在马术比赛期间异常安静，而且当地的贸易也下降了。这表明，活动主办方想要实现多重承诺是比较困难的：在寻求管理过度拥挤的负面影响时，他们限制了潜在的经济影响。

　　赛事活动举办期间，格林尼治公园的两个主要入口处都采用了机场式的安全措施，人们不能携带液体进去，这也是为什么观众没有在当地的城镇中心购买物品的另一个原因。尽管持票者因为这个被警告了多次，但由于公园内的免费水供应不足，人们都在抱怨。虽然人们被告知他们可以填满空水瓶时，但是很难发现水龙头，而且还要排长队，这意味着大多数人都很无奈地要从小卖部买水。这反映了人们普遍关注的问题，即在公共场所举办活动时

城市活动：
以公共空间为活动场所
Events in the City:
Using public spaces as event venues

图 6.6　观众沿着其中一条指定路线从格林尼治站到格林尼治公园的马术竞技场

安全措施往往与商业活动日程相一致(见第 5 章)，而其他商业模式在第 5 章指出的不是很明显。除了可见的商品摊位、小卖部和伦敦 2012 的 LOGO，几乎没有什么可以证明公园被降低了其作为奥运场馆的地位。国际奥委会还有意限制赞助商标识在场馆内的可见性，这也是一种保护赛事免于过度商业化的规定，但同时，它也鼓励赞助商更普遍地在主办城市中展示他们自己的 LOGO(见第 5 章和第 7 章)。

## 意 义

　　在格林尼治公园举办的奥运会和残奥会非常壮观，是在一个通常不会被当作骑马场地使用的美丽的地方举办的。公园的临时改建让那些已是非常熟悉它的人能以一种新的方式看待它，而其他人则是第一次看到。此外，格林尼治世界遗产遗址被展示给了全世界，现在人们可能会有更多的兴趣去参观公园以及周边地区。在该赛事活动期间进行的调查中，40%的观众表示，他们将在未来 12 个月内返回公园。然而，使格林尼治公园成为奥林匹克公园的有争议的决定说明了一些重要的问题，其中一些反对意见是关于适当使用公共空间的极其重要的论点。

　　在本书第 2 章，公共空间被定义为那些没有任何收费的、公民可以使用的场所。一些反对在格林尼治公园举办马术比赛的人认为，限制人们进入公园而进行特殊活动是不合适的，如若我们遵循这一解释，那么在 2012 年接下来的几个月里，格林尼治公园就变成了半公开的(Conway,1991)或伪公共空间(Banerjee,2001)。然而，来自该活动的支持者的言辞则强调了对公共场所不同含义的诠释，他们认为，举办奥运会符合国家利益，而不是限制进入，这一活动使公园得以与世界"共享"。如果该公园的皇室（国家的）和世界遗产遗址（国际的）的地位得到认可，那么这种解释就更加合理了；而负面的观点认为，公共机构只是为了一个好的理由"借用"公共场所（Smith，2014）。

在没有利益相关者反对的情况下，NOGOE 是少数几个在公共领域挑战提案的组织之一，它拥有高度的组织和充足的资源，这些使其能够获得通常情况下单一利益群体不享有的知名度和可信度。NOGOE 的工作意味着在格林尼治公园举办活动的提案比其他使用公共场所举办 2012 年奥运会的例子更为广泛（见第 7 章）。NOGOE（2012）对活动的事后反应是：

> 公园的和平已经被打破，公众也被排除在外，此外，大量的破坏已经发生，而且将会继续出现，还为以后的商业开发设置了一个危险的先例。

公众被排除在外，而且马术比赛的确减少了伦敦这一地区的公共场所。此次赛事活动是缩短了人们享受这一场所的时间，而不是减少公共场所的数量。正如 NOGOE 对"危险先例"的关注所强调的那样，举办马术比赛（以及他们认为的成功）也有可能会进一步侵犯公共场所的空间与时间，这些入侵在第 7 章中有进一步讨论。由于伦敦皇家公园的资金将会减少，因此格林尼治公园很可能会在未来举办更多的活动。在奥运会筹备期间，公园的一个主要通道被拆除了，取代这个通道的是一个更宽阔、开放的通道。根据林德和马歇尔（Rhind & Marshall，2013）的研究，布莱克希斯（见图 6.1）拓宽后允许大型车辆驶入格林尼治公园，这表明当局预计将在未来举办大型活动。格林尼治公园的经理向当地居民保证，将会保证公园环境的完整性，然而，在格林尼治公园举办奥运会的规则与皇家公园的政策（即为公众提供负担得起的公共活动）相矛盾，即使是能够负担得起的格林尼治居民也受有限门票的限制，公园内的大部分空间留给了公司的顾客。这些特征表明，马术比赛最终是一项排他性的活动（见第 5 章），这与皇家公园的政策相矛盾，即他们通常不考虑任何形式的私人活动。

这里的分析也突出了与举办活动相关的更广泛的问题，其中有很多都与指定规划程序的困难有关，而这些规划是为了监管部分更为广泛的"大型活动"的提案。在格林尼治公园这一案例中，获得举办活动的批准非常简单，因为所有的主要利益相关者都是由一个政府部门管理的，而当地的规划委员会是活动主办方和保护他们首选地点之间唯一的障碍。接下来是遵循民主规划程序，但授予许可权是不可避免的：在伦敦 2012 年的项目中，格林尼治委员会是一个主要的利益相关者，但如果议员们否决了该提案，那么就有必要找一个替代的地点。伦敦奥组委为筹备他们的提案准备了大量的资源，这也促成了规划的结果。此外，伦敦奥组委还拥有强大的人力、物力和庞大的预算，用来应对反对。

格林尼治活动作为奥运会活动的地位也引发了其他麻烦。委员会的委员们似乎将格林尼治公园的修建与 2012 年的奥运会项目混为一谈，这再次证实了现有的证据，表明在举办大型活动的情感背景下，很难对客观影响进行评估（McManus，2004）。在这种情况下，规划评估也因考虑到提案的最终设计原理而变得复杂化，即制作壮观的媒体图像，而格林尼治的委员们似乎并不清楚这是否是一个能证明规划申请的合理性的理由。一旦启动，奥运"机

城市活动：
以公共空间为活动场所
Events in the City:
Using public spaces as event venues

器"就会被无情地交付或被管理机构所驱动,这很难反驳;然而,如果认为对手的努力是无关紧要的,那就大错特错了。NOGOE 坚持不懈地开展竞选活动,就是为了让奥组委在公共领域进行交代,迫使他们改善计划并提供一个论坛来表达关注的焦点。该组织通过将当地民众聚集在一起讨论提案,从而产生了社会资本,并鼓励人们就格林尼治公园的意义展开辩论,NOGOE 还强调了它在许多人的生活中所扮演的重要角色。

## 总　结

　　本章的案例研究表明,活动发生在著名的公共空间将有利于活动的发生,而不是使用的场所。这些类型的活动会引起公共空间可访性的一系列有意和意想不到的后果,当活动发生时,需要大量修建的地方,将会象征性地、物理性地把人们排除在外。一些合理的争论被用来证明活动的合理性,但对于那些认为自己的日常生活被占用的人来说,这并不是一种安慰。然而,要批判性地判断公共空间的总体结果,就需要确定我们所认为的公众是谁、是什么——现有的或潜在的用户和既定的或可能的用途。重大活动可以通过相关的公共空间调解和鼓励未来的访问者来促进一种包容性和可访问性,其吸引的参与者不同于通常使用这些空间的受众,而且将它们"借用"到活动中可以为具有明确身份的公共空间增加新的维度。正如泰勒(Taylor,1995:220)所主张的,随着时间的推移公园空间有了新层次含义:"历史公园不应该完全照原样复原。"换句话说,我们不应该把公园活动限制在传统的用途和用户上。如果弗兰克和史蒂文斯( Franck & Stevens,2007)对非固定的含义进行辩护,那么活动可以被解释为适应公共空间特征的方式,将它们开放给不同的群体、使用和兴趣。但是,以这种方式考虑本章所分析的赛事活动(活动)似乎不太合适,因为针对特权观众的严格程序化、严格控制的活动不会放松空间,而是会限制空间。

　　本章的核心主题是短期活动的长期意义。我们生活在这样一个时代,给予的永久性越来越短暂(就像快闪装置),而临时的现象却可以变成永久性的,由时间限制的话语("借用""一次性""一生一次")证明活动具有长期变化的潜力。通过允许临时的基础设施和限制,城市正在急切地寻找从公共资源中获取收益的方法,而举办赛事活动提供了这样的机会。活动会产生收入,可以促进未来的访问,而且成功的活动可以提供未来更多活动所需要的授权、知识和声誉。此外,活动也会引起其他长期的变化,可能被用作"特洛伊木马(Trojan horses)"来引导其他形式的商业化,即赞助和零售供应(见第 5 章)。公园特别容易受到损坏,祖金(Zukin,1995:261)强调了一些问题,例如,"大家是否知道,在如今的娱乐、安全和零售购物的时代,公园是什么?"

　　为个别活动借用公园似乎是可以接受的,但却不能接受利用它们来举办反复出现的商业活动(就像现在在伦敦海德公园发生的那样)。这种商业化和城市化的活动破坏了一种观念,即通过挑战传统的解释来释放公共空间。正如阿加本( Agamben,2005)认为,"异常状态"已经演变为一种永久性现象,危险的是举办特殊活动将成为公共公园的常态,这是在公共空间供应场地的情况下发生的,关键问题是"借用"公共场所是否能为活动奠定基础。

　　这里分析的案例也为评估保护公共空间的程序提供了有用的材料,尽管人们对活动的发生方式提出了担忧,但在本文中提出的证据表明,监管的"例外情况"并非不可避免。在传统的规划系统中评估活动项目有一些尴尬的方面,但是并没有根本原因说明活动项目不应该像其他的建议那样严格规划程序(见第 8 章)。格林尼治公园的案例展示了公民社会在这些过程中投入的可能性和价值。在越来越多的关于批判国际活动的文献中,地方规划程序的作用常常会被忽视,不负责任的活动机构和权利持有人经常被指责为恶性的和不恰当的行为。但如果主办城市/国家有足够成熟的监管框架,并且如果他们能够抵制活动成为特例的诱惑,那么公共利益就可以得到保护。然而,即使管理过程的完整性得到维护,例外性仍然是活动项目中的一个重要因素。活动的例外性创造了一种文化和一系列话语,以及一个利益联盟——可以通过规划过程推动不合适的项目。事实上,在本章中给出的证据支持麦克马纳斯(McManus,2004:164)研究的结论,即"空间的控制是建立在能够控制离题的领域的能力之上的"。下一章将进一步探讨活动离题及其对公共场所的影响。

# 第7章 围住开放的空间

## 格林尼治自治市的皇家活动遗产

资本主义现代性的核心是一个永无止境的过程。(Retort Collective,2005:193)

## 引 言

　　格林尼治公园案例需要与其他 2007—2014 年在格林尼治皇家自治市进行的争议一并考虑。其中许多直接或间接地与格林尼治奥运主办区的地位相关。本章探讨伦敦东南部的一系列活动和活动遗产。讨论提供了前面介绍的格林尼治案件的空间延伸,但它也有助于说明本书讨论的许多更广泛的问题。在 2007 年和 2014 年之间,活动广泛的范围(音乐节,歌剧放映,体育赛事)影响了格林尼治自治市公共空间宽广的范围(公园、街道和广场)。这为研究活动与公共空间之间的关系提供了一个吸引人的背景。

　　本章首先分析了前一章中提到的遗产话语是如何实现的,以及这如何影响其他地方开放空间的提供。然后讨论了一系列共同构成格林尼治作为奥林匹克主办区的公共空间遗产的其他项目。其中包括查尔顿公园的改建、伍尔维奇公共广场的重建以及在自治市街头举行的活动(见图7.1)。本章详细讨论了布莱克希斯的一个新活动及其政策——一个部分位于格林尼治自治市,但主要位于邻近的刘易舍姆的空间。总体目标是提供前面章节所讨论问题的详细、最新的说明。更具体地说,本章旨在强调在公共空间中所举办活动的复杂、细微和有争议的遗产。

### 格林尼治皇家自治市

　　在讨论不同的案例和空间之前,本章简要介绍提供地理焦点是很重要的。格林尼治皇家自治市是一个非常多样化和社会经济高度两极化的城区。这个行政领土是 1965 年由格林尼治和伍尔维奇的首都合并而成的,并于 2012 年成为皇家自治区,来纪念女王的钻石禧年。富裕的地区和著名的旅游点(主要在自治市镇的西部)都位于贫困和资源匮乏的地区(主

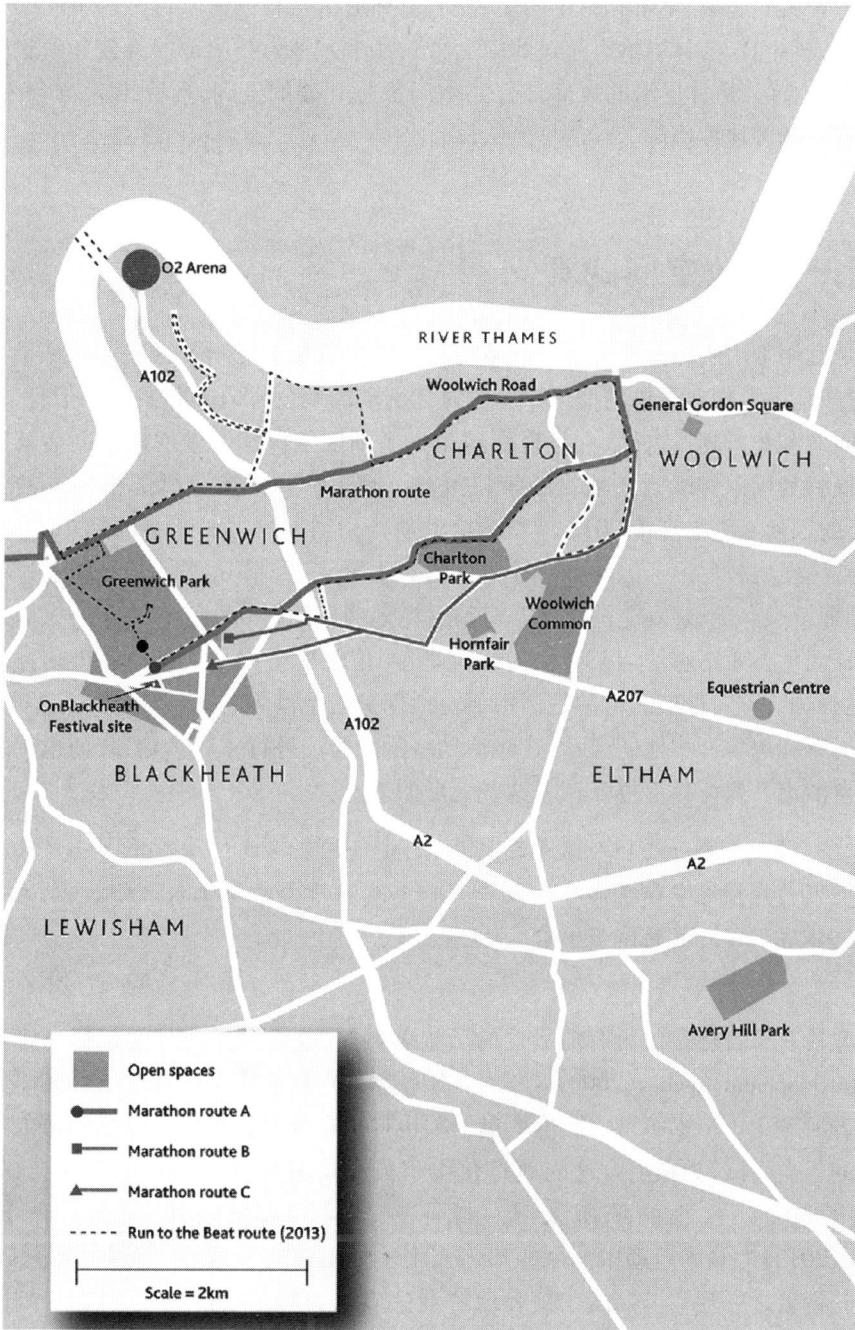

图 7.1　伦敦东南部的地图标明了格林尼治皇家自治市的临时活动地点的位置
资料来源：Mason Edwards

要在东方）附近。这种社会分化是世界城市的共同特征。在 2010 年,格林尼治自治市是 326 个地方当局中排名第 28 的贫困地区。这显示了格林尼治自治市的一些地方处于发展劣势。一百万人中超过四分之一的人（254 557）居住在自治市,这使伦敦的这一部分相当于一个小

城市活动：
以公共空间为活动场所
Events in the City:
Using public spaces as event venues

城市。除了著名的皇家、军事和科学历史之外，格林尼治与其他伦敦自治区不同的特征之一是可用的开放空间。格林尼治有超过 50 个公园，几个大型公共用地的部分和河边空间很长的伸展(13 千米)。格林尼治的大部分公共空间都是开放的空间，按照第 3 章介绍的趋势，这些场所越来越多地被用作活动的场所。

## 实现遗产：开放空间的意义

遗产是近年来出版的大部分活动政策行动和学术研究的一个关键主题。从某种意义上说，活动遗产是一个相对简单的概念——暂时性活动的剩余(即长期)影响。但是，这个项目已经被不同的利益所划拨占用，并且现在这是一个高度争议和模糊的概念。活动遗产现在被充分的理解为用于判断活动项目的争议策略。在上一章中所分析的格林尼治公园案例中，最重要的因素之一是宣传 2012 年奥运会的遗产话语。这被奥运会的拥护者所采用，但也被看到破坏在格林尼治公园举办活动机会的对手所使用。下面进一步分析遗产话语的使用，来帮助理解举办伦敦 2012 马术比赛对临时场地的微妙影响。

为了证明他们对格林尼治公园使用的合理性，伦敦奥组委及其支持者最初强调马术比赛属于非物质的遗产：他们的目的是不留痕迹地保护这个世界的遗产环境的完整性。相反，他们强调灵感和想象——他们表示，这些活动将激励居民进行体育活动，并向世界展示格林尼治皇家自治市。媒体报道也强调了这些无形的遗产：

> 这项遗产将是一些令人惊奇的照片，这些照片包括此区域附近女王房子所代表的英国的辉煌过去和我们对此区域有一个充满活力的商业未来的希望，此区域还强化体现了河对岸的城市中心。

(Moss, 2012a:16)

当伦敦旨在将自己定位为有前瞻性的历史名城时，这个意象与当地市场营销非常契合(London Development Agency,2009)。然而，物质遗产的匮乏被在格林尼治公园举行马术比赛的反对者所利用。NOGOE 认为，伦敦奥组委也提出在临时设施中举办活动限制了提供积极的遗产的机会；并认为在更合适的地点建设永久性设施会更好(Smith,2014)。媒体评论家也强调了这个一次性的场所无用，"除了一个混乱的公园外，什么都不会留下"。(Heathcote,2012)。马术运动中的一些知名人士也提出了这个观点。例如，英国 2012 年奥运会金牌获得者之一尼克·斯凯尔顿表示："我一直认为马术项目应该去到马术比赛场地，像希克斯塔这样的马术比赛场地，以确保某种传统。"(Sport,2012:46)

为了应对缺乏物质文化遗产的批评，奥组委开始强调，奥运会结束后公园不但会得到恢复，而且还会得到改善。这个立场被保留到后活动时代。在 2013 年，格林尼治公园经理称公园的小道和道路已经超越了赛前条件(Dear,2013)。伦敦奥组委在伦敦马拉松信托基金会的支持下，用新的木材游乐设备升级了儿童游乐场，改善了座位、植被和通道，他们甚至安装了一个马术跳跃桩作为一个标志。伦敦奥组委还组织和部分资助了从公园中移走的亨利·摩尔雕像的回归。这些实际效果不足以说服对手。当地利益相关方希望进一步改善物理状况，以补偿他们所遭遇的不便。例如，林德和马歇尔（Rhind & Marshall，2013）建议奥运会组织者应该提供资金来解决在布莱克希斯门附近的教练停车问题，来作为使用马戏团的回报，"但是这个遗产并没有成为现实"。格林尼治公园2012年奥运会的可见残余物令人吃惊的少。尼尔森圆柱的缩小模型在跳跃舞台上展出，现在是隔壁的国家海事博物馆的一个展览，除此之外几乎没有证据表明这件事曾发生过。

像伦敦奥组委一样，地方当局也急于应对马术比赛不会给体育留下实际遗产的指控，所以在筹备奥运会和残奥会时，格林尼治委员会通过介绍一些新项目作出回应。马术比赛不复存在的诉状被在射手山附近建立马术技能中心的项目予以回应。这个新设施于2013年开业，设有马匹疗养中心、一个马的游泳池、20只马的舍饲、一个全天候的竞技场和一个室内的竞技场。它由格林尼治自治市英格兰体育和BEF资助，是与当地大学合作运行的。

马术技能中心本身就是一个有争议的项目，主要是因为它是在大都会开放土地上建造的，这是为开发的但却是公众不需要接近的地方。大都会开放地由伦敦总体空间规划定义为：

> 比自治市更重要的土地，一般因其规模和流域面积。MOL在建成区提供休息，提供露天设施，并包含多种功能……这些都有利于部分或全部的伦敦人民。
>
> （Greenwich Council，2006：74）

现场已经有一些建筑物，然而马术中心的计划包括延伸现有发展脚步。大都市开放土地的丧失意味着对这个建议有多重的反对意见，包括隔壁社区农场的反对："我们不明白为什么理事会如此坚决地要使用这个受保护的地方（Gray cited in Massey，2011）。"理事会咨询了199名当地居民，在32名回应者中，有30人反对这些提案（Massey，2011）。除了这些反对意见，虽然这项建议违反了建议大都会开放土地的"不适当发展"官方计划政策（Greenwich Council，2006：74），在格林尼治公园举行的马术比赛的政治必要性帮助推动马术技能中心通过计划体统。有足够的证据来证明这一说法是正确的，例如，在中心的规划申请中，开发商声明：

> 由于格林尼治公园的历史和环境重要性，在比赛结束后，马术比赛设施将被拆除。因此，已经确定了创造一个无障碍马术中心的潜力，该中心可以提供2012年奥运会的体育运动和教育遗产。
>
> （Campbell Reith，2011）

2011年11月计划许可证合法时，格林尼治委员会（2011）称，"由于与拟使用相关的特殊情况，所提议的开发只被认为是可以接受的"。格林尼治公园作为指定的奥运马术场地似乎被视为特殊情况。因此，认为需要在自治市一部分的临时场所创造永久的遗产导致另一部分开放空间的损失。

为了平衡这一评估，应该注意的是各种附属于马术中心规划批准的条件（如果执行）应确保一些公共利益：如学校被要求每周提供82小时的社区访问时间（条款3，Greenwich Council，2011）。从某种意义上说，以前一个无法进入的空间现在可以被更多的人使用。在

城市活动：
以公共空间为活动场所
Events in the City:
Using public spaces as event venues

格林尼治有一个马术中心还有其他的好处，特别是对于那些在伍利奇军营附近有马匹的英国军队来说。马术中心聘用了多人，教育了更多人，这也是积极的贡献。

新中心设想的好处并没有安抚到那些担心公共空间和开放空间被侵入的格林尼治居民。格林尼治公园公共空间暂时的损失导致附近大都会开放土地的永久损失。在这方面，马术技能中心提供了一个有关短暂活动的长久吸引人的例子，并强调了遗产话语如何对地方产生实际影响。案件也反映了活动遗产的话语固有地面向物质结果的方式。2012年奥运会上充斥着关于物质遗产的言辞：如"东伦敦转型"的承诺（Marrero Guillermon，2012）。所以，尽管格林尼治公园一直被设想为临时场地，但人们认为需要从那里举办的活动中获得长期的物质影响（即遗产）。这个议程是在媒体叙述和伦敦奥组委的压力下驱动的。重大的活动总是与浪费的开支有关，当事后撤除设备时，这更成问题。在格林尼治公园的情况下，记者批评"花费六千万英镑的设施将被拆除"（Moss，2012a）。这个压力影响到了马术技能中心，当然也影响到了开放空间的发展，也影响到了格林尼治皇家自治区开放空间，下面将对此进行回顾。

## 公园计划：改进还是入侵？

格林尼治委员会提供与2012年奥运会相关的重大遗产的使命也导致了几个公园新的体育设施的改善。"游乐场到讲堂"计划包括价值480万英镑的来自理事会和其他户外运动场合作伙伴的投资，板球和网球设施以及23个翻新过的游乐场。该计划还涉及确保12个地方公园达到绿色标准所要求的资源（85万英镑），一个国家开放土地认证计划。毫无意外，理事会很快就宣传了这些相对适度的投资。大型标志宣布这些网站是"我们的2012年遗产"已被安装在改善的公共空间。

查尔顿的霍恩费尔（Hornfair）公园是获得最多投资的地方。该公园以当地1874年由于过度开发而被镇压的活动命名。在2012年奥运会的筹备中，花了400万英镑改善了这里的设施；包括300万英镑用于恢复室外游泳池。钱也被用来安装新的更衣室和小轮车轨道。所做的修改的理由是有人声称公园以前没有被使用过。格林尼治委员会认为，霍恩费尔公园已经被与奥运有关的投资"转化"，并伴随着与社会效益相关的物质变化。根据理事会的说法，反社会行为已经减少，"许多新用户"被吸引（Royal Borough of Greenwich，2012）。

上面概述的改进似乎非常积极。然而，更深入的分析揭示了更复杂和有争议的变化。上面提到的新的户外运动场就是一个很好的例子。其中包括一个阿迪达斯地带（AdiZone）——作为2012年奥运会社区级遗产开发的设施。阿迪达斯地带（AdiZone）是有着伦敦奥运会标志和赞助商品牌的户外运动场和体育设施。为了反映上述遗产话语的突出影响，这些设施的意义是确保奥运会在主办自治市留下更多运动相关的遗产。在伦敦举办2012年奥运会的主要理由是鼓励年轻人开展体育运动，这是伦敦2012年奥运会口号"激励一代人"所强调的。为了实现这个目标，自2008年以来英国每年花费15万英镑建立了五十家阿迪达斯地带（Weber Newth，2014）。它们提供公共无障碍娱乐设施，但也代表阿迪达斯的三维（即体验)广告,其是 2012 年奥运会一级赞助商之一。相应的,阿迪达斯地带受到迪曼(Duman,2012),韦伯纽斯(Wener-Nowth,2014)等学者的批评,认为它们代表了城市空间的"公司化"。正如迪曼(Duman,2012:60)所指出的那样,对于阿迪达斯来说,它们提供了"在其他品牌免费公共场所的独特渗透"。它们还涉及绿色/开放空间的发展:阿迪达斯地带是一个 25 米×25 米安装有特色鲜艳的健身器材、攀岩墙、混凝土地板的区域。一个重要的阿迪达斯地带建在格林尼治自治市的重要公共空间查尔顿公园。自从格林尼治理事会于 1925 年从家庭收购了 43 英亩土地以来,这个地方一直是公园。这个设施包括一个由阿迪达斯赞助的运动员和艺术家的名人墙,一个小篮球/足球场和一个室外健身房的墙。这个地点的地面耸立着一个巨大的 2012 标志(见图 7.2)。

**图 7.2　查尔顿公园和格林尼治公园的"品牌"一词的原义形式**
尽管 2012 年伦敦奥运会的标志在格林尼治公园(下图)是临时的,
但在查尔顿公园(上图)的标志现在已经成为固定的标志。

"阿迪达斯地带"不是活动,但它们是活动遗产,它们有助于说明本书前几章讨论的许多问题。像许多形式的私有化/商业化一样,这些设施在理事会能够提供资源的基础方面被正名。事实上,这些设施是 100% 国家资助的:地方当局贡献了 50% 的开发成本,其中国家政府

城市活动：
以公共空间为活动场所
Events in the City:
Using public spaces as event venues

占了另外的 50%（Weber-Newth，2014）。地方当局还需要支付 50% 的维护费用（每年 5 000英镑），所以地方当局收到了公司广告的赞助费。当地用户似乎对这个问题没有疑义——事实上，阿迪达斯的接入使他们看起来很"酷"（Duman，2012），并且韦伯·纽斯（Weber-Newth，2014）提到查尔顿的设备也非常受欢迎并且被很好地使用着，查尔顿公园的阿迪达斯地带和体育设施已经变成了新的社交空间，所以在某些方面，这个区域已经因新设备的安装而变得更受欢迎。除了这些，其主要效果是逐渐商业化的一种。主要的受益者不是查尔顿的居民，而是阿迪达斯和伦敦奥组委。这些区域使阿迪达斯作为奥运赞助商而兴隆并使该公司能够规避奥委会有关场地赞助的严格规定（Dumn，2012）。允许公司以这种方式赞助公共空间使得相关公司合法化（参见第 5 章）。对阿迪达斯来说与提供无障碍社区设施有所关联是很有价值的，这对公司物理嵌入城市社区有很大的益处。考虑到这一切，公司每年支付5 000 英镑的费用似乎有了很好的性价比。

虽然 2012 年奥运会在格林尼治公园做出了很明显但暂时的印记，查尔顿公园的印记却因阿迪达斯地带的安装而更为永久（见图 7.2）。对于韦伯·纽思（Weber-Newth，2013：234）来说，该设施代表"奥林匹克公园的象征性的延伸"。有这样一个低调陈述：查尔顿公园阿迪达斯地带代表了 2012 年奥运会空间和时间的延伸。它将奥运会的范围进一步延伸到伦敦，现在它为格林尼治作为奥运主办区提供了一个（半）永久纪念碑——该设施只能经阿迪达斯许可移除，寿命为 20 年（Duman，2012）。阿迪达斯地带代表重要的活动遗产。这些安装建立了赞助商和活动主办方之间的长期关系，并为活动对公共空间产生长期影响提供另一种媒介。

## 公有地和广场：奥林匹克伍尔维奇

格林尼治公园并不是格林尼治皇家自治市用于举办奥运赛事唯一的开放空间。伍尔维奇公有地也是一个重要场地，虽然这里的活动收到了很少的宣传。在伍尔维奇公有地上建了几个射击场，在活动期间，公路北侧的道路也被封闭（见图 7.3）。这个地点的临时使用似乎是合适的：这个地方在 17 世纪 20 年代被用来测试法令，伍尔维奇作为一个军事重镇有着悠久的历史。军营在 1776 到 1802 年间在伍尔维奇公有地北侧建立，并且长期以来这里的土地由国防部所拥有掌控。任何来到这里的人都会认为这是一块典型的公有地，但是公众没有正式的访问权。如杰弗逊（Jefferson，1970：213）所指出的，"普遍承认，伍尔维克人根本没有权利作为平民"。这使得伍尔维奇公有地成为政府拥有的"公共空间"的一个非常有趣的例子。

该地点的军事历史可能会导致公众对 2012 年奥运会使用伍尔维奇公有地缺乏抵制。伍尔维奇是比格林尼治的贫困地区也是一个很重要的原因。格林尼治公园被价值超过 100万英镑的昂贵房屋所包围，而伍尔维奇公有地则被军营、医院和社会住房所包围（见图 7.4）。关于 2012 年奥运使用伍尔维奇公有地的讨论匮乏符合博伊尔（Boyle，1997）受教育程度较低、富裕程度较低的群体在活动项目讨论中不太可能听得见观点而更有可能遭受负面结果的观点。有很多例子可以说明这一点，包括一些关于公共空间发展的争议。在欧文

图 7.3　2012 年伦敦奥运会和残奥会期间安装在伍尔维奇的 10/50 米靶场

（Owen，2002）工作的基础上，韦特利用反对派在悉尼邦迪海滩的临时沙滩排球竞技场来说明中产阶级反对派运动的影响力（Waitt，2008）。在邦迪，一个和格林尼治公园一样广受欢迎和使用的公共空间被用来举办奥运赛事。结果是相像的——使活动继续下去，但中产阶级的反对声音意味着对原来的计划的修改（Waitt，2008）。邦迪居民获得当地福利，但对于悉尼较不富裕的地区（如奥本）结果是负面的（Owen，2002；McManus，2004；Waitt，2008）。悉尼和格林尼治公园案例中的这些例子表明，当地的竞选团体可能有助于保护公共空间。但是，像伍尔维奇那样实力较少组织或富裕人群提供的空间更为脆弱。

　　与格林尼治公园项目比起来，在伍尔维奇公有地上没有抵制举办奥运会和残奥会的活动意味着没有相同水平的监督和保护。尽管格林尼治公园拥有更有声望的历史和风景，伍尔维奇公有地是一个由泥沼地组成的大型开放空间。在格林尼治公园保存这些也是有压力的，但似乎没有人对更东边的泥沼地感到困扰。对公共区域关注的匮乏意味着将空间恢复到原样是很慢的。事实上，一个恢复伍尔维奇公有地的迟滞附带条件是驻扎在伍尔维奇的军队被要求在查尔顿公园练习他们的马匹，这为格林尼治自治市主办 2012 年奥运会提供了另一个意想不到的开放空间遗产。与格林尼治公园不同的是，奥运赛事之后伍尔维奇公有地并没有完全恢复到原来的状态——在该地的北部建造了一个新的全天候马圈。

## 戈登将军广场

　　举办 2012 年伍尔维奇奥运会的其他遗产包括对戈登将军广场和该城主广场的改变（见图 7.1）。重大活动往往与公共领域的改善有关。例如，1992 年奥运会改进巴塞罗那就是公共广场的积极成果之一（Smith，2012）。然而，伍尔维奇项目是一个很有趣的活动驱动公共

城市活动：
以公共空间为活动场所
Events in the City:
Using public spaces as event venues

**图 7.4　是受到启发还是被忽视？2012 年伦敦奥运会和残奥会期间，伍尔维奇共同庄园的景观**

空间项目的例子。2009 年格林尼治委员会、英国广播公司和伦敦奥组委共同在戈登广场安装了 25 平方米的屏幕（见图 7.5）。随后，作为该城市 2012 年奥运会筹备工作的一部分，花了 300 万英镑用于改善广场。这些改善措施包括建造在新建造的浅水露天剧场柜面的花岗岩/草坪梯田（见图 7.5），目的是在奥运会期间提供一个充满音乐、舞蹈和游戏活力的活动化的广场（Greenwich Council，2012）。根据格林尼治委员会（Greenwich Council，2012）的统计，在 2012 年奥运会期间有两千人参加了开幕典礼，12 000 人参观了戈登将军广场。考虑到第 5 章提出的担忧，奥组委主要赞助商之一的卡德伯里突出表现了这一点。

　　让这个案件特别有趣的是屏幕是永久的（见图 7.5）。这里已经创建了一个永久的粉丝区，目前正在进行体育赛事和文化活动的放映。这些活动被宣传为"所有人都可以进入"，但是"为了公共安全"，经常会有几个适用条件（Royal Opera House，2015）。如在 2015 年戈登将军广场（有英国石油公司赞助）的歌剧放映期间，广场入口处的时间工作人员被冠以搜查员的身份。更有争议的是主办方保留了"无论出于何种原因拒绝参加活动圈地的权利"（Royal Opera House，2015）。尽管这些放映是为了活跃和带动广场气氛，这样的规定意味着它们也可以作为一种将人们排除在通常允许进入的空间之外的机制。

　　该屏幕还显示了英国广播公司的定期播出，反映了该公司已将其公共广播服务与公共广播电台（Mcquire，2010）相结合的方式。屏幕的日常使用表明，格林尼治委员会正试图重建伍尔维奇市中心公共客厅的感觉和功能。那个时期当人们回到自己的私人空间时，这是一个城市寻求创造共同认同和社交感的著名策略。如绍恩（Thörn，2011）指出哥德堡将城市及其公共空间作为"公共客厅"。在几个报纸广告中这样描绘了市中心，一些旨在让人们感觉到市中心是公众的家。在这种情况下在伍尔维奇上安装一个大屏幕非常有意义：毕竟

图 7.5　在开拍《波希米亚人》(*La Bohème*)之前的伍尔维奇戈登将军广场

每一个现代客厅都设有一个屏幕。

绍恩(Thörn，2011)的工作也有着广泛的影响——她的研究指出了当代公共场所如何使用氛围作为一种控制形式。借鉴德根(Degen，2003)的意识形态观，她认为，公共空间的设计和管理对某些人来说是富于诱惑的环境，但是另一些人可能会感到不舒服。这与第5章讨论的想法非常吻合：时间活跃地方的气氛，但是这总是包括一些人，也排除一些人。歌剧放映的目的是提供一个对中产阶层用户更有吸引力的感觉景观，而对传统上居住在广场上的"不受欢迎"的人则不那么有吸引力。事实上，鉴于伍尔维奇因为犯罪和不法行为多发而声名在外，永久粉丝区的安装和定期活动的安排需要被看作是使空间文明化的典型尝试。戈登将军广场上演的活动被用来在夜间创造更多的社交空间，并增加使用广场的人数。因此，与第4章关于在公共场所举办活动的安全原理的讨论有明显的相似之处。

## 乐趣跑和大型跑

迄今为止的讨论主要集中在公园和广场，但是活动也影响了格林尼治市的街道。每年在这些街道上发生的最重要的活动是伦敦马拉松：格林尼治公园自1981年就职典礼以来一直是这个活动的起点。伦敦马拉松在提供一辆每年都展示格林尼治车辆的BBC广播直播，超过四分之一的路线(大约前七英里)位于自治市界内(见图7.1)并且在格林尼治环绕"卡蒂萨克"号的运动者已成为比赛的决定性形象之一。对于格林尼治来说，这个活动也是一个有价值的宣传工具，特别是格林尼治海上世界遗产地。马拉松不只是在格林尼治市中心举

城市活动：
以公共空间为活动场所
Events in the City:
Using public spaces as event venues

办,也在查尔顿、伍尔维奇和其他不太熟悉的自治市的街道举办(见图7.1)。当地商人抱怨说这个活动对商业不利,但格林尼治人通常认为伦敦马拉松赛是一个积极的活动。跑步者为慈善筹款数百万英镑,并且一个活动组织者创造的资金用于在自治市提供游乐场和其他娱乐设施。

伦敦马拉松赛吸引了来自世界各地的人参加比赛。"远离家乡"的人(Shipway & Jones,2007)以不同于常规游客访问格林尼治的方式体验城市空间。跑步的游客可以到不同的地方看看,并用不同的方式看看当地。这符合最近的旅游趋势。游客正变得不那么被动并刺激了超越日常感受的欲望、活动和场所(Bell & Lyall,2002:27)。跑步是一项能够加快和提高旅游体验的活动,是可以通过加速崇高的理念来理解的东西。由于人群众多和竞争对手的存在,跑步活动是一个让人情绪高涨的经历。即使跑步者跑得相当缓慢,但也因为他们在不熟悉的城市环境中花费时间的增加而获得了不同的体验。在古巴萨格登在马拉巴纳哈瓦那马拉松的民族志研究中提供了一个有用的例子:

> 全长42千米的马拉巴纳需要绕城两圈,要花四个半小时才能完成,这给了我足够的时间进一步研究和反思城市和人民。

(Sugden,2007:243)

和许多其他街头赛事一样,伦敦马拉松吸引的观众比参赛者多。排队的人是活动的重要组成部分:他们创造了节日的气氛而且跑步者喜欢这样的支持。观众、精英跑步者和业余跑步者(其中许多穿着奇装异服)将城市公共领域变成了一个景观。正如威尔逊(Wilson,1995)所指出的那样,像伦敦马拉松赛这样的活动"把城市空间变成了戏剧形式可以由观众的目光提供文化场所"。道路不通车,派对在路线的不同地点举行,跑步的一大群人和展出运动能力的多样化意味着这样的景观会持续几个小时。

当然,伦敦马拉松也有一些问题,其中许多又涉及第5章末尾强调的问题。格林尼治居民因大规模的封路而感到不便,公共卫生、垃圾和噪声(来自直升机、摩托车和随着比赛愈大声音)也存在一些问题。比赛开始时作为集合点的布莱克希思和格林尼治公园的部分地区短时间内无法进入公众并且它们散落着跑步者丢弃的垃圾和衣服。但总体来说,格林尼治人民每年都很高兴和自豪可以主办伦敦马拉松比赛。这个活动鼓励社交活动:人们在比赛开始前的一小段时间可以在户外聚集,与邻居聊天。他们能够沿着没有机动车辆的道路行走或骑自行车。根据第4章的讨论,这个活动产生了公共空间。

在他们很高兴举办一年一度的马拉松比赛时,格林尼治的居民对自治市街道上出现的其他活动印象就没那么深刻。就像一个当地在线论坛的合作者所说:"我对所有各种各样的臆测感到厌倦,因为我们主办了伦敦第一场马拉松比赛,我们也必须乐意举办其他需要封闭道路的体育比赛(Greenwich Forum,2013)"。这并非一个非常有代表性的观点。同一个论坛的另一名用户说:"我认为2012年伦敦奥运会期间我们所持有的主办精神应该继续这些小型活动(Greenwich Forum,2013)。"很显然这里有不同的看法,但这两个评论都指出了现有活动被用在格林尼治公共场所扩大提供活动的授权的方式。活动的主要遗产似乎是更多的活动。这是本章反复出现的主题,在其他分析中被忽略了。

在 2012 年奥运会之前，更多的街头体育活动开始出现在格林尼治的街道上。在此期间，这些新活动反映了公众活动的兴起（见第 3 章），这个趋势在伦敦尤为突出（见第 1 章）。然而，其他的当地因素也是显著的。格林尼治是奥运主办区，组织者热衷于在获得奥运会（2005 年）举办权到举行奥运会（2012 年）期间举办活动。这些活动有助于造势，但它们也作为活动的测试。如在 2007 年当世界最著名的自行车赛的第一部分——环法自行车赛来到伦敦时，格林尼治被用作第一阶段的起点（见图 7.6）。道路封闭，自行车赛所选择的路线与伦敦马拉松比赛时的路线几乎是相同的——虽然方向是相反的（Smith，2008）。

图 7.6　2007 年环法自行车赛第一阶段时的格林尼治街道

## 悦节拍

从 2008 年到 2013 年，格林尼治皇家自治市也会在每年的 9 月举办一次半程马拉松比赛，而这场比赛特别有争议。"悦节拍（Run to the Beat）"是由国际管理集团（IMG）①组织举办的。负责大众参与活动的 IMG 管理员发现了市场上的一个缺口：该公司已经在里士满公园（Richmond Park）组织了一个铁人两项（跑步/自行车）比赛，但当时在伦敦还没有半程马拉松（Karageorghis，2014）。考虑到举办公路比赛的经验，以及标志性的公共领域，所以格林尼治被视为这个新项目的理想地点。这场比赛之所以与众不同，是因为它在整个路线上都有现场音乐伴奏，活动也是因此而得名。这并不是一个完全原创的想法，因为许多现有的公

---

① 注：国际管理集团（IMG），是一家全球性的运动、时尚和娱乐管理公司，在全球 25 个国家开展业务。

城市活动：
以公共空间为活动场所
Events in the City:
Using public spaces as event venues

路比赛都有一些现场演奏的乐队，如费城马拉松（Philadelphia Marathon）和大北半程马拉松（Karageorghis，2014）。伦敦马拉松比赛一直沿路线播放音乐和声音——虽然这是以一种非正式的、特别的方式组织起来的，但这种方式经常被用来引导公众远离可能受伤的地方，所以这是一种活动管理策略，就如活动体验一样。尽管有这些先例，但"悦节拍（Run to the Beat）"专注的焦点在于其音乐是原创的。IMG 曾与一位英国学者合作，这位学者一直在研究音乐对运动表现的好处，以此为音乐主题增加学术可信度。

音乐赛事的理念与活动和休闲领域的分化趋势相契合。现在许多体育赛事都充满了与文化活动相关的内容和仪式，反之亦然。"悦节拍"与一个旨在帮助没有名气的艺术家的组织合作（Karageorghis，2014），因此艺术和体育之间的联系不仅仅是一种肤浅的营销噱头。音乐的战略性应用是个不错的主意，但它并没有真正奏效，甚至连跑步者都没有印象。帮助构思这个想法的学者承认，许多参与者认为当天提供的音乐伴奏是"垃圾"（Karageorghis，2014）。可以预见的是，放大乐声也增加了当地民众抱怨的可能性。这条路线也包括格林尼治公园，根据第 6 章的讨论，若在这个时候开展活动，这将是一个特别敏感的环节。一位用户在某一个网络论坛上发布的信息也很好地说明了这一点：

> 去年我第一次遇到悦节拍比赛，那是我第一次在奥运会闭幕后能够参观这个公园，但我发现它已经被一种可怕的、带有侵扰性的噪声所占据了，我不想再在公园里遇到这样的事。

（Greenwich Forum，2013）

另一位居民则强调了在公共场所举办喧闹的活动而不是在传统场地举办活动的问题："他们可能会在白天租用山谷或者尼尔球场（当地的足球场），并会随着他们的音乐的喧嚣奔跑"（Greenwich Forum，2013）。把公路赛跑和音乐节结合起来似乎是个不错的主意，但这最终却引发有关道路封锁以及噪声过大的投诉活动。噪声对居民来说是一个问题，但这并不是居民反对这场比赛的主要原因，大多数反对者担心的是这场比赛和道路会把他们"困"在家里。这条路线的设计图（见图 7.1）显示，如果你住在封锁道路的周围，那比赛这天你就不能使用你的车。使用像伦敦马拉松比赛一样的街道（见图 7.1）的想法与英国政府制定的旨在防止每年封锁相同道路一次以上的法规相抵触，居民们抱怨说，他们缺乏关于道路封锁的信息和咨询，特别是随着路线逐年发生改变。

在考虑到上述投诉时，还应注意到，许多居民都喜欢"悦节拍"。有些人能够超越自己的固有观念，并会思考更为广泛的利益。其中一位居民强调了慈善的受益者，并认为"我们应该欢迎那些鼓励人们参加跑步比赛的活动"（Greenwich Forum，2013）。然而，关于该活动的这个维度也需要仔细审查。尽管对参与者和主持人来说，有趣的运行通常是非常积极的活动，但也有一些评论者强调，这些是最终会涉及商业开发的商业活动。威尔逊（Wilson，1995：184）将这一有趣的赛事描述为"将休闲和运动进行商业重组的一种引人注目的表现形式"。而这些类型的赛事活动却受到了作者的批评，因为他们觉得自己离跑步的本质太远了。例如，费瑟斯通（Featherstone，1991：185）提出"为了跑步而跑步的概念……"一种与物理性质相和谐的感官体验完全被淹没在市场和健康专家称赞的好处中。

图 7.7　2013 年"悦节拍"期间的格林尼治街道

在最近出版的一本名为《自由飞奔》的书中，奔跑的商品化是一个重要的主题，作者在书中概述并谴责了"大跑"的兴起——跑步作为一项商业活动出现（Askwith，2014）。此外，阿斯奎思还指出跑步是如何被货币化的，提出了一个重要的问题："跑步并没有变得更加昂贵，为什么人们要花更多的钱来做这件事？"（Cited in Love，2014）。这可以直接与公共领域的跑步活动联系起来：人们现在要花很多钱来完成一条他们随时想跑就能跑的路线。有趣的跑步组织者会选择租用公共场所，并通过道路封闭以及对其他参与者和观众的承诺来提升其价值。换句话讲，就是街道被商品化为场地，而赞助商的参与意味着他们也被商业化了。正如下面对悦节拍的分析所强调的，"大跑"不仅仅是鼓励休闲的商业化，它也导致了公共场所的商业化。

IMG 和企业赞助商的参与强调，"悦节拍"最终是一个商业冒险活动。2013 年的比赛就是一个很好的例子：这一次的赛事活动是由耐克赞助的，参赛费用（30 英镑）中包含了耐克运动衫，这是要求 19 000 名参赛者必须要穿的衣服。这便意味着，当这些参赛者走在格林尼治的街道上时，便在公共领域内创造了一个属于耐克的生动的广告（见图 7.7），不管他们是否愿意，他们都是体验式营销的参与者，并且创造了"品牌标识"（Osborn and Smith，2015）。因为这一活动发生在公共领域，所以该赛事活动的赞助方与一般的城市空间（街道）产生了一定的联系，尤其是格林尼治的城市空间。这一点巩固了第 5 章与活动赞助相关的动机与问题的观点，也说明了这次的赛事活动还包含了一些更传统的广告与营销方式，即赞助方——耐克，可以在格林尼治公园的所有地方都标上自己的标志，而格林尼治公园则是 2013 年比赛的起点和终点，也是"节日村"的场地。或许最极端的例子是它们的口号（Just Do It）

城市活动：
以公共空间为活动场所
Events in the City:
Using public spaces as event venues

的三维表现,这个口号在公园里非常显眼(见图 7.8)。此外,其他公司的大力赞助也受到了参与者的批评——该赛事活动的赞助方中有一家出售椰子水的公司,参赛者抱怨说在比赛中的某些时刻给他们提供椰子水是非常不合适的行为。

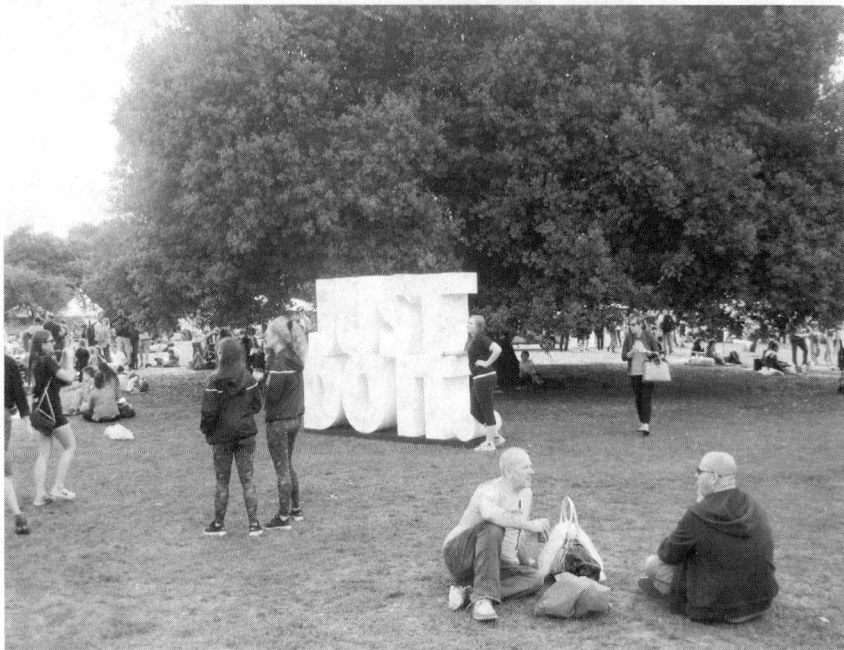

**图 7.8　2013 年"悦节拍"期间的格林尼治公园**

　　2013 年的比赛是在格林尼治举办"悦节拍"的最后一次比赛,因为格林尼治委员会没有准备好签署下一份新的五年合同来举办这场比赛,所以 IMG 将这项赛事活动转移到了温布利,但是,在格林尼治仍然存有一些伴随"大跑"活动产生的问题。在本书第 6 章有强调,奥林匹克马术比赛的一个潜在结果,就是更多的赛事活动可能会在格林尼治公园上演。这样来看,在 2012 年奥运会期间这个公园被用作体育场馆后,就已经成为其他赛事活动的常规性场地,特别是 5 千米和 10 千米的"募捐长跑"活动(见图 7.9)。正如图 7.9 所示,这些赛事活动是由一系列的商业公司组织的,这些公司为每一名参赛者支付了 2.75 英镑的费用,还有一项价值 1 000~4 000 英镑的"中断"充电费用(The Royal Parks,2015)。因此,举办一场超过 500 名参赛者的比赛能为皇家公园带来数千英镑的收入。

　　正如"乱收费"所强调的,这些活动也会产生各种负面影响。尽管它们在时间(周末早晨)和空间(道路和路径)上相对受限;他们有负责噪声、干扰、乱丢垃圾以及在公园里修建临时建筑;尽管有迹象显示可能会产生破坏,但在格林尼治公园完全开放的时候,参赛者们仍能够使用它。这就产生了潜在的用户冲突,并且在参赛者和普通的公园使用者之间会经常发生争吵。在公园空间的使用上,跑步比赛和训练狗似乎特别不相容,这些可能会被认为是轻微的刺激,而不是主要问题,但这非常有可能发生更为严重的活动。2015 年 3 月就发生了一起重大事故,当时一名正在参加格林尼治公园募捐长跑比赛的参赛者与一名骑自行车的市民相撞了,尽管参赛者没有受伤,但骑自行车的市民头部受伤,并被迅速送到了医院。这可能只是一场意外事故,但它却说明体育赛事与日常使用不一定一致。

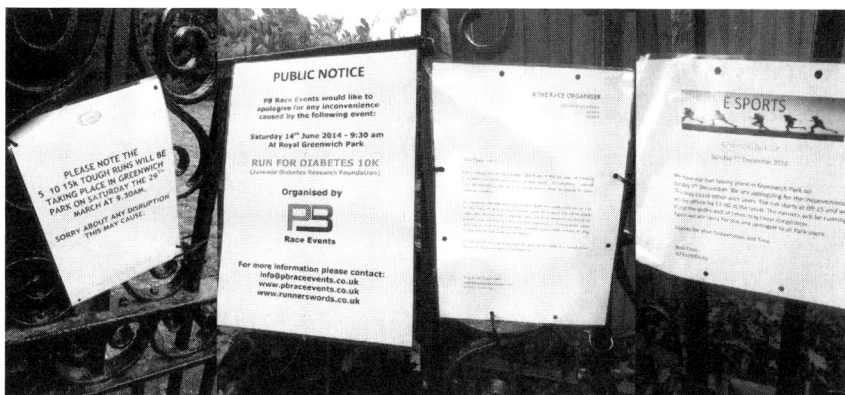

图 7.9　通知固定在格林尼治公园门口，预先告诉人们即将举行的赛事

## 公园跑

在格林尼治皇家行政区的另一个公园里也曾组织过一个活动，这为一些与公共场所"大跑"相关的问题提供了有效的应对措施。埃弗里山公园（见图 7.1）和英国其他的 318 个公园一样，每周都会举办一次 5 千米的跑步活动，而且是可以自由进入的；而这里举办的格林尼治公园跑，每周也会吸引一百多名参与者。因此，该活动也是公园跑步系列的一部分——由当地志愿者建立和组织的一系列活动。这些活动都是同时为参与者和场地效力的，因为它们规模不大，还可以自由进入，而且在场地内也看不到赞助行为。公园跑非常具有包容性，不仅仅因为他们是免费的，还因为他们强调的是参与性，而不是竞争，所以在公园里的一些活动仍然是有问题的。格林尼治公园跑还强调了这样一点："请记住，公园跑使用的是共享路径，为了继续保持活动的成功，请主动给其他公园用户让路（Parkrun Greenwich，2015）。"虽然这些赛事活动都会被相关人员所重视，但也有一些公园不愿意接待，因为它们不产生任何收入。更加商业化的公园管理机构更感兴趣的是举办 5 千米和 10 千米的比赛，因为这些商业赛事组织者会支付举办活动的费用。例如，一位伦敦居民最近抱怨说："我在巴特西公园推出免费社区公园跑的尝试已被旺兹沃思自治市委员会否决了，该委员会只将该公园视为摇钱树，并希望支付相关费用——即使它是免费运行的（Cook，2015）。"这突出表明，看似无害的跑步活动实则变成从开放空间获利的更广泛议程的一部分，这一议程将会不可避免地导致商品化和商业化。

## 布莱克希斯活动：平民的悲剧？

在本书的前几部分章节中，最重要的观点之一是赛事活动可以成为被重新政治化的公共场所的一部分。正如詹金斯（Jenkins，2013a）所言，公共场所作为抗议活动地点的传统角色已被筹划的官方活动所取代。而这方面的论据也可以在 2009—2014 年期间的格林尼治皇家行政区找到。与政治活动联系最密切的地方公共场所便是布莱克希斯

城市活动：
以公共空间为活动场所
Events in the City:
Using public spaces as event venues

（Blackheath），在 1381 年民众起义期间，华特·泰勒和杰克·斯通就是在这里召集了 100 000 人举行起义活动，这是一场由于征收人头税而引发的叛乱。在布莱克希斯还有其他一些著名的政治反抗活动。1450 年，就在格洛斯特公爵封锁了布莱克希斯 74 公顷的场地去修建格林尼治公园后，杰克凯德与其 40 000 名追随者便在布莱克希斯扎营了，并准备了请愿书。从 17 世纪末期开始，布莱克希斯就有了自己的集会，而这些集会自身疯狂的反文化因素却是当局担心的重要原因（见第 1 章）。

2009 年布莱克希斯暂时恢复了政治统治。当时，气候抗议者组织了一场为期三天的占领活动——即所谓的"气候营"，这场反对气候变化的示威活动是故意在布莱克希斯上演的，因为在历史上这里本身就是一个政治抗议的场地。该组织的一名发言人解释了他们使用布莱克希斯的决定："我们回顾历史，并将此地视为成千上万的人民起义的场地，这真的非常令人兴奋。"（The Daily Telegraph，2009）此外，组织者之所以选择布莱克希斯，也是因为他们对金丝雀码头有着自己的看法——这一活动是故意设计与这种企业权力的象征结合起来的。气候营和平而且欢快，因为大多数在公共场所举办的活动都会引起数百人的投诉，但有趣的是，关于该"活动"的投诉却只有三个（JWP annul public meeting，2010）。林德和马歇尔（Rhind & Marshall，2013：77）对气候营进行了简洁的评价："没有混乱，也没有什么大惊小怪的。"

## 管理与政策

布莱克希斯属于一种官方上的"庄园荒地"，被当地政府控制了近 150 年。1871 年，伦敦市政议会承担责任，并通过了 1871 年《关于城市公共财产法案的补充》①（1866），以规范其使用。自 1986 年伦敦议会解散以来，布莱克希斯的公共场所便被两个地方当局所管辖，即刘易舍姆和格林尼治，它们被一条 A2 道路所分隔，这也是一条分割布莱克希斯的要道（见图 7.1）。在布莱克希斯举办活动时，这条繁忙的道路会引发各种各样的问题，因为即使是举办一次性的大型活动，当局也非常不愿意封锁这条路。

1986 年，两个自治市一起成立了一个联合工作组，目的就是统筹管理布莱克希斯，这也是一项"为协调任何活动"所需的安排，因为在 20 世纪 70 年代和 80 年代，事态的发展对布莱克希斯的表面造成了相当大的损害，现在举办的活动也越来越少了。在布莱克希斯举办的活动中，规模最大、最重要的公共活动便是 11 月举行的烟火表演（约 50 000 人）和 4 月举行的伦敦马拉松比赛（约 35 000 人），这些活动对观众是免费的，几乎没有什么出入限制，而且还吸引了很多来自郊区不同社区的居民。此外，这里每年也会举办各种各样的慈善活动引起了一些投诉，除此之外，也会有一些由"过度热情的煽动"所造成的噪声的担忧（JWP public meeting，2010）。从 2008 年至 2010 年，刘易舍姆委员会组织了一个风筝与自行车节，这个免费的节日在 2010 年吸引了 25 000 人，但是由于地方政府的预算削减，目前这个节日已经停止了。这突出表明，邀请私营企业在希斯举办活动的决定（见下文）与公共部门资助他们自己的节日和活动的能力下降有关（详见第 3 章）。作为伦敦最著名的公共场所，现在

---

① 注：英文为：An 1871 Supplement to the Metropolitan Commons Act（1866）。

却被用作商业活动场地,而这些活动也会给布莱克希斯场地的使用带来压力,但这也许是不可避免的。

在 2012 年的奥运会上,格林尼治公园的使用对布莱克希斯产生了很大的影响。一方面,由格林尼治委员会管控的希思的部分场地(马戏团场地)被用作了后勤基地(详见第 6 章);另一方面,路易甚在布莱克希斯的另一侧建立了一个球迷区,尽管这与在首都其他地区修建的相比规模更小,也没那么商业化(详见第 5 章)。因此,由于新奥林匹克运动会的关系,又为体育史增添了新的一笔。林德和马歇尔(Rhind & Marshall,2013:4)表示,自 13 世纪起,布莱克希斯已经成了"首都最受欢迎的娱乐和体育活动的场地之一"。布莱克希斯有英格兰的第一个高尔夫球场和第一个橄榄球俱乐部,尽管它们都被重新安置了,布莱克希斯在每个周末仍然会举办正式和非正式的体育活动。

2011 年,路易甚授予一家活动公司在布莱克希斯举办音乐节的许可,而这一决定却受到了当地市容组织(即布莱克希斯协会)的质疑,这引发了一起漫长而昂贵的法律纠纷。委员会的决定最终得到了支持,但这项法律质疑、气候营、地方政府预算削减以及在布莱克希斯举办活动时越来越多的需求,都激励着 JWP 为布莱克希斯准备一项"2011—2016 年活动政策",该政策发布于 2011 年底(并于 2015 年进行了修订),其中一个主要目标就是对在布莱克希斯举办重大活动的申请进行决策。据布莱克希斯联合工作组报告称,他们每周都会收到一次关于音乐节的申请和大型活动放映的申请(Blackheath JWP annull meeting,2010)。这符合了第 3 章所提到的趋势。在格林尼治公园举办奥运会是一个重要的先例。试想,如果一个皇家公园能被用于重大活动,那么那些主要的利益相关者们就没有理由认为布莱克希斯不应该被这样利用了。刘易舍姆委员会已经将他们管理布莱克希斯的部分责任外包给了一家私营企业(格兰岱尔),这也是一种有利于举办活动的管理模式。因此,"2011~2016 年活动政策"的内容之一是首次批准大型活动,这也许是不可避免的,并且,它将这些大型活动提供的限制在每年 2×2 天的节日上,这些节日将在希斯的刘易舍姆举行。活动政策规定"大型音乐节"是一种"室内活动,可免费或者买票进入",当有 10 000 多人参与时可连续举办一两天(Lewishan Council,2015:1)。这些活动中的第一场活动是在 2014 年举办的,即"ON Blackheath"音乐节。

## 关于布莱克希斯

2011 年,路易甚就让组织者准备好举办布莱克希斯"ON Blackheath"音乐节,但这个新的节日刚开始却经历了一场失败。首届布莱克希斯"ON Blackheath"音乐节原定于 2011 年,但那年,布莱克希斯协会却提出了法律质疑,并反对授予组织者许可的这个决定,最终阻止了该节日的举办。后来,奥运会和残奥会组委会也表示,在 2012 年的夏天举办这个节日的计划也被延期了。2012 年 2 月,组织者宣布:

> 经过慎重考虑,考虑到本届奥运会期间布莱克希斯的额外使用情况,布莱克希斯"ON Blackheath"的董事们决定延迟他们的首届为期两天的音乐节,直到 2013 年 9 月。我们对这特殊的一年中所有的质疑进行了漫长而艰辛的研究,我们相信将

城市活动:
以公共空间为活动场所
Events in the City:
Using public spaces as event venues

活动推迟到 2013 年,将能够为布莱克希斯及其居民提供最好的服务。

然而,2013 年的活动也被推迟了,这导致这场活动被称为"Off Blackheath"。然而,在 2014 年 9 月 13 日和 14 日,首届布莱克希斯"ON Blackheath"音乐节终于开幕了。这个活动是在达特茅斯场的一个大栅栏上举行的(见图 7.1),该区域可容纳多达 25 000 人。这次活动是由一家大型零售商——约翰·刘易斯赞助的,并且是以与其他伦敦音乐节不同的食物主题为特色,组织者通过冠名赞助商的选择将重点目标放在了中产阶级的观众上。这一营销策略也确定了门票价格:周末两天的入场券价格为 99 英镑+预订费用,16 岁以下的人则收取 60 英镑+预订费用。伴随着农村活动迁往城市地区的趋势(详见第 3 章),组织者表示:"这个活动看起来会将农村的感觉和场地带到这个城市的乡村地区"(ON Blackheath,2014a:3)。2013 年 4 月 3 日,组织者还宣称,这次活动将能够"得到布莱克希斯和路易基地区的支持,包括他们的艺术家、交易商以及当地居民"(ON Blackheath,2014a:3),而其他的尝试都是为了安抚当地社区,包括在 2014 年夏天为城市海滩提供资金。

尽管这些努力获得了当地的支持,但当地仍有许多居民有很多相似的理由来反对在格林尼治公园举办这场活动,比如,他们担心噪声、当地交通的中断以及对布莱克希斯的潜在危害(主要包括酸性草原的环境)等。从更广泛的层面来看,居民们担心的是布莱克希斯"ON Blackheath"是否能够恰当地使用公共场地,因为希斯通常会被用于举办交易会和游行活动。这样一个免费的音乐节或者其他开放运营的活动相对来说本是没有争议的,但是仍有许多人认为,像这样封锁城市公共场所来举办商业活动是非法的,这违反了 1871 年《关于城市公共财产法案的补充》中的条例。对此,路易甚委员会给出了法律依据,即该活动政策的第 6.6 条:

> 本委员会有权力负责以下内容:提供交易会和娱乐活动,包括乐队、音乐会、戏剧表演、电影展和选美大赛等;为公众提供各类食品和茶点;隔离或封锁与本条款所提及的任一事项有关的任一公共场所的部分区域,并禁止任何人进入该区域,除了那些获得地方当局许可的人以外。那些为了让观赏娱乐活动(可以是音乐会、戏剧表演、电影展或者选美大赛)的人使用而被隔离或封锁的公共场所的部分区域,是不得超过该区域一英亩地或该公共场所的十分之一,最终以面积更大的为准。

以此来看,虽然为举办布莱克希斯"ON Blackheath"而被"隔离或封锁"的区域非常大,但布莱克希斯更大(112 公顷),所以这个节日的场地并没有占据超过 10% 的公共场所。委员会已经从大伦敦公园和《1967 年公共场所法案》中找到了这一法律依据,然而还有一些人认为布莱克希斯有权力从外围获得特殊保护,因为它不仅仅是一个公园或开放场地,它还是城市公共财产。《城市公共财产法案》(1866:s5)指出:"该法案通过后,委员们不得受理任何关于封闭城市公共财产或其任何所属区域的申请。"因此,为了举办布莱克希斯"ON Blackheath"音乐节,城市公共财产在 2014 年 9 月 8 日(星期天)(制作人员开始准备场地的时间)至 2014 年 9 月 18 日(星期三)(该场地被归还的时间)期间是会被封闭的(尽管是暂时的)。

对场地进行隔离并收取高昂的票价,这使得该场地难以接近,而且这些安排与当初将活动视为可以放松或激发公共场所现象的想法格格不入。布莱克希斯"ON Blackheath"似乎是一场为了组织者和参与者的利益而举办的私人活动,而那些不愿意或无力支付高昂票价的人却被自动地排除在外——不仅该活动是这样,一些公共场地也是如此。此外,也有证据表明这是象征性的排斥。据索恩(Thorn,2011)所言,人们也会因为场地的氛围和位置而感到被排斥。举办一个非常中产阶级的音乐节对许多住在路易甚自治市和格林尼治自治市的人来说也会产生这样的影响,况且,在当地人遭受福利预算削减的时候来举办精英节日是不合适的。鉴于此,随着食物银行最近对食品需求的增长,一些并列的布莱克希斯"ON Blackheath"食品主题也被用来强调这个节日是有多么的不合适。一位当地的博主(也是无政府主义者)将此描述为:

> 一个在离德特福德和佩卡姆等社区很近的"公共场所"举办的封闭的美食节,却因持续的紧缩政策而陷入困境,如果这不是一种挑衅,我不知道还能是什么!

(Bone,2014)

这一节说明活动是通过委员会的职权来为当地人民提供消遣和娱乐的,但这最终是由金融动机驱动的。因为刘易舍姆委员会负债累累,而每年举办一个商业音乐节预计会带来急需的资金。因此,组织者在2014年花3万英镑购买了布莱克希斯,其中有一半的资金是作为维持该场地的基金。

## 当地对活动的评价

首届布莱克希斯"ON Blackheath"音乐节吸引了25万人参加,组织者认为这是一次非常成功的活动,而且此次活动也决定了它将在2015年再次上演。一项由当地一个市民组织对居民进行的事后调查(n=641)强调了当地居民对该活动的看法(Blackheath Society,2014),约有三分之一的受访者(189)参加了这次活动,这表明布莱克希斯"ON Blackheath"并不完全是为了外部利益而举办的。尽管这些受访者中有很多人都住在离希斯很近的地方,但他们对这一活动影响的反应却是令人出乎意料的积极。在这一活动宣布结束后,受访者们被问及他们对此节庆活动的态度,许多人表示他们在活动后更加积极,这表明他们的许多担忧已经得到了缓解。调查结果显示,参加音乐节的人都表现得很好,其中54%的人对群体行为给予了最大的正面评价(Blackheath Society,2014)。

最明显的负面影响则是相关道路的封闭和噪声。约有三分之二(65%)的当地居民表示,道路封闭给他们带来了很多的不便;约有五分之一(19%)的人认为,这一活动活动使他们"非常不便";近三分之二(63%)的当地居民知道该活动产生的噪声;还有三分之一(34%)的人认为这些噪声是"侵扰性"的(Blackheath Society,2014)。这项调查还探讨了布莱克希斯"ON Blackheath"音乐节对当地企业的影响。虽然有大量的人参加,但这次活动对当地的贸易并没有太大的影响。59家没有直接参与该活动的当地企业对调查做出了回应,当被问及他们是否从中受益时,其中45人表示,此次活动活动对财务的影响"既不好也不坏";在其他14人中,有7人说他们从中受益了,也有相当数量的人(7人)表示该活动对他们的影响是负面的(Blackheath Society,2014)。综上考虑,总体来看这次活动活动产生了一种中立的影响。这一意想不到的结果破坏了关于公共场所中所举办的活动对当地企业有利

城市活动：
以公共空间为活动场所
Events in the City:
Using public spaces as event venues

的观念,这更强化了之前的分析(见第 5 章和第 6 章)。

此外,除了一些关于布莱克希斯"ON Blackheath"音乐节的问题,调查还询问了当地居民对活动以及活动政策的总体看法。鉴于本章关注的重点,这些反应尤其重要。同样的,反应比预期的更积极,近一半(49%)的人认为应该在布莱克希斯举办更多的活动;只有三分之一(32%)的人希望举办更少的活动(Blackheath Society,2014)。意料之中的是,生活在最接近布莱克希斯的居民对活动的支持力度较低。当被问及他们想要看到的活动类型时,很少有人会反对在希斯进行非商业活动,但却有很多人希望在布莱克希斯举办商业活动。布莱克希斯协会(Blackheath Society,2014:3)得出的结论是,"看来好像是布莱克希斯的商业化会带来最强烈的感觉"。这些对商业活动的关注和公共场所的商业化都强化了本书先前所讨论过的观点。

## 布莱克希斯:结论

我们可以从不同的角度来分析 2014 年的布莱克希斯"ON Blackheath"音乐节。在某种程度上,它代表了在这个宝贵的开放场地首次成功举办的活动,也并没有像人们所担心的那样给当地居民带来许多问题。现在,该活动的"成功"为在未来举办类似活动提供了先例,这听起来像是一个存有问题的结论,但当地人希望这个场地能被用于更多的活动。尽管负面影响相对较小,但对那些不参加活动的人来说,正面影响似乎也不太重要。的确,除了组织者向地方当局支付的微薄报酬之外,很难看出这对伦敦南部的居民有什么积极成果。主要的受益者还是活动组织者,他们能够在布莱克希斯的形象和环境上进行营销,在他们的宣传活动中,有一句最明显的是:"一场拥有独特美食和美妙音乐的庆典,坐落在美丽的布莱克希斯,这是首都最美丽的开放场所之一。"(ON Blackheath,2014b)

我们也可以从更深层、更关键的层面来解读布莱克希斯"ON Blackheath"音乐节。音乐节是与另类文化相联系的,但这个节日几乎代表了这个传统的对立面。事实上,这次的活动有助于重申布莱克希斯是一个拥有特权的地方。一个不受限制的免费的音乐节,可能会使布莱克希斯看起来像是一个具有包容性的场所。虽然这种类型的活动可能会邀请不同的参与者,但这一场昂贵的封闭式活动却有助于重申布莱克希斯的声誉——它曾经作为一个富裕的岛屿,却将附近居住的弱势居民隔离开。即使有成千上万的弱势居民生活在离布莱克希斯很近的地方(他们步行就可以到达),他们也不会因其独特感而使用这里。布莱克希斯"ON Blackheath"音乐节便强化了这种独特的氛围。

布莱克希斯"ON Blackheath"音乐节是一个高度商业化和排他性的节日,其目的是直接面向特权阶层。通过举办独家的音乐和美食活动,该场地被有效地用作一个供商业使用和特权用户使用的空间,而不是一个为替代文化和包容性提供平台的空间。这与马登(Madden,2010)的观点一致,他认为,现在许多城市公共场所被"重新政治化"后,都成了"消费者公共场所"。但布莱克希斯却没有被这次活动所影响,它被重新定位为少数人的领地,而不是多数人的领地;它是作为一个正式而不是非正式用途的场地。为举办官方活动而使用场地,可以将该场地的传统身份转变为举办非官方活动的场地,正如地方当局通过将伦敦其他用来抗议的传统场所(海德公园与特拉法加广场)转变成活动场所,来"抢占"这些传统场所一样(Jenkins,2013a)，布莱克希斯"ON Blackheath"音乐节就是一个代表。

## 总　结

　　尽管是在相对有限的时间段内关注了相对局限的城市地区，但本章涵盖了更广泛的相关案例、争议和问题。从基本层面来看，文中讨论过的几个案例都强调了举办活动是如何成为我们公共场所越来越普遍的功能的观点。更具体地说，文中的讨论凸显了格林尼治奥运会这一体育赛事活动对当地公共场所的影响。其中，人们所感知到的关于将那些在临时场地举办的活动的遗产具体化的需求，导致了开放场地的争议性发展。这只是一个例子，它说明了活动及其遗产是如何封闭了格林尼治的开放场地。正如史蒂文斯(Stevens,2007)所指出的，我们可以把开放场地想象成一个没有建筑物的空间，但也可以将其看作那些不严谨的、易于接近的空间。本章中的例子也说明了活动如何削弱在这两个方面的公开性。活动不但需要临时性和半永久性的修建，而且还限制了人们对公共场所(物理性和象征性)的访问。

　　通过对本章具体案例的分析，进一步探讨了本书所涉及的几个关键问题。在查尔顿公园设立广告区域、"悦节拍"路线创造的耐克品牌标志等这样的活动可以将公共场地商业化。此外，在活动如何使公共场所变得商品化这一方面，本章也列举了一些很好的例子。如今，布莱克希斯、格林尼治公园以及自治市的街道都被租给了商业活动组织者，他们通过举办商业活动为那些为了应对预算削减而努力的政府筹集资金。而且，一些据说是被保护起来的开放场地(如布莱克希斯)也已经被私有化了——尽管是暂时的。这个例子和与伍尔维奇地区相关的负面影响都充分说明了富裕地区的人们都倾向于在会展活动计划和政策制定上享有特权。这让我们想起了对公共场所作为活动场地的方式进行政治分析的重要性。事实上，布莱克希斯"ON Blackheath"音乐节的案例提供了一种将会展活动重新解读为被动消费空间而不是政治激进主义的方式。尽管本文在这方面的讨论不多，但仍有一些例子可以说明在公共场所举办活动的资产安全化理由。对伍尔维奇主广场所作的改变是由人们对一个感觉更安全的环境的需求所驱动的。

# 第 8 章　监管和抵制

## 引　言

前面三章强调了在公共场所举办活动的一些问题,包括减少使用(私有化)、不适当的赞助(商业化)和过度的控制(安全化)。这一章将探究是否有什么解决问题的方法。一个很明显的解决办法就是找到更充裕的公共空间。这可以帮助对抗商业压力以及相关的私有化/安全化,但是这在当前的政治和经济环境中似乎不太可能。在这种情况下,似乎有两种机制具有保护公共场所避免过度活动化的潜能:健全的监管和足智多谋的抵制。大多数发达城市有广泛的监管体系,它可以确保考虑不周的活动不会开展,或者确保举办的活动组织的更加合理。这些体系通常包括活动许可程序,以及更普遍的发展控制系统。不恰当的活动会通过不太正式的方式被阻止或者重新配置。民间的社会组织、社会运动和其他活动团体可以通过施加压力来阻止活动的开展。在更非正式的层面上,当活动举办时,人们可以占用活动和空间。活动的参与者可以协商和抵抗主流观点和实践,所以他们工作的方式不是活动组织者所能预见的。

本章将详细讨论两个由于监管和抵制而阻止在公共公园开展的不恰当的活动的案例。之所以选择这两个案例是由于它们和第 6 章研究的延伸案例有可比性:格林尼治公园对于奥林匹克马术比赛的用途。值得强调的是,监管和抵制并不代表本书提到的许多困境的理想解决方案。因此,对每一种机制的分析都伴随着对他们内在局限性的讨论。

## 监　管

在公共空间举办活动,组织者通常需要一个许可,而这一程序恰好提供了对活动监管的明显的机会。许可方式会根据一个活动的规模、时长、位置和内容以及宣称的目标而有所不同。在英国,根据授权法案(2003),小型活动(少于 500 人)要求有临时活动公告,但是大型活动则要求有前置许可,它包括要提供对预期影响的评估。这些许可由相关的地方当局授予。当公共空间被用于定期开展活动,它们经常会附带一个提前存在的前置许可:一方面说明公共空间现在被视为活动场所,同时也说明了许可程序内在的制约。当活动举办时,组织者通常还被要求提供其他各种许可证:用于封闭道路、加盖临时性建筑、售卖许可或分销各种物品等。大多数城市也有对户外广告的控制,这也被用于调节活动的商业化程度。例如:伦敦的威斯敏斯特限定赞助商的商标只能占用10%的空间(针对大的媒体屏幕,这一限定仍然适用;广告被限定在每小时6分钟内)。在英国,地方议会许可为慈善活动而做的临时性的广告活动,这些活动可以是宗教的、教育的、文化的、政治的、社会的或娱乐的,但是商业性质的活动不包含在内(DCLG,2007)。所以,任何人想要联合商业活动张贴大幅广告都需要申请"广告许可"。这些方法,如果能够执行得当,则可以解决对过度商业化的担心。然而,正如前几章所示,商业活动和其他活动的区别往往不是很清晰,甚至可能故意混淆以帮助活动能够得以开展。这就限制了这种监管方式的有效性。

以上的讨论重点突出了为防止公共空间过度商业化的"繁文缛节"的存在。在很多城市,问题不是缺乏相适应的监管,而是应用的失败和执行不当。多伦多的"非法迹象"小组正努力通过检查他们的装置是否拥有规划准许而让广告商承担责任(Iveson,2012)。执行并不是唯一的问题。"户外广告商和城市管理机构在调控和制约城市公共空间的应用上变为伙伴关系"也破坏了广告控制机制的有效性(Iveson,2012:162)。城市非常依赖来自户外广告的收入,所以很多的执法资源都被用来保护他们官方的广告商,而不是那些试图在公共空间做广告的人(如发传单的人)。对非正式广告商的限制使得城市管理机构可以通过减少他人使用免费场地的方法而对自有空间实现货币化(Iveson,2012)。这反映了一个更加广泛的关注点:城市的监管常常被用于保护活动的收益而非用于保护公共空间(见第5章)。在当代,这些商业利益包括当地管理机构从在公共空间开展的商业活动中获得的大量金融和象征性资本(见第3章)。这可能会破坏当地管理机构公平监管的能力。

法律措施可以保护公共空间免受不恰当的入侵:宪法(为保护公民权利)和地方法律(被设计用来管理一个特定地点)可以服务于这个目的。可是在一些实例中,法律体系被重构和操控以使得在公共空间开展活动更加容易。由于政府是关键的利益相关者,他们常常提出立法,以篡夺对任何能阻止或限制商业活动发生的控制权。新南威尔士州重大活动法案(2009)是个很好的例子。在这里,立法被用于吸引和促进重要活动在新南威尔士州的举办。这个法案其中一个目的是阻止商业利用,但是,它不是被设计用来阻止城市空间被不适当的开发利用;相反的,它主要用于防止赞助商的隐性营销。澳大利亚的立法也促进了对用于举办活动的公共空间的占用:在阿尔伯特公园的墨尔本大奖赛(见第5章)受到澳大利亚大奖赛法(1994)的处罚。这项立法使活动(以及需要进行的工作)从环境影响研究和污染/规划控制中免责。这实际上给了政府部门一个可以在阿尔伯特公园做任何事的通行证(Lowes,2004)。

大型活动在公共空间举办时需要提供规划许可。这是事实,如果活动需要搭建复杂的建筑物,或者要占用大量空间,或者举办时间较长。举个例子,在英国,如果活动建筑在原地

城市活动：
以公共空间为活动场所
Events in the City:
Using public spaces as event venues

超过 28 天,活动组织者需要提供规划许可,像他们准备建一个永久性建筑一样。这有效的定义了一个临时性建筑的存在不超过 4 周。这看起来是个较长的时间,但是它往往要花几周来搭建和拆除一个临时性的舞台。因此,规划许可和规划管理局强加的条件可以成为监管大型活动的有效工具。这种对活动组织者强加条件的情况在第 6 章格林尼治公园的实例中做了一定程度的阐述。但是,有一些实例表明一些为城市公共空间举办活动的规划许可被拒绝了。下面将分析一个这方面的典型案例。

## 肯辛顿花园世界冠军巡回赛

肯辛顿花园是一个皇家公园,位于伦敦市中心,与海德公园相邻。这里的公共空间(242 英亩)与肯辛顿宫毗连,现在这里居住着剑桥公爵和其他皇家成员。该地点位于肯辛顿—切尔西区的领土边界内(以下简称肯辛顿—切尔西区)。2013 年,当英国体育娱乐有限公司申请在肯辛顿花园主办一个重要的马术比赛时,这里展开了一场引人入胜的争论。这个活动被看作是世界冠军巡回赛的伦敦站——一个囊括了全世界最好的想要赢取丰厚奖金的骑手的跳跃赛。这一活动与这本书尤其相关,它给予权利持有人这样的视野"为尽可能多的人带来表演,这意味着成为世界大城市的中心"(Global Champions Towr,2014)。世界冠军巡回赛已经在欧洲的各种城市中心举办过,(如汉堡、夏纳、洛桑、维也纳、巴伦西亚)和更远的地方(如多哈)。英国马术协会表示,活动的组织者"已经多次证明了他们可以在标志性城市的中心举办比赛"(BEF,2013)。

这个有争议的建筑,为了精英活动而在公共空间建造的马术竞技场,与在第 6 章分析的格林尼治公园有明显的相似之处。的确,两个活动之间有着直接的联系;运动发起者反对肯辛顿花园活动从 NOGOE 处征求意见,并且它们的运动宣传材料惊人的相似。这个案例的有趣还在于其他的原因。这是现有监管体系解决本书提到的问题的一个很好的例子。比赛仅仅持续 4 天,但是它的结构(包括看台、马厩和一个零售村)修建和拆除需要超过 28 天的时间。因此,组织者需要申请规划许可。考虑到申请人及其支持者的强大地位,拒绝似了不太可能。申请是由英国体育娱乐有限公司提出的,它的执行总裁是彼得·菲利浦斯(女王的孙子),并且该活动受到皇室和皇家公园的支持。在这些组织拥有或控制的空间上,活动得以举办:宽阔的人行道是皇家公园的一部分(图 8.1),另外从珀克斯·菲尔德到肯辛顿公园以北是皇家所有。很难想象这样一个更令人印象深刻的规划申请:女王的孙子向当地管理机构申请在皇家公园和部分由皇室所有的地点举办活动。规划管理局做出了勇敢的决定,拒绝了申请,加上活动的组织者为了证明了活动的合理性而采取的一些有趣的方法,意味着这一案例值得进一步的分析。

图 8.1 全球冠军巡回赛活动指定的肯辛顿花园一角

## 遗产论述

　　跟随前两章提到的趋势,组织者试图运用"奥运遗产"作为在肯辛顿公园举办活动的理由。尽管世界冠军巡回赛只是一个相关的由企业社交控制的小规模活动,但仍然阻止不了组织者试图宣称伦敦是 2012 年奥运会的理所当然的承办者。实际上,英国体育娱乐有限公司将他们的项目定位为"奥运会和残奥会的后期阶段"(BPTW,2013:1.12),并且在提交给肯辛顿—切尔西区的规划声明中,2012 年奥运会是一个反复出现的主题(BTPW,2013)。奥运会被以各种各样的方式加以利用以帮助证明这个有争议的项目。首先,组织者称他们是被认可的对公共空间进一步开发的先例:"伦敦内的主要场馆展示了他们有能力主办高质量的活动以及为展示体育运动的卓越提供良好的环境"。(BPTW,2013:1.8)还有一些明显的关于遗产话语被更加直接利用的例子。组织者认为他们的活动是"奥运会和残奥会遗产不可分割的一部分"(BPTW,2013:1.12)。组织者称,活动将会"提供一个战略平台以加强各项运动的趣味性和活跃性"。更特别的是,活动将为马术运动提供一个"永久性的遗产",并且通过"发展公众对马术运动的热情"来"建设奥运遗产"(BTPW,2013:2)。

　　在哪里举办活动被认为是实现奥运遗产野心的一部分。根据世界冠军巡回赛的主张,实现一个可以进入的马术遗产只能通过在城市中心位置举办活动。在一封由英国队金牌奖得主书写的并随同申请一同递交的支持信件中写道,"为了从 2012 年奥运会中得到一个可以持久的遗产,这些活动最好在城市中心举办"(Skelton,2013)。在这里举办活动可以"让运动更容易接近大众",向那些"通常不认为马术运动是一种娱乐选择的观众"开放(Skelton,2013)。第 6章提供的实验证据表明这是一个站不住脚的论据。在一些案例中,尽管肯辛顿花园是一个城市公园,但它并不能代表一个远离特权包围的空间,而马术运动通常是在这里进行的。事实上,随之而来的媒体报道是这一活动将发生在剑桥公爵的"前花园"(Lydell,2013)。

城市活动：
以公共空间为活动场所
Events in the City:
Using public spaces as event venues

## 拒绝的理由

肯辛顿—切尔西区的规划部门对世界冠军巡回赛所做出地拒绝许可,同时还附带了一份报告,报告中推翻了许多被活动组织者用来开发公共空间的站不住脚的理由(肯辛顿—切尔西区,2013)。毫无意外的是,除了遗产考虑之外,经济和宣传方面的理由也在活动组织者的规划申请中占据了重要位置(BTPW,2013)。本书前面的部分强调了形象提升和本地商业利益是如何被作为将活动从传统场所引入公共空间的原因(参见第3章)。组织者称,这个世界级的活动是唯一一个展示肯辛顿花园和皇家自治区的机会。规划管理局驳回了这一想法:"肯辛顿宫和肯辛顿花园自己已经是著名的旅游景点和休闲目的地了。因此,对展示的需求不予赞成(肯辛顿—切尔西区,2013:4.54)。在一个同样令人耳目一新的方式中,肯辛顿—切尔西区规划官员认为经济作为举办活动的理由被夸大了:他们认为活动会阻碍肯辛顿花园的一般用途,抵消掉一些积极的影响。规划人员认为组织者没有考虑到"人们被提议的活动阻止参观所带来的损失"(肯辛顿—切尔西区,2013:4.55)。未能认识到"挤出效应"是事前活动影响分析的明显弱点(Smith & Stevenson,2009)。

由肯辛顿—切尔西区做出拒绝世界冠军巡回赛申请的决定最后聚焦于对公共空间暂时性损失的关注。在他们"拒绝的理由"中,最突出的理由是活动会"导致对稀缺和高质量的都市开放土地的不适当和长期的损失,这些都市开放土地对社区的健康和福祉作出了重要的贡献"(肯辛顿—切尔西区,2013:2)。规划人员不仅关心公园内的侵入安装,还担心回复原貌需要的时间。他们的担心是由于以前的经验:恢复工作的时间比预期的要长。在此基础上,肯辛顿—切尔西区规划人员估计为期4天的马术活动会带来74天对公共空间使用的影响(肯辛顿—切尔西区,2013:4.7)。由于该活动安排在6月6—9日,封闭时间将在公园使用最高峰时期。对这个公共空间损失的考虑还由于肯辛顿—切尔西区当地居民缺乏其他可供选择的使用空间,"只有相对少的可进入的公园、花园和开放空间"(肯辛顿—切尔西区,2013:4.7)。肯辛顿-切尔西区(2013:4.7)也意识到像这样一个活动已经开始影响公共空间的提供:

> ……有些空间已经受到来自特殊活动的暂时性使用的压力,常常在大型结构中容纳商业活动。这意味着这些公共空间在一年的大部分时间不能对公众开放……

这个评论重申了本书中所提到的问题。

## 成功的先例还是失败的实验?

前面的章节提到在公共空间举办的一次性活动是如何被用来作为未来举办活动的理由。先例中的问题依然是这个规划辩论中考虑的关键:规划人员利用在肯辛顿花园举办的活动来为他们的活动辩护。在前一年(2012),部分场所被用来建造临时剧院,(5-9月),俄罗斯政府在奥运会和残奥会期间被允许建造一个展示和接待设施(7-8月)。相对于把这些活动看作先例,肯辛顿—切尔西区坚称他们是"试验",作为委员会批准的在这些场地上举办活动的第一批临时性活动。并且肯辛顿—切尔西区认为这些实验表明了由于无法进入公共空间所带来的损失会比预期更持久。因此,这些以前的活动被用来作为拒绝申请的理由,而不是支持的理由。肯辛顿—切尔西区认为如果世界冠军巡回赛的规划许可被批准,它甚至会成为一个先例:导致委员会在将来难以拒绝其他活动的申请。委员会称,如果批准申请"将会建立一个准则,它可以被更多地用于私人目的,而不是作为一个公共开放空间的准则"(肯辛顿—切尔西区,2013:4.14)。事实上,肯辛顿—切尔西区一直在利用现有的规划条例来保护公共空间不被逐渐私有化。

肯辛顿—切尔西区认为那些在 2012 年举办的活动应该被当作"特殊情况"对待,因为那一年奥运会在伦敦举办。申请人试图辩称他们的活动代表了"非常特殊的情况",因为它试图利用奥运会和残奥会的遗产。英国体育娱乐有限公司辩称"实现遗产的重要性不亚于"举办奥运(BTPW,2013:1.12)。这是一个很吸引人的观点。组织者试图扩大举办奥运会的特殊性,超过该活动的时间范围,以证明其他小型活动的合理性。同举办活动的申请一同递交的支持信件中也提到这是一个"独一无二"的机会,为这个在特殊时间和特殊地点举办的活动提供了理由。向 RBKC 发出的 300 个反对意见超过了对该活动的支持信,并且还有 390人在网上签名请愿(Change. org,2013)。这些活动也影响了结果。

**结果和影响**

最终,这里提到的争议很有趣,因为规划管理局拒绝了活动的申请,所以组织者不得不寻找更合适的场所。肯辛顿—切尔西区的决定是在 2013 年的 3 月宣布的,再有不到三个月,活动就要举办了。这表明这一决定也很勇敢,不同于其他项目(Smith,2012),时间压力不能作为一个理由,从而凌驾于对提案的合理审查。最终,首届伦敦世界冠军巡回赛在奥林匹克公园的边缘得以举办,组织者对于肯辛顿公园是唯一合适的地点的最初声明遭到了破坏(BTPW,2013)。有趣的是,曾经支持在肯辛顿公园举办活动的皇家公园活动和拍摄的负责人在争议过后就离开了自己的职位,转而开办了一个活动公司。据报道称,这家公司(重大生活活动)自 2015 年后开始帮助体育娱乐有限公司寻找世界冠军巡回赛在伦敦的举办场地(Edwads,2014)。

不管对于奥林匹克遗产和本地利益说得多么天花乱坠,不管多么有影响力的名人和组织参与了进来,肯辛顿—切尔西区官员还是拒绝了活动的申请。持怀疑态度的人可能会说这是因为地方政府在其中没有经济利益:由租用场地所获得的任何收入都将归皇室和皇家公园所有。没有既得利益,使得地方政府可以轻易地拒绝申请。但是,这是对一个勇敢、开明的决定不公正的评价。在这个实例中,有时被认为是官僚主义的繁文缛节有助于确保公共空间保持其可访问性。

肯辛顿—切尔西区的决定可能象征着一个分水岭,地方当局开始意识到反对在公共空间举办商业活动不仅仅是保守的邻避主义,而且是对活动在公共空间获取和享受限制的真正关注。这个实例还有一个更广泛的意义。它强调了在活动项目中遗产话语的重要性与日俱增,并示范了这个话语是如何被用作举办活动的理由(见第 7 章)。它还强调了一个活动(在这个实例中是指奥运会)是如何被利用成为举办其他活动的理由(世界冠军巡回赛)。

城市活动：
以公共空间为活动场所
Events in the City:
Using public spaces as event venues

这再次重申了第 7 章讨论的观点：在公共空间举办大型活动的一个结果是未来会举办更多的活动。

## 规划控制的局限性

上述分析的肯辛顿花园案例表明规划控制可以被用来监管活动项目。但是，太过依赖于规划体系可能不太明智。在英国，只有建筑物在原地超过 28 天才会被要求提供规划许可，因此发展控制机制只适用于特定类型的活动——那些持续时间较长以及包括复杂的或广泛的建筑。还有其他一些关于法定的监管理由被怀疑，尤其是当注意到一些活动项目可获豁免正常的规划程序（Smith, 2012）。例如，在堪培拉街道举办的 V8 汽车赛（见第 5 章），"完全没有应有的程序，也不顾虑政府的惯例"（Reese Cited in Tranter & Keefee, 2004: 184）。当项目伴随着围绕奥运会的强势话题或当其他活动被贴上"世界级"标签时，执行不充分似乎就更加普遍。桑切斯和布鲁德乌（Broudehoux, 2013: 136）争论"举办世界级的活动使采用一种特殊的政治体制框架合法化，这一框架授权放松某些特定规则和义务"；包括"重塑规划调控"。

麦克马纳斯（MacManus, 2004）在他关于悉尼罗兹尔湾 2000 年奥运会临时设施构建的分析中提供了一个好范例。以前关于码头开发的提案被否决了，但是奥运会为建造一个新的超级游艇码头提供了正当的理由。麦克马纳斯（MacManus, 2004）认为围绕奥运会的话题会为开发者获得对项目的支持，而这类项目在其他情况下会被认为是不必要的或具有政治敏锐性。未能完成对环境影响的评估和对项目的批准，与当时弥漫在悉尼的强势的奥运言论有关。举办奥运会为该项目提供了正当理由，同时也为限制反对者提供了便利的烟幕（MacManus, 2004）。

与重大活动相关的特殊情况是由当时花言巧语的说辞证明的，声称活动是独一无二的、一次性的或一生中一次的情况，需要特别考虑（Smith, 2014）。这些特质允许它们被当作"特殊情况"对待，从而获得规划政策豁免。在第 7 章的讨论中，这种豁免是显而易见的，它审查了在格林尼治皇家行政区设立新的马术中心的理由。他们是威斯敏斯特城取得许可的明证，即为扩展使用海德公园在 2012 年夏天用于"现场音乐表演""现场报道奥林匹克运动会"以及"互动运动区"提供规划许可。为规划委员会准备的报告承认，"临时建筑和围墙将侵占海德公园的开放公园特性，这将大大改变它的性质和外观"（City of Westminster, 2012: 14）。装置需要长时间封闭部分海德公园共 63 天，包括安装和拆卸。尽管有这些令人担忧的影响，威斯敏斯特城（2012: 16）做出决策：

> 2012 年伦敦奥运会的特殊情况，超过了该提议所造成的任何伤害，尤其是造成的任何伤害都是暂时性的，而且是短期的，这完全与这一全球的重大单一活动有关。

对规划决策的这一令人着迷的解释明确证实了项目的例外情况，并且这是由它们的全球性和时间有限的状态所证明的。这句话还强调了关于项目的规划决策的另一个令人担忧的方面。这个理由内在的原因是一个活动是暂时的现象，所以对环境的破坏也是暂时的。这是活动相关规划申请/决策中常见的主张。但是事实并非如此。长期的破坏可能是由短期活动引起的。

还有更实际的时间因素影响活动的监管方式。活动项目通常有有限的时间框架;它们需要在特定的时间点交付,这意味着已经确定的(耗时的)规划程序有时要有所妥协。在大多数发达国家,规划决策是由独立的规划官员做出,以避免潜在的利益冲突。然而,地方当局或国家政府仍然倾向于批准符合他们自身目标的项目,即使它们违反既定的政策和法律。为了协助举办 2012 年奥运会,一项保护万斯德公寓的有 133 年的古老法律被修改使用议会立法(Boykoff & Fussey,2013:13)。同样的法案允许在布莱克希斯的马戏场作为一个后勤基地来为奥运会服务(见第 6 章)。正如本书前几章所强调的,城市管理机构不仅仅是利益相关者,而且是在公共空间举办活动的潜在受益者。因此,通常会作出特别安排,以确保这些利益的获得。

# 抵 制

如果监管体系不完善、未生效或滥用,那么公共空间就可以通过更直接的方式——通过抵制——被更好地保护以免受活动的有害影响。如果资本主义现代化不可避免地涉及安全化、商业化和私有化的过程,它就不可避免地产生对这些过程的抵制。众所周知,波兰尼(Polanyi,1946)指出了现代性的"双重运动",即封闭的过程会自动产生抵制的形式。最近,城市抵抗运动具体围绕着诸如"城市的权利"这样的核心思想,提出著名的公共空间既是抗议的主题也是抗议的平台(见图 8.2)。

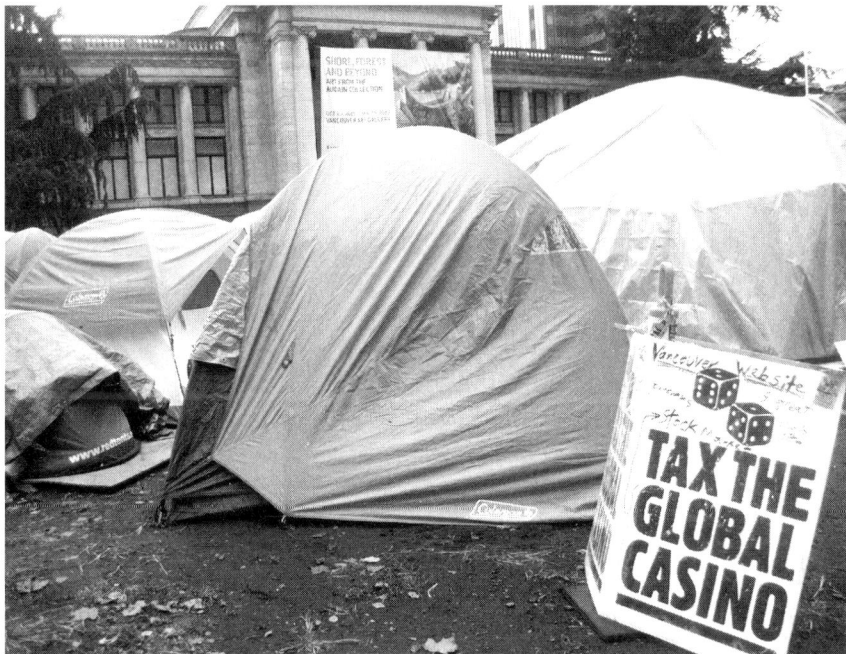

图 8.2  2011 年温哥华艺术馆外占领温哥华的"帐篷城市"

城市活动：
以公共空间为活动场所
Events in the City:
Using public spaces as event venues

在本书的后边部分,探讨了两种不同的抵制方式:(1)在活动之前有组织的团体抗议;(2)在活动期间更多的个人非正式使用抗议。尽管两者都不是灵丹妙药,但这表明了:人们可以从不恰当的活动中收回公共空间的方法,以及制止伴随的活动化过程的机会。

## 有组织的抵制

上边分析的监管系统是围绕一个例子来组织的,在例子中,法律规范被用来保护公共空间不受不恰当的活动项目的影响。遵循相似的方法,本书的该部分指出了一个实例,在实例中,有组织地反对一个活动项目并阻止了它的发生。在 1997 年,温哥华的社区团体成功地阻止了喜士定公园被用于一系列印地赛车汽车比赛。马克·洛斯在本书《印地赛车的梦想和城市的噩梦(2002)》中详细地分析了这个实例。反对运动成功的案例并不那么容易找到,这说明了试图阻止活动项目的团体所面临的困难。还有“缺乏对成功的抗议的详细分析……这样的眼镜”(Lowes,2002:11),这使得洛斯的分析非常有价值。这个例子在这里受到详细考虑的另一个原因是与第 6 章讨论的格林尼治公园案例有明显的相似之处,这些相似之处提供了一个进行深刻的对比分析的机会。

## 喜士定之战

喜士定公园占地面积 160 英亩,位于温哥华的东北部。该公园是根据《市政法案》(1889)设立的,该法案规定“为了公众的娱乐和享受”而将土地“分开并保留”。经过一段时间后,喜士定公园随着旅游景点和娱乐设施的增加而逐渐变得更加商业化。其中许多与太平洋国家展览有关:自 1910 年起每年在公园举办的一个为期 17 天的农业集市。该公园还与其他活动有关:一个体育场在这里建成并用于举办 1954 年英联邦运动会,随后这里主办了城市的体育队、BC 狮子队和温哥华白帽队。该公园还拥有一个主要的赛马设施,该设施控制着场地的北端。所有这些入侵表明进入公园的大部分区域是受空间(通过栅栏和门票),以及时间上的限制的(它们只在特定时间开放)。

在 20 世纪 90 年代中期,一个雄心勃勃的“绿色”公园计划被构思出来;这是与参加喜士定公园工作委员会的社区团体联合产生的(Lowes,2002)。这一进程在 1997 年一月被中断,温哥华莫尔森印地汽车赛的组织者宣布他们想要将活动转移到新的地点——喜士定公园。在 1990 至 1997 年间,比赛一直在温哥华的福溪区域举办(见图 8.3),但是随着这个再生区域的发展加剧,这里的赛车道不再可用。城市利益,包括市长,非常想要将印地汽车赛留在温哥华,所以他们支持将活动转移到喜士定公园的要求。这次搬迁将使比赛组织者“每年都有几个星期对该场所的专属控制用于准备和举办赛事活动”(Lowes,2002:97)。

当活动搬迁的计划公之于众时,他们遭到了当地社区团体激烈的反对。当地居民对活动表达了明显的担忧,尤其是活动将产生的噪声、人群和不便利。社区团体也很吃惊,他们努力争取恢复喜士定公园作为一个绿色空间的承诺被这个提议公然破坏了(Lowes,2002)。他们的一些反对意见与本书的一个关键主题产生了共鸣:人们可以通过可访问的、包容的和可渗透的空间的重要性。在公园修建赛车跑道的计划被认为加剧了已经存在的物理限制和

**图 8.3 温哥华福溪**

在 1990—1997 年是莫尔森印地车赛的场地。在搬迁至喜士定公园的提议被否决后,赛事
又回到这里并一直举办到 2004 年。

私有化,而当地民众一直在试图消除这种状况。

组织者和倡导者在寻求获得他们想要的搬迁时,强调了比赛的好处。他们在宣传活动中夸张地强调了这一"世界级活动"对温哥华和城市经济利益的象征意义。事实上,一个反复出现的主题是,当地居民将通过允许他们的公园成为比赛场地来履行公民义务,从而帮助城市留住比赛以及随之而来的经济刺激。洛斯(Lowes,2002:102)采访了一些居民,他们似乎接受了这一值得怀疑的论证:有人说,"所有的人都必须意识到,他们必须通过举办这些大型体育活动和节庆来完成他们的全部职责。"但是,大多数当地人都被这个想法激怒了,相反他们声称他们的公民责任是保护娱乐空间不被私有化(Lowes,2002)。

正如第 7 章所讨论的,社区的社会经济组成可以影响抵抗运动可能取得的成功。在这个实例中,当地社区是由居住在该地区很长时间的人组成的,但也有一个更年轻的中产阶级和以家庭为导向的群体,他们最近搬到了这个地区。洛斯(Lowes,2002)认为这一团体对这场运动起到了关键作用,有助于消除印地赛车的威胁。中产阶级居民的影响与之前关于环境的争论有关,在这里常常可以听到反对的声音(见第 7 章)。这场争论对社区产生了激励作用,但是洛斯(Lowes,2002)认为当地居民已经有了积极行动的记录,而他们之前参与的喜士定公园规划也意味着社区已经参与并组织起来了。反对活动由喜士定社区协会领导。相应的,他们的任务是保护公园,恢复绿地,这是由志愿者领导的一个完全"草根"的运动。1997 年 1 月下旬,组织了一次公开会议,讨论印地车赛的提议,这是反对运动的关键时刻。大约有 700 人参加,并且大部分人反对这个活动(Lowes,2002)。活动官员对这种强烈的情绪感到惊讶。当地反对派的示威表明这一提议是不可行的,一周后喜士定公园用于汽车比

城市活动：
以公共空间为活动场所
Events in the City:
Using public spaces as event venues

赛的计划被放弃。

在对有组织的反对成功的解释中,洛斯(Lowes,2002)指出了论述的意义。这重申了在前两章对于有争议活动项目论述的重要性的分析依然被强调。对于洛斯,喜士定公园的争议最终被看作是活动官员和当地社区团体间杂乱无章的斗争。反对者则通过展开竞争性的讨论来反驳城市企业化的言论,洛斯(Lowes,2002)认为这是帮助社区团体取得成功的原因。例如,当地人通过交流他们自己理解的公民义务,来回应举办活动是公民义务的见解。洛斯(Lowes,2002)认为,成功也是因为社区能够建立和"架构"一个连贯的空间愿景。这加强了更广泛的研究发现,表明架构过程是理解社会运动的任务和影响的关键(Benford & Snow,2000)。部分原因是原有的关于喜士定公园未来的规划,居民们可以交流公园是什么以及它是谁的。他们在这个家庭、民主、自然和包容的愿景中使用了强有力的话语,这引起了社会其他成员的深刻共鸣(Lowes,2002)。最终,这一愿景对人们来说比活动推动者所提倡的更有意义。

## 对比研究

为了对喜士定公园案例提供一个附加层次的研究,或许直接与之前分析的格林尼治公园案例进行比较会更有效果。比较分析是有帮助的,因为它们确保案例研究不仅仅是描述,而是允许真正的解释。这种解释力是通过选择在许多方面相似的案例来辅助的,但在某些结果上有所不同。在试图为"比较城市政治研究"开发一种方法时,丹特斯和莫斯伯格(Dentersand Messberger,2006:553)概述了比较方法的逻辑:通过比较在某些方面最相似的单元,研究人员能够控制相似的变量,并将其他变量隔离作为观察差异的潜在原因。我们可以用同样的逻辑来解释为什么在两个大致相似的案例下(为喜士定公园和格林尼治公园提出的大型活动的提议)结果是不同的:反对团体成功地阻止了在温哥华举行的活动,但在格林尼治没有成功。

**相同点** 除了有明显的相似之处(包括使用城市公园作为大型活动的场所),在格林尼治公园和喜士定公园的争议中,两者之间也有许多相似之处。这有助于重申比较的有效性,按照上面解释的逻辑,它们使得识别可能为不同结果提供解释的因素变得更容易。在这两种情况下,活动的倡导者都有大量的资源来处理他们的活动,并在出现反对意见时予以反击。在每一个例子中,活动组织者们使用的花言巧语都充满了对举办"世界级"活动所带来的形象效益和经济影响。更微妙的是,在这两个例子中组织者都暗示居民应该通过支持这些活动来履行自己的职责:在格林尼治公园,居民们被要求放弃对公园的个人享受,以服务"国家利益"(见第6章);然而在温哥华,大都市的目标需要人们做出牺牲。

他们之间抵制活动的反对运动也有相似之处。在这两个实例中,中产阶级居民领导的志愿者活动与他们的对手相比,资源贫乏。这些团体也采用了类似的论点。他们反对活动,因为:它们会造成破坏;他们将施加限制;它们对环境的影响,以及他们与城市公园的理念相矛盾的方面。他们也都使用了相同的策略:这两组人都试图适当地使用支持者的话语来增援他们的活动。NOGOE挪用了遗产的话语(见第7章),喜士定社区协会重构了关于公民责任的话语。

**不同点** 那么,为什么在温哥华的反对运动成功了? 对这一不同结果作出决定性贡献的案例之间的关键区别是什么? 最明显的区别是处于争议中心的对比活动项目。与马术比赛相比,赛车运动似乎更具侵略性,更不适合公园的设置(见第 5 章),因此引发了更激烈的反对。还有其他关键的区别。在格林尼治,一个社区团体(NOGOE)正试图反对一项关于举办一次性奥运会的提案。这是一项艰巨得多的任务,相对于反对一项每年都要举行的不那么重要的活动(印地汽车赛)。为了给一个相对专业的赛车活动提供一个家,喜士定的居民面临着半永久性发展的威胁,这破坏了他们对公园的愿景。这造成一个统一的、规模庞大的反对运动。在格林尼治,一小部分居民决心抵制这些提议。马术比赛似乎并不是不恰当的,并声称在举办奥运会的时候,活动会带来象征意义和经济效益,这一说法似乎更加可信。这使得支持者的话语更难反驳。

案例的另一个关键区别是反对运动所面临的利益范围。在温哥华,尽管市长支持活动组织者的计划,但其他关键官员不支持(Lowes,2002)。这与格林尼治公园的案例形成了对比:NOGOE 与一个难以渗透的利益联盟进行了斗争,包括公园当局、地方、城市和国家政府以及活动组织者。在这两个案例中,反对派组织也有所不同。住在喜士定公园附近的社区有着长期的行动记录,他们参与了正在进行的公园规划过程。这意味着他们在应对印地汽车比赛提案所带来的威胁方面处于理想的地位。在对这个案例的分析中,洛斯(Lowes,2002)暗示,如果在这个特定的群体中,这种争论没有发生,结果将会是不同的。在格林尼治,尽管争议确实激发了当地人的热情,但在将格林尼治公园作为马术场地的提议之前,社区并没有统一,也没有参与。没有一个成立的社区组织来领导反对运动,而 NOGOE——这个组织创建来承担这个角色——并没有被看作是社区或他们观点的代表(见第 6 章)。NOGOE 是一个单一的问题压力团体,而不是一个完全成熟的社区协会。考虑到格林尼治公园的复杂身份——作为一个国家和国际公园,以及当地的宜人环境(见第 6 章)——对于 NOGOE 来说,要为这个公园建立一个连贯的关于公园是什么以及它是谁的愿景,也更加困难。

## 结论

上述讨论表明,当组织和活动采取某种特定形式时,有组织的反对最有可能成功。如果社区团体的成立先于活动提议,如果这些社区群体能够交流一种观点,并且能够调动大量当地居民的愿景,那么成功的可能性就更大。反对派面临的程度也是一个因素;反对活动将要战胜由活动利益方(组织者和赞助者)和相关当局(生活设施管理者和政府)支持的提议。成功也有赖于活动的深远影响和活动举办的规律性。受到大众喜爱的一次性的活动更加难以抵制,因为它们的支持者会利用活动的独特性来为举办活动辩护。更专业、更有规律的活动的计划更有可能被视为与传统的发展建议类似,因此更有可能引发可信的反对意见。

喜士定公园案例说明有组织的抵抗可以战胜使用公共空间作为活动场所的计划。洛斯(Lowes,2002:120)乐观地表示,这个案例表明城市发展力量"并不总是胜利",市民可以重新控制城市景观,实现自己对社区未来的愿景。但是,代表喜士定公园的社区群体的胜利并不意味着这里的空间得到永久的保护,或长远的绿色空间的愿景能够达成。在 2010 年,市议

城市活动：
以公共空间为活动场所
Events in the City:
Using public spaces as event venues

会批准了一项关于喜士定公园的总体规划,据喜士定社区协会的主席说,这代表了"商业化的胜利"(CBC,2010)。总体规划的重点包括广场的搬迁和扩建,以及新的"庆祝空间"(City of Vancouver,2013)。这强调了即使孤立的提议被战胜,来自活动项目入侵的威胁仍在继续。

## 活动抵抗所面临的问题

在试图影响政治制度和决策时,社会运动总是面临着严峻的挑战。反对活动项目的活动参与者可能会面临更多的挑战。尽管有成功的例子,但反对活动项目的团体还是受到各种结构性力量的阻碍。其中包括寻求利用公共空间作为活动场所的利益联盟和支持这些利益的更广泛的趋势。莱赫托沃里(Lehtovuori,2010)提到了对收入的需求、城市的旅游化,以及对临时性建筑新的尊重,这些都是结构性力量的例子。活动已经成为公共政策非常重要的组成部分,市政当局不太可能屈服于抵抗活动。密申纳和梅森(Misener and Mason,2009:778)引用埃德蒙顿(加拿大)一位官员的话:"反对永远不会阻止一个活动——它们太重要了"。

活动提案也很难去争辩,因为它们的内涵。这些被加派在用于支持活动的话语中。例如,活动与节日和娱乐有关。这些内涵及其在活动话语中包含的内容,意味着活动项目的反对者不仅仅被指责为自私的"邻避症候群",他们还被认为是扫兴的人或煞风景的人。正如詹金斯(Jenkins,2013a)写道,如果你试图保护伦敦的皇家公园免受活动的侵袭,"你会被称为扫兴的人、守旧者和增长与工作的敌人"。由于活动项目经常被用作国家级市场营销的重要载体,反对者有时被贴上不爱国的标签。即使市场营销的野心更加地方化,反对活动项目的人也可能被指责未能履行公民的职责。临时活动项目有时被认为是短暂的和不实际的。但是,前边的分析提醒我们它们可能是很难进行质疑的项目——因为支持他们的联盟和抵抗他们的运动之间不匹配,也因为他们所涉及的话语和这些可以被操纵来支持活动和解散他们的对手的方式。

## 非正式抵抗

公共空间一直被理解为权力的地标,并利用它们作为活动场所进一步巩固权力关系。但是,权利是被行使的——不是被占有的——所以它可以被推翻(Law,2002)。权利的地标总是受到抵制,这并不局限于那些试图影响政治体系的有组织的反对派;还有一些非正式的抵抗,帮助破坏活动的发生。如果公共空间是在使用或实践时产生的(见第2章),那么人们就可以在活动中以自己的方式创建它,而不是按照活动组织者或市政府设想的方式。在下面的分析中,在公共空间举办活动的所谓的有问题的影响——商业化、私有化、安全化——针对它们可以被抵制的方式进行了专门的讨论,并被依次解决。

在公共空间举办有大量赞助的活动,他们把这些空间商业化了。然而,只有当空间被认为是如此时,空间才会被过度商业化。人们的消费活动不会以我们想象的方式受到赞助商横幅或装置的影响。艾夫森(Iveson,2012)认为,广告在当代公共领域的过度存在意味着我们越来越没有注意到它——而广告商最担心的就是被忽视。活动的研究表明,年轻人并不认为企业品牌是一个问题,而那些意识到这一点的人则认为这是一种必要的手段,可以让活动保持运行和降低票价(Tickle,2011)。我们不应该高估商业利益能够决定我们的想法和感受的程度。将活动转变为商标景观的努力并不一定奏效,因为它们必须与其他构建空间的尝试相竞争,因为这样无法控制和主宰情感(Wood & Ball,2013)。

活动相关的商业化可以被忽略,但它也可以被行动抵制。在某些情况下,公民以一种富有想象力的方式利用商业广告,这有助于再利用其出现的空间(Iveson,2012)。反广告已经被诸如布兰德主义(Brandalism)这样的团体所倡导——他们协调接管广告空间,作为他们结束"公司控制视觉领域"使命的一部分(Brandalism,2015)。同样,人们也可以颠覆活动的主要意义或赞助商的信息。重新配置商业活动的主导意义也可以更巧妙地实现。商业活动空间是主题空间的例证,许多用户天真地认为用户无法抗拒设计在他们身上的意识形态符号。研究强调,人们通过谈判和竞争获得城市授权的意义(Edensor & Kethari,2004)。正如史蒂文斯(Stevens,2007:206)认为的,"在城市空间中出现的许多好玩的公共表演,突出了人们不断地为自己和周围的人创造新的意义、争夺意义或忽略意义"。即使是在设计为品牌体验的商业活动中,人们也可以将其变成对他们有意义的东西。公共空间仍然可以在高度商业化的活动中创建,因为这是参与者在活动中产生公共空间的非正式行动,而不是活动组织者(Stevens & Shin,2014)。

通过限制获得票证持有人或"权利类型"的人来实现公共空间私有化的方式可能更难抵制。但是我们应该记住"城市休闲空间的净化、中产化和私有化的每一次尝试都有谈判、反应和抵制"(Spracklen,2013:168)。人们抵制私人活动的一种方式是举办一个更公开的活动。这种"文化抵抗"正变得非常普遍。在许多国际足联世界杯举办城市,人们举办世界杯的目的是为那些被排除在官方版本之外的人提供一个可供选择的活动。这种策略也被用于较小的活动。在有争议的布里斯托尔海洋节(见第5章)期间,当地的多元文化艺术团体举办了"反海洋节"活动(Atkinson & Laurier,1998)。这些活动有助于创造另一种公共空间,以弥补官方公共空间的暂时损失。

在哥本哈根,哥本哈根运动举办了他们自己的活动,以强调不断增加的空间私有化:在这样做的过程中他们创造了公共空间。"海盗党"组织"将选择的空间转变为临时的公共开放空间,以此来抗议越来越多的城市空间是单功能的、封闭的"(Pløger,2010:857)。在1999年到2014年间,空间劫持者——一群致力于"对抗不断压迫侵犯到公共空间的机构、企业和城市规划者"的人——在伦敦也扮演了类似的角色(Space Hijackers,2014)。

前边的章节也强调了活动安全化公共空间的方式,通过引入行为控制来加强它们。这些过程也可以被抵制。弗鲁和麦克吉利亚斯(McGillivary,2008;2014)的工作帮助我们理解施加在活动空间上的结构和意义,是如何被活动参与者的行动重建的。他们的工作专注于扇区——与安全密切相关的活动,作为控制人员这是最初创建它们的主要理由之一(见第3章和第5章)。使用德勒兹和瓜塔里(Deleive and Guatarri,1987)的术语,弗鲁和麦克吉利亚斯(Frew & McGillivary,2014)识别出这些空间中的飞行路线——人们通过创造性和/或颠覆性的行动创造出可供选择的空间。例如,在2006年慕尼黑国际足联球迷节期间,球迷无视

城市活动:
以公共空间为活动场所
Events in the City:
Using public spaces as event venues

屏障在湖中玩耍、戏水、爬树,用不同的方式"表演",违反了行为控制要求(Frew &
McGillivary,2008)。通过摄像头和大屏幕进行的监控被球迷们觉得很好玩地利用他们自己
的设备来记录正在发生的事情:球迷们用手机发布他们做的非正式事情的非正式的影像。
这样一来,他们就能够颠覆(尽管是临时地)那些强加的纪律和与球迷公园空间相关的叙述
(Frew & McGillivary,2008:194)。这一活动"复杂的流程"和"执政的眼光"遭到了抵制
(Frew & McGillivary,2008:195)。这项研究和其他人的工作突出表明,重大活动比看起来更
加复杂。事实上,他们可能会被说成是相互矛盾的角色:大型活动既是盛会,有时又是草根
阶层使用的空间(Lehtovuori,2010)。

## 总　结

　　本章强调了有一些方法可以防止或重新配置在公共空间中举办的活动。潜在的监管和
阻力的存在、解决或至少软化一些活动的有问题的影响。现有的规则和制度体系是为了保
护公共空间和公共利益而设计的,但它们有时会因为大型活动项目而被忽略或破坏。事实
上,这里的讨论突出了关于如何构思和使用规则的各种各样的问题。但是,肯辛顿花园的例
子表明规划部门可以利用现有的系统和规划政策来阻止不适当的活动。抵制运动也可以阻
止一个活动项目的发生——或结合官方程序或独立。温哥华印地汽车赛实例提供了一个使
人振奋的榜样,通过社区行动小组有效地使用和运用话语,成功地抵制了一项活动项目。但
是,这一章也强调了致力于反对活动项目的运动所面临的挑战:包括活动反对者被斥为"扼
杀欢乐"或"扫兴的人"。本章的最后一部分强调抵制活动的机会存在于活动期间,也存在
于活动前期。人们逐渐认识到,活动和活动空间可以被人们占用,通过对限制的颠覆,举办
可供选择的活动以及对官方意义进行协商。

# 第 9 章 结 论

## 引 言

　　我们的城市公共空间越来越多地被用作组织活动的场所。本书引用了这一趋势的各种例子,其中包括许多体育赛事——这是一个在有关城市活动的文献中被忽视的方面。越来越多的活动正在中央公共场举办,因为这可以为主办城市创造收入、塑造形象,同时也因为它能为组织者及其赞助商提供创造观众和品牌体验的机会。认识到活动的"城市化"趋势是非常重要的,它有助于我们理解影响当代城市和活动部门的广泛趋势,这对公共空间的利用有着特殊的影响。

　　分析这一趋势的空间效应因公共空间的多样化而变得复杂。城市中的正规公共空间是由规划者和管理者一起提供的,他们协调和维护公园、街道和广场。但是公共空间也是由用户产生的,有些人为的空间并不总是表现出它的公共性,但通常不被视为公共空间的空间确实能够表现出这些特性。活动能在以下情形中发挥作用:活动可以使人造的公共空间(如公园、广场)更有生机,可以为通常不被视为公共空间的场所提供一个框架。的确,活动可以帮助那些蜕变中的公共场所再次建立起公共性,如繁忙的道路和商业大街。

　　这一切听起来都非常积极,但本书也提到了更多问题。活动可以使商业空间社交化,但是也使公共空间商业化。因此,活动既可能创造公共空间,也可能侵蚀公共空间。正式的活动会破坏公共空间的基本特征——可仿性。通过引入票务、物理障碍和其他限制的方式把人们排除在外,实际上是将它们占据的空间私有化了。即使活动空间在物理上和经济上更容易获得,它们也可以引入符号关联和视觉线索,表明只有某些人受到欢迎。这些结论反映了其他作者的观点,他们认为活动是针对中产阶级消费者的,所以"把社会中对活动不感兴趣或者没有经济支付能力的那部分人进行边缘化"(Tranter & Keefee,2004:182)。

城市活动：
以公共空间为活动场所
Events in the City:
Using public spaces as event venues

## 时　间

　　活动是对城市公共空间的临时使用。因此，在这个结论中需要解决的一个关键问题是，上述效应是否也是暂时的——或者活动能否会对城市公共空间的可用性产生更持久的影响。这本书强调活动可以为举办地留下持久的印象，并有一些可以促进这些效果的机制。活动可以改变城市公共空间的意义。与活动相关的强大象征意味着它们可以削弱现有意义的稳定性。换句话说，它们可以帮助将固定的空间非领地化和释放紧张的空间。当活动涉及不寻常的或意想不到的变化时，它们会增强公共空间的可能性和潜力，这可能会引入新的用途和用户。但是，正如通金斯（Tonkiss，2013）指出的那样，这是"先驱者使用"和"城市土地抢夺"之间的一条分界线，本书着重介绍了活动如何封闭公共空间以及它们如何被用来作为传播的先驱。如果在某些公共空间定期举办活动，该地方可能具备特定的用途和特有的含义，在这些情况下，空间是再强化地域性的而不是削弱地域性的。嵌入活动作为公共空间的既定功能，从而限制了变革效应。与活动相关的可视形象也是持久影响的重要手段之一。活动空间的形象通过包括社交媒体在内的媒体进行再循环，从而允许他们作为活动场所的短暂角色成为某些空间被呈现和想象的持久方式。

　　这本书对这样一种观点提出质疑，即在临时场地举办的活动是有时间限制的现象并且其影响也受时间限制。一些活动持续很长时间，并且/或者定期重复举办，这延长了它们的时间范围。在公共场所举办大型活动意味着建造大型建筑以及将场地恢复到原始状态。这些任务意味着活动对长时间占用的空间产生重大影响。在这里分析了一些案例，它们导致公园全部或部分关闭几个月，或导致街道多天封路。著名的例子包括在新加坡和墨尔本举办的大奖赛，以及在伦敦皇家公园举办的各种体育赛事，这些活动严重降低了重要公共场所的可用性。这本书也强调了其他时间问题。寻求阶段性的活动常常强调活动的临时性，第8章指出负面影响通常是可接受的，因为它们只涉及"临时性的损害"，但大型活动可能会对其占据的空间造成长期的环境影响，各种社会、象征和规则效应也可能会持续很长一段时间。

## 不同的活动和不同的效果

　　活动既可以使城市公共空间更具生机，又可能会对其造成侵蚀和损害，要解决这个问题关键是认识到大多数的活动都具有双面效应。收取昂贵门票的活动在某种程度上仍然会使公共空间"活动化"，因为在参与者之间产生了欢乐和互动。而那些不需要昂贵门票更易进入的活动仍会使空间"活动化"，它们将不可避免地被商业化、私有化和安全化。因此，第4章和第5章中概述的活动化和平等化过程并不是与不同类型活动相关的独立过程；相反，它们是同时发生的相关过程。这两个章节都引用了相同的例子说明了这一点，如在伦敦特拉法加广场和纽约中央公园举办的活动。也就是说,这本书表明,某些类型的活动似乎代表了对活动举办地空间更积极的干预。在某些情况下,在活动化和项目化之间的平衡更倾向于后者。下面对此进行深入探讨。

城市街头艺术节是可以产生积极效应的一类活动,它的商业化、安全化和私有化程度相对有限。这些节日让空间更具社交性,有助于鼓励互动,可以改变街道的节奏,并促进各种类型的流动,还可以鼓励不同类型的人使用某些公共空间。需要更多的研究来确定这些人是否更有可能因参加节日而重返这些空间,因为这会增强它们的长期价值。街头艺术节让人们对城市空间有不同的想象:因此,它们鼓励潜在性、开放性和创造性(Pløger,2010)。探索其中的原因是非常重要的。这些活动的可仿性和包容性显然是有影响的,但另外两个关键特征也很重要:参与度和渗透率。通过参加活动并在活动中自由移动,节日观众会以不同于平时的方式体验这个空间。像自行车比赛等渗透性和参与性有限的活动,对它们占据的空间将产生较少的变革效应。虽然这些活动通常是免费的,而且包容性相对很强,但观众通常会受到各种限制。这些活动不允许与会者在公共场所自由移动,参与者通常只能成为被动观看精彩活动的观众。然而,有一些自行车比赛的例子试图打破参与者和观众之间的障碍。近几年来出现的像“骑行伦敦”这样的活动(第4章),让人们有机会在封闭的道路上骑自行车并参加比赛,观看精英运动员。这使得活动更具流动性和参与性,意味着它们不仅仅占据城市公共空间,而且帮助其产生。

另一方面,活动似乎对举办空间具有消极干预,在街道上举办的赛车以及其他大型活动尤其明显。对这些活动的批判不应当是对活动本身的批评,而应该是对当代这些活动如何以及在何处举办的批评。大型活动的组织者越来越多地利用城市公共空间来举办活动,其中除了活动本身之外,还包括各种增强和围绕它们的其他元素,包括测试活动、招待区、培训场地和物流组合等。许多在公共场所举办的大型活动本质上是排他性的,因此必须组织其他活动以提供更公开的区域(如粉丝区),这些活动也在公共场所举办。大型活动也被用作未来举办更多活动的理由,总体结果是一个多米诺骨牌效应,其中一个活动引发其他并行和串联的其他活动,从而延长活动的空间和时间范围。

大型活动日益受到赞助商和媒体兴趣的影响,这些利益相关者的深入参与可能导致所占用空间的商业化。城市当局和其他地方利益使用者的动机也导致了资产安全化、私有化和商品化效应。这些活动是地方的营销工具,因此他们觉得需要控制关键信息并编排活动景观。这些问题的影响是存在内在联系的,为了能够商品化,你首先必须对其进行保护,这是朱利安诺蒂(Giulianotti,2011)在英超联赛足球赛上的观点。即使在节日的情况下,商业上的成功也依赖于提供安全和排他性(Waitt,2008)。这种控制创造了品牌形象,在这种情况下,对空间进行管制实现经济回报最大化。

大型活动对城市公共空间的破坏是暂时的,但影响可能是持久的,远远超出活动的预期持续时间。有很多例子说明,即使活动结束,但因活动而引进的其他特殊安排并未被取消。2002—2010年国际足联世界杯足球赛是精辟的案例:日本(Wood & Abe,2011)和德国(Eick,2010)引进的闭路监控摄像机,以及南非管理公共空间的新章程(Roberts,2010)等在活动结束后依旧被使用。这例子说明在公共场所举办的活动会带来隐形的、不利的影响。

城市活动：
以公共空间为活动场所
Events in the City:
Using public spaces as event venues

活动的不利影响促成了已经影响我们城市公共空间可用性的商业化、私有化和安全化的现有流程。因此，我们不应该夸大活动的负面影响或者责怪它们带来了这些变化。然而，一些主办城市故意使用活动来加速这些过程或引入本会遭到质疑的、有争议的新安排。这提醒我们，商业化、私有化和安全化不会强加给城市政府部门，城市管理机构往往是这些流程的关键代理人和倡导者。

# 举办城市

第 1 章介绍了这样的观点：城市不仅仅是活动的发生地，还是活动的筹划者，这种解释已经在本书的讨论中得到了重申。正如迈尔克斯（Merx，2011：137）所述："当我们将公共空间想象成一个舞台时……我们倾向于忽视这样一个事实，即所有这些表现的关键在于城市公共空间本身的实际持续形成。"根据这一观点，本书中概述的活动不仅仅在公共场合上演，它们还帮助（重新）生产和（重新）配置这些空间。在一个不那么抽象的意义上，这本书也表明，城市不仅仅是活动的舞台、内容或背景，城市和城市空间的作用比这更重要。对于活动组织者来说，使用城市空间不仅增加了价值，而且对于增加活动的可行性而言也是非常重要的。在这里引用的许多案例中，无论是公园里的电影放映、广场上的摇滚音乐会还是街头的体育赛事，它们都是体验在城市中举办的活动的机会，是城市的核心吸引力。根据在本书最初讨论的论点，城市不仅仅是消费环境，还是消费的实体。活动组织者及其赞助商热衷于利用位于中心位置的公共空间提供的实际场地和视觉形象，他们也贪图一些城市空间的内涵。最终，赞助商和活动组织者被在城市中心站点举办活动所提供的真实性所吸引：这会给他们带来信誉和官方地位，否则他们将难以掌控。

图 9.1 举办城市格拉斯哥乔治广场

　　在公共部门削减预算(即紧缩)的时代,城市当局特别热衷于将他们的空间用作活动场地。有些人认为这是对这些空间不适当的商品化,或者是故意采取的一种策略来阻止其他用途,特别是在该地点因政治活动而闻名的情况下。然而,其他人喜欢给那些濒临荒废的空间引入新的用途。这本书的最后几章是相当消极的,但是在公共场所举办活动本身并不是一件坏事。事实上,本书和其他文章(Tallon,2006)都有证据表明公民希望举办更多的活动。活动举措总是会面临不同的意见,但如果我们接受公共空间会越来越多地被用作活动场所的话,一个实际问题就是公共当局是否低估了他们的资产。公共场所由私人活动组织者雇用,但收费并不一定代表所产生的负面外部效应。与其开展广泛的商业活动计划,不如城市少举办一些类似的活动,但收取更高的价格,这样可以平衡可访问性和收入需求。在公共场所定期举办商业活动似乎是不合理的,特别是如果商业运营商付费使用这些场所。最终,如果公共空间得到公共财政的适当资助,很多问题将得到解决。这将缓解商业化的威胁,并且可以让活动更加有效地使用——这是实现更广泛公共性的方式,而不是作为收入来源。

　　收入只是将公共空间用作活动场所的几个主要驱动因素之一。为城市吸引国际观众是另一种解释,而且这种解释往往是本书提到的许多争议的根源。将当地用途与更广泛的(全球)目标协调起来是非常困难的。万·杜森(Van Deusen,2002)强调了这一观点,认为公共空间设计越来越多地服务于更广泛的利益,而不是本地用户。在追求城市营销和旅游目标的过程中,空间重新定位于全球观众,作为当地的便利设施与其象征性和物理可达性相冲突。英罗伊(Inroy,2000)在探索1990年在格拉斯哥创建的一个新城市公园时讨论了这种紧张局势。当地社区想要一个功能性空间,但公园当局希望能够实现更宏伟的目标。英罗伊(Inroy,2000:32)指出,该公园最终被设计为"作为推广全市活动和国际非本地娱乐的工具"。这反映了普遍的结果,外部优先事项和交换价值篡夺了当地利益和使用价值。

　　承认空间和景观之间的差异可以部分地理解局部使用/局部特征与外部目标/全局影像之间的潜在冲突。空间由设计师制作,也由用户制作。这与"景观"形成鲜明对比,有协调和统一的场景,从文化角度上生产,而不是社会角度。空间是通过发生在特定时间点的社会关系偶然产生的,在同一时间点有意识地制造景观。城市全景是典型的城市景观:城市内部的城市形象(Boyer,1992)。在这本书中,提到了各种"景观":城市景观、园林景观、文化景观、街景、媒体景观、意识形态、品牌景观、体验景观以及可能最重要的"活动景观"。在公共场所举办的活动中,活动场景代表活动被用来构建、捕捉和传播特定的城市想象,一个被策划和具有生气的城市景观还可以唤起难忘的经历和壮观的媒体形象。

　　格林尼治公园是一个很好的关于活动景观的例子,但本书也列举了其他例子,如柏林、纽约、堪培拉、新加坡和贝尔法斯特。这种"活动景观"不仅仅是由城市利益驱动的,还是由公司的利益驱动的,私营公司受益于他们与活跃的城市风景的联系,他们负责相关形象的创造和传播。不管所产生的迷人的景象如何,最重要的考虑因素是这些活动的影响。城市当局认为活动可以为当地吸引旅游和其他形式的内部投资。然而,活动景观的创造对公共空间的利用产生了影响,因为它可能会干扰当地用户对城市空间的体验。创造这些活动景观会在外形和寓意上排除和约束本地用户,并且这些效果会超过活动的持续时间。为构建活

城市活动:
以公共空间为活动场所
Events in the City:
Using public spaces as event venues

动景观而做的努力笨拙地与城市公共空间的正常功能联系在一起,作为见面、逗留、玩耍或抗议的场所。事实上,这些用途故意被活动利益所取代,因为他们担心这些用途会干扰他们想要描绘的形象。为登上城市舞台,城市为宣传而牺牲了城市的公共性。

## 活动话语

贯穿本书后面部分的一个关键主题是某些活动话语的意义。用反复出现的修辞和叙述来证明公共空间被活动场地所占用。用相同的话语来抵制这一趋势并应对任何抵抗。某些话语突出表现了本书讨论的情况,最显著的是遗产。公共场所的活动在临时场地举行,但因传递物质遗产的压力,更多永久性设施被留存下来。遗产的话语与时间语言相联系:强调活动不规则或临时状态的言辞很常见。这种语言是通过在公共场所举办活动的倡导者来部署的,但它也被那些反对这种做法的人所使用。例如,在当代"遗产"话语建设中,在活动之后拆除的临时场所经常被批评为浪费(见第 6 章和第 7 章,Plus Reid,2007)。无障碍也是一个重要的话语,用来证明在中央公共空间中举办活动。主办单位声称,在城市中心举办活动可以让活动(以及它们所代表的活动)吸引更多的观众。这种情况下的可达性的话语也被对手所采用,他们强调这些活动降低了他们占据的空间的可达性。框架也是利益相关者可以融合的重要机制,这一框架也意味着批评人士可以被看作是部分扫兴者。

活动话语通常是战略性地部署的,从而将注意力从公共空间中舞台活动的一些不利方面转移开。活动和城市之间的区别是世界级的。事实上,各种各样的活动都是合理的,因为它们也是"世界级"的。这种措辞和它所倡导的意识形态有助于我们理解城市如何为一般活动项目辩护,但它似乎与公共空间中的活动项目特别相关。最近在伦敦的《晚间标准报》上发布的一封信件强调了这一点,该报告支持增加城市公园、街道和广场对重大活动的使用,尽管这种已知的干扰已经造成。该文章简单地说:"世界级的活动需要世界级的举办地。"(Parr,2013)

## 活动和宽敞开放空间的产生

弗兰克和史蒂文斯(Franck & Stevens,2007)关于宽松空间的概念在本书中用来帮助理解"好"的公共空间可能是什么,以及活动如何帮助或阻碍这些空间的形成。因此,值得反思这个投入的有效性和含义。宽松空间这个没有规定用途(或用户)的想法与一些关于公共空间的既定想法相矛盾。例如,一些评论者并不知道有多少公共空间被滥用或错误使用,因为太少关注空间的用途(Cowan,2005)。本书采用的方法内在地否定了这种解释。公共空间通常缺乏公共性,是因为它们的功能过于确定,而不是因为它们的定义太模糊。

当包容性活动不规则和创造性地进行时,它们可以帮助产生宽松的空间。这种策略促进了不可预测性和异质性——宽松空间的关键特征(Franck & Stevens,2007)。然而,当活动变成嵌入式和预期特征时,它们就失去了放松公共空间的能力。可访问的(即不带票的)活动在不常用于活动的空间中举办,可以帮助放宽这些空间的控制。这些活动为人们不同的行为提供了一个框架,这很重要,因为"人们创造休闲"(Franck & Stevens,2007:15)。这本书证明,活动可以促进新用途和用户的设计,而这些地方的使用和规定对用户(如正式的公园)过于严格。虽然空间通过异质用途、社会关系和人类实践而松动,但空间的管理和物质层面也很重要。对于许多基于街道的活动来说,封闭通行道路为公共空间的产生奠定了基础。在第4章详细讨论的香榭丽舍的案例提供了一个很好的例子(Deroy & Clegg,2012)。科赫和莱瑟姆(Koch & Latham,2011)对伦敦一个更为普通的街道空间的研究表明,需要对这个空间进行实质性的改进才能让这些活动进行。这些例子表明,有渗透性的参与式活动可以创造出更宽松的空间,但是售票的、商业化的活动可能会产生相反的效果。根据弗兰克和史蒂文斯(Franck & Stevens,2007)的观点,狭小的空间是由"审美和行为控制的",并由其"确定性、同质性和秩序"来界定。这些品质刻画了由票务活动和商业活动景观产生的空间。但是我们应该记住,人们抵制和谈判由活动施加的审美、商业和行为控制。我们也应该记住,尽管它们是独占性的,但这些活动为能够访问它们的人提供了巨大的乐趣。

除了宽松的空间之外,开放空间的想法是本书的重要主题。许多讨论的案例都是开放空间的例子,还有公共空间的例子。开放空间具有双重含义,这个术语指的是城市的一部分仍然免受都市化的发展和建筑物的影响,但是这本书强调了其他类型的开放也很重要。一个真正开放的空间是一个有魅力的、可访问和灵活的空间,换句话说,是一个展示潜力的空间,并且有证据表明活动可以帮助鼓励这些特质。然而,在露天场所举办的许多商业活动都有围栏,它们从物理上将开放的空间封闭起来,但它们也使得其代表了特定的用途。由于许多城市公园现在定期用于商业活动,我们是否仍然应该将它们看作是开放空间这一点是有争议的。定期的商业活动意味着人们被排斥在城市公园的物理、财务和象征之外,即使人们可以访问这些活动,他们也会受到严格的行为规范限制。詹金斯(Jenkins,2013a)认为,作为票务活动的场地,"海德公园并不比丽兹酒店更开放"。

除了应用宽松和开放空间的想法之外,本书的主要概念贡献是它对活动城市化和空间的活动用途的理解方式。活动可以置于更广泛的城市节庆概念中(第3章),但代表了一个更集中的过程,其中包括"活动化"和"项目化"的双重过程。"活动化"涉及通过使用活动产生公共空间,而"项目化"则指活动将公共空间商品化的方式;和/或有助于其商业化、私有化和安全化。这些术语已被其他作者开发和应用(Jakob,2013;Pløger,2010;Spracklen,2013)。然而,这本书阐述、组织和综合了这些想法,使其成为一个连贯的概念框架,可以由其他研究人员开发、测试和挑战。

## 城市作为活动场所

本书中提到的趋势的重要性也值得更加广泛地反映。在21世纪,活动场地与城市公共空间之间的现代差异已经被削弱。我们的公共空间在功能方面正在变得更像场地,而且在

城市活动：
以公共空间为活动场所
Events in the City:
Using public spaces as event venues

规范、管理和设计方面也变得更像场地。活动已经从传统场馆转入公共场所，但它们同时也已将监管系统带入其中。哈格曼（Hagemann，2010）指出足球场如何成为"空间原型"——其监管条件现在更加广泛地投射到城市空间。换句话说，城市中心不仅被用作活动场所，它们也像活动场所一样进行管理——对我们可以去的地方以及我们在"公共"空间可以做的事情施加限制。当官方活动真的举办时，这一点最明显——但它在空间和时间上延伸到这些活动之外，进入城市的日常生活。我们的城市正慢慢变成活动场地不仅仅是在管理方面，也是一个设计元素。现在市中心配置了可以举办正式活动的空间，公园的景观、街道的布局和广场的布局越来越多地考虑到活动的举办。

## 研究局限和未来研究的建议

在得出上述结论时，本书也存在一些局限。主要分为两大类：本书的范围和使用的方法。本书故意关注公园、街道、广场上举办的活动，但这意味着其他类型的公共空间被忽略，如水道、绿道以及第2章中提到的各种"第二层"公共空间。后面章节中案例研究的方向意味着公园比街道和广场受到更多的关注。在很多方面，公园一般都是公共空间的代表，但是这个重点明显地偏向了书中的某些特定问题和特征。同样，虽然本书涵盖了多个城市的大量活动案例，但重点主要集中在全球大都市和首都城市的显著空间，目前尚不清楚是否许多所指出的趋势也适用于小城市。该书主要关注大型发达国家的城市，主要集中在英国，但也包括加拿大、澳大利亚和美国。南半球的城市还需要进行更多的研究，这些城市也开始在城市政策中部署活动。

还有几个方法上的局限。我们采用了一系列技术来收集本书的证据，包括观察工作（参加活动和会议，以及观察关键空间），详细审查二手资料以及更传统的基础研究。这提供了关键问题的总体概述，以及对少数案例研究的详细考虑。但是，显然需要使用更细致、更详细的方法来尝试和探讨所提出的问题。特别是需要更强大的研究来检查活动中发生的社会交互，以及社交媒体如何影响这些交互。由于公共空间和活动是通过参与者的自发实践部分创造的现象，详细的现象学分析将是有见地的。关于活动的时间维度及其影响的讨论也突出了纵向研究长期追踪城市变化的潜在价值。最后，虽然本书采用了一种基本的话语分析形式，涉及"审视修辞和词组转换"以揭示叙述和问题的框架（Lees，2004：102），但建议未来的研究采用更复杂的话语分析模式。

## 最终评论

城市中的活动以一种批判的方式审视了活动，希望本书成为更多关于重大活动研究和活动地理的一部分内容。本书试图以公平公正的方式评估有争议的问题，这些批评主要关注公共空间中活动的商业化方式，考虑到这些空间在城市生活中扮演着非常重要的角色的适当性。不应把它们看作是对一般活动或商业活动的批评。

我们应该如何担心当公共场所越来越多地被用作活动场所。谴责那些提供大量享受并挑战城市空间既定用途的活动似乎很粗鲁。活动使许多公共空间更加有趣,并且显然存在过度夸大其构成"威胁"的危险。尽管如此,谨慎使用公共场所作为活动场所还是必要的。到目前为止,反对派来自保守右派(担心不当发展)和反企业左派(担心私有化/商业化)的联盟。但随着活动渗入更多城市更广泛的空间,我们可能会看到来自大多数人无言的抵制。

使用公共空间举办活动的趋势可能会继续,原因如下。城市越来越痴迷于形象,在紧缩时代缺乏资金意味着市政府正在拼命寻求从公共资产中获得收入。这一趋势也将持续下去,因为将城市空间变为场地是影响我们城市的更广泛过程的一部分。它正在成为体验经济的一个关键组成部分:一个允许产品和城市上演的体系。

# 参考文献

Addley, E.(2014). Tickled pink. Ulster gears up for Giro d' Italia. *The Guardian*, 6th May, 2014, p. 3.

Agamben, G.(2005). *The State of Exception*. Chicago: Chicago University Press.

Amin, A. and Thrift, N.(2002).*Cities: Reimagining the Urban*. Cambridge: Polity Press.

Anwar, S. and Sohail, M.(2004). Festival tourism in the United Arab Emirates: first-time versus repeat visitor perceptions. *Journal of Vacation Marketing*, 10(2), pp. 16-170.

Askwith, R.(2014). *Running Free: A Runner's Journey Back to Nature*. London: Vintage.

Aslet, C. (1999). *Greenwich Millennium: The 2000-Year Story of Greenwich*. London: Fourth Estate.

Atkinson, D. and Laurier, E. (1998). A sanitised city? Social exclusion at Bristol's 1996 International Festival of the Sea. *Geoforum*, 29(2), pp. 199-206.

Banerjee, T.(2001). The future of public space: beyond invented streets and reinvented places. *Journal of the American Planning Association*, 67(1), pp. 9-24.

Barbican (2013). Beyond Barbican Summer 2013. Available at:(last accessed 1st June 2015).

Batty, M.(2002). Thinking about cities as spatial events.*Environment and Planning B: Planning and Design*, 29(1), pp. 1-2.

Bauman, Z. (1998). On glocalization: or globalization for some, localization for some others. *Thesis Eleven*, 54(1), pp. 37-49.

Bauman, Z.(2000).*Liquid Modernity*. Cambridge: Polity Press.

Beard, M.(2014). Waterslide in Waterloo? £2m to transform London's streets.*Evening Standard*, 24th March 2014, p. 9.

Bélanger, A.(2000). Sport venues and the spectacularization of urban spaces in North America: the case of the Molson Centre in Montreal. *International Review for the Sociology of Sport*, 35 (3), pp. 378-397.

Belghazi, T.(2006). Festivalization of urban space in Morocco. *Critique: Critical Middle Eastern Studies*, 15(1), pp. 97-107.

Bell, C. and Lyall, J. (2002). *The Accelerated Sublime: Landscape, Tourism, and Identity*. Westport, CT: Greenwood Publishing Group.

Benford, R. and Snow, D.(2000). Framing processes and social movements: an overview and assessment. *Annual Review of Sociology*, 26(1), pp. 611-639.

Bishop, P. and Williams, L.(2012).*The Temporary City*. Abingdon: Routledge.

Blackheath Society (2014). *Executive Summary-Impact of On Blackheath Event*, Sept 2014.

Blackhurst, C.(2015). Business interview. John Reid, Live Nation. *Evening Standard*, 6th July 2015, p. 44.

Boffey, D.(2014). Would you pay park tax to keep the grass cut, crime down-and your house price up? *The Observer*, 17th August 2014, p. 19.

Bold, J.(2000). *Greenwich. An Architectural History of the Royal Hospital for Seamen and the Queen's House*. London: English Heritage.

Bone, I.(2014). If you tolerate this... OnBlackheath. Blog entry. 16th April 2014.(last accessed 1st June 2015).

Boyer, C.(1992). Cities for sale: merchandising history of the South Street Seaport. In M. Sorkin.(Ed.)*Variations on a Theme Park*. New York: Hill and Wang, pp. 181-204.

Boykoff, J. and Fussey, P.(2014). London's shadow legacies: security and activism at the 2012 Olympics.*Contemporary Social Science*, 9(2), pp. 253-270.

Boyle, M.(1997). Civic boosterism in the politics of local economic development-'institutional positions' and 'strategic orientations' in the consumption of hallmark events. *Environment and Planning A*, 29(11), pp. 1975-1997.

BPTW (2013).*Kensington Gardens and Perks Field*, *London W8. Planning Statement*. Available at:(last accessed 1st June 2015).

Brandalism (2015). *About*. Available at.(last accessed 1st June 2015).

Brewer, J.(1997).*The Pleasures of the Imagination: English Culture in the Eighteenth Century*. London: Harper Collins.

Brighenti, A. M.(2010). On territorology: towards a general science of territory. *Theory, Culture and Society*, 27(1), pp. 52-72.

British Equestrian Federation (2013). Letter to Nathan Barrett (RBKC). 15th January 2013. Available at:(last accessed 1st June 2015).

Brown, G. and Smith, A.(2012). London 2012: Olympic venues and the spectator experience. *Olympic Review*, 85, pp. 61-63.

Brown, G., Chalip, L., Jago, L. and Mules, T. (2002). The Sydney Olympics and Brand Australia. In N. Morgan, A. Pritchard, and R. Pride (Eds.) *Destination Branding: Creating the Unique Destination Proposition*. Oxford: Butterworth-Heinemann, pp. 163-185.

Burgess, J., Harrison, C. and Limb, M.(1988). People, parks and the urban green: a study of popular meanings and values for open spaces in the city. *Urban Studies*, 25(6), pp. 455-473.

Cairns, G.(2014). The hybridization of sight in the hybrid architecture of sport: the effects of television on stadia and spectatorship. *Sport in Society*, (ahead-of-print), pp. 1-16.

Campbell Reith (2011). *Environmental Impact Statement Volume 1 Chapter 2 Proposed Development*. Part of Planning Application 11/1765/F Formation of a new equestrian centre.

城市活动：
以公共空间为活动场所
Events in the City:
Using public spaces as event venues

Available at:(last accessed 1st June 2015).

Canadian Broadcasting Corporation (2010). Hastings Park masterplan adopted.

Carey, P.(2013). Letter to *Evening Standard*, 18th September, 2013, p. 47.

Carmona, M. (2010). Contemporary public space, part two: classification. *Journal of Urban Design*, 15(2), pp. 157-173.

Carter, T.(2006). Introduction. The sport of cities, spectacle and the economy of appearances. *City and Society*, 18(2), pp. 151-158.

Chalip, L., Green, B. and Hill, B.(2003). Effects of sport event media on destination image and intention to visit. *Journal of Sport Management*, 17, pp. 214-234.

Change.org (2013). Please help protect Kensington Gardens from commercial develop-ment! Available at:(last accessed 1st June 2015).

Chatterton, P. and Unsworth, R. (2004). Making space for culture(s) in Boomtown. Some alternative futures for development, ownership and participation in Leeds city centre. *Local Economy*, 19(4), pp. 361-379.

Chiesura, A. (2004). The role of urban parks for the sustainable city. *Landscape and Urban Planning*, 68(1), pp. 129-138.

City of Vancouver (2013). Map of master plan areas for development. Available at:(last accessed 1st June 2015).

City of Westminster (2012). Planning and City Development Committee 10 May 2012.*Report of Strategic Director Built Environment. Subject of Report: Hyde Park*. Available at:(last accessed 1st June 2015).

City of Westminster (undated a). Guidelines for the planning of events in the City of Westminster. Available at:(last accessed 1st June 2015).

City of Westminster (undated b).*Victoria Embankment Gardens*. Available at:(last accessed 1st June 2015).

Coleman, R.(2003). Images from a neoliberal city: the state, surveillance and social control. *Critical Criminology*, 12, pp. 21-42.

Colomb, C. (2012). *Staging the New Berlin: Place Marketing and the Politics of Urban Reinvention Post*-1989. Abingdon: Routledge.

Conway, H. (1991).*People's Parks. The Design and Development of Public Parks in Britain*. Cambridge: Cambridge University Press.

Cook, P.(2015). Letter to*Evening Standard*, 15th July 2015, p. 49.

Cowan, R.(2005). *The Dictionary of Urbanism*. Tisbury: Streetwise Press.

Cuckson, P.(2009). What happens if Greenwich park does not get planning permission? Blog, 9th December 2009. Available at (last accessed 1st June 2015).

The Daily Telegraph (2009). Climate Change camp formed atBlackheath. *The Daily Telegraph* (*online*), 27th August 2009. Available at:(last accessed 1st June 2015).

Dashper, K.(2012). The Olympic experience from a distance: the case of the equestrian events at the 2008 Games. In R. Shipway and A. Fyall (Eds.) *International Sports Events: Impacts, Experiences and Identities*. Abingdon: Routledge, pp. 141-153.

Davis, R. and Marvin, G.(2004).*Venice, the Tourist Maze: a Cultural Critique of the World's Most Touristed City*. Oakland, CA: Univ of California Press.

Dear, G.(2013). Letter to*The Greenwich Mercury*, January 19th 2013, p. 11.

Debord, G.(1984). *Society of the Spectacle*. Detroit: Black & Red.

Degen, M. (2003). Fighting for the global catwalk: formalizing public life in Castlefield (Manchester) and diluting public life in el Raval (Barcelona). *International Journal of Urban and Regional Research*, 27(4), pp. 867-880.

Deleuze, G. and Guattari, F. (1987). *A Thousand Plateaus. Capitalism and Schizophrenia*. Minnesota: University of Minnesota Press.

Denters, B. and Mossberger, K.(2006). Building blocks for a methodology for comparative urban political research. *Urban Affairs Review*, 41(4), pp. 550-571.

Department of Communities and Local Government (2007).*Outdoor advertisements and signs: a guide for advertisers*, June 2007. London: DCLG.

Deroy, X. and Clegg, S. (2012). Contesting the Champs-Elysées. *Journal of Change Management*, 12(3), pp. 355-373.

Dickens, C.(1836, 1996).*Sketches by Boz*. London: Penguin.

Dovey, K. and Polakit, K.(2007). Urban slippage: smooth and striated streetscapes in Bangkok. In K. Franck and Q. Stevens (Eds.) *Loose Space: Possibility and Diversity in Urban Life*. Abingdon: Routledge, pp. 113-131.

Duman, A.(2012). Legacy as permanent branding. In H. Powell and I. Marrero-Guillermon (Eds.) *The Art of Dissent: Adventures in London's Olympic State*. London: Marshgate Press, pp. 56-64.

Edensor, T. and Kothari, U. (2004). Sweetening colonialism: a Mauritian themed resort. In D. Median Lasansky and B. McClaren (Eds.) *Architecture and Tourism: Perception, Performance and Place*. Oxford: Berg, pp. 189-205.

Edizel, O., Evans, G. and Dong, H. (2014). Dressing up London. In V. Grginov (Ed.) *Handbook of the London 2012 Olympic and Paralympic Games, Volume 2*. Abingdon: Routledge, pp. 19-35.

Edwards, S.(2014). Former Royal Parks head of events launches new business. Event Magazine. Available at: (last accessed 1st June 2015).

Ehrenreich, B.(2007). *Dancing in the Streets: A History of Collective Joy*. London: Granta.

Eick, V.(2010). A neoliberal sports event? FIFA from the Estadio Nacional to the fan mile. *City*, 14(3), pp. 278-297.

Ercan, M.(2010). Less public than before. Public space improvement in Newcastle City Centre.

城市活动：
以公共空间为活动场所
Events in the City:
Using public spaces as event venues

In A. Madanipour (Ed.) *Whose Public Space?* Abingdon: Routledge, pp. 21-50.

Featherstone, M.(1991). The body in consumer culture. In M. Featherstone, M. Hepworth, and B. Turner (Eds.) *The Body: Social Process and Cultural Theory.* London: Sage, pp. 170-196.

Flecha, A., Lott, W., Lee, T., Moital, M. and Edwards, J.(2010). Sustainability of events in urban historic centers: the case of Ouro Preto, Brazil. *Tourism and Hospitality Planning and Development*, 7(2), pp. 131-143.

Flusty, S. (1997). Building paranoia. In N. Ellin (Ed.) *Architecture of Fear.* New York: Princeton Architectural Press, pp. 47-59.

Foley, M. and McPherson, G.(2007). Glasgow's Winter Festival: can cultural leadership serve the common good? *Managing Leisure*, 12(2-3), pp. 143-156.

Foley, M., McGillivray, D., and McPherson, G.(2012). *Event Policy: From Theory to Strategy.* Abingdon: Routledge.

Franck, K. A. and Stevens, Q.(2007). Tying down loose space. In K. Franck and Q. Stevens (Eds.) *Loose Space: Possibility and Diversity in Urban Life.* Abingdon: Routledge, pp. 1-34.

Frew, M. and McGillivray, D. (2008). Exploring hyper-experiences: performing the fan at Germany 2006. *Journal of Sport and Tourism*, 13(3), pp. 181-198.

Frew, M. and McGillivray, D. (2014). From Fan Parks to Live Sites: mega events and the territorialisation of urban space. *Urban Studies*, ahead of print.

Games Monitor (2015). About Games Monitor. Available at: (last accessed 1st June 2015).

Garvin, A.(2011). *Public Parks: The Key to Livable Communities.* New York: WW Norton.

Gehl, J.(1987). *Life Between Buildings.* New York: Van Nostrand Reinhold.

Germain, A. and Rose, D.(2000). *Montréal: The Quest for a Metropolis.* Chichester: John Wiley & Sons.

Gibson, C. and Homan, S.(2004). Urban redevelopment, live music and public space: cultural performance and the re-making of Marrickville. *International Journal of Cultural Policy*, 10 (1), pp. 67-84.

Giddings, B., Charlton, J. and Horne, M. (2011). Public squares in European city centres. *Urban Design International*, 16(3), pp. 202-212.

Giulianotti, R. (2011). Sport mega events, urban football carnivals and securitised commodification. The case of the English Premier League. *Urban Studies*, 48 (15), pp. 3293-3310.

Global Champions Tour (2014). London Mayor Boris Johnson welcomes the return of Longines Global Champions Tour. Available at: (last accessed 1st June 2015).

Gormley, A. (2009). *One & Other, Fourth Plinth Commission, Trafalgar Square, London.* Available at: (last accessed 1st June 2015).

Graham, S. and Marvin, S. (2001). *Splintering Urbanism: Networked Infrastructures, Technological Mobilities and the Urban Condition.* Abingdon: Routledge.

Greater London Authority (2014). Fees for the use of Trafalgar Square and Parliament Square Garden 2014/2015. Available at: (last accessed 1st June 2015).

Green, B., Costa, C. and Fitzgerald, M.(2003). Marketing the host city: analyzing exposure generated by a sport event. *International Journal of Sports Marketing and Sponsorship*, 4(4), pp. 335-52.

Greenwich Council (2006). *Greenwich Unitary Development Plan*. Adopted 20th July 2006. London: Greenwich Council.

Greenwich Council (2011). *Decision Notice for Planning Application 11/1765/F. 4th November*, 2011. Available at: (last accessed 1st June 2015).

Greenwich Forum (2013). *General Discussions*. Available at: (last accessed 1st June 2015).

Hagemann, A.(2010). From the stadium to the fan zone: host cities in a state of emergency. *Soccer & Society*, 11(6), pp. 723-736.

Harcup, T.(2000). Re-imaging a post-industrial city: the Leeds St Valentine's Fair as a civic spectacle. *City*, 4(2), pp.215-231.

Haringey Borough Council (2013). *Finsbury Park Outdoor Events Policy Review. Consultation Report*. Available at: (last accessed 1st June 2015).

Harvey, D.(1989). *The Condition of Postmodernity*. Oxford: Blackwell.

Hayes, G. and Horne, J.(2011). Sustainable development, shock and awe? London 2012 and civil society. *Sociology*, 45(5), pp. 749-764.

Heathcote, E.(2012). Legacy or Lunacy? *The Financial Times* (*online*), 20th January 2012. Availableat: (last accessed 1st June 2015).

Henderson, J., Foo, K., Lim, H. and Yip, S.(2010). Sports events and tourism: the Singapore formula one grand prix. *International Journal of Event and Festival Management*, 1(1), pp. 60-73.

Hobsbawm, E.(1983). Mass-producing traditions: Europe, 1870-1914. In E. Hobsbawm and T. Ranger. (Ed.) *The Invention of Tradition*. Cambridge: Cambridge University Press, pp. 263-308.

Horne, J. and Whannel, G.(2012). *Understanding the Olympics*. Abingdon: Routledge.

Hughes, G.(1999). Urban revitalization: the use of festive time strategies. *Leisure Studies*, 18 (2), pp. 119-135.

Hyde, M.(2012). Olympics 2012: in Greenwich, it's country o'clock. *The Guardian*, 31st July 2012, p. 6.

Ingle, S.(2015). Greg Rutherford defies cold weather to win Manchester City Games title. *The Guardian* (*online*), 9th May 2015. Available at: (last accessed 1st June 2015).

Inglis, S.(2014). *Played in London. Charting the Heritage of a City at Play*. London: English Heritage.

Innes, G., Morton., S. Hyde Peters, Z., Buttery, C., andPulstow, R (2013). Letter to *Evening*

城市活动：
以公共空间为活动场所
Events in the City:
Using public spaces as event venues

Standard, 18th September 2013, p. 47.

Inroy, N. (2000). Urban regeneration and public space: the story of an urban park. *Space and Polity*, 4(1), pp. 23-40.

Iveson, K. (2012). Branded cities: outdoor advertising, urban governance, and the outdoor media landscape. *Antipode*, 44(1), pp. 151-174.

Jacobs, J. (1961).*The Death and Life of Great American Cities*. London: Vintage.

Jakob, D. (2013). The eventification of place: urban development and experience consumption in Berlin and New York City. *European Urban and Regional Studies*, 20(4), pp. 447-459.

Jamieson, K. (2004). Edinburgh. The festival gaze and its boundaries.*Space and Culture*, 7(1), pp. 64-75.

Jefferson, E. (1970).*The Woolwich Story*, 1890—1965. London: Woolwich & District Antiquarian Society.

Jenkins, S. (2012). The craving for massive live events is ruining our cities. *The Guardian*, 18th July 2012, p. 27.

Jenkins, S. (2013a). Our open spaces aren't commodities-give us them back.*Evening Standard*, 2nd July 2013, p. 14.

Jenkins, S. (2013b). We play second fiddle to Boris's sports stunts. *Evening Standard*, 17th September 2013, p. 14.

Johansson, M. and Kociatkiewicz, J. (2011). City festivals: creativity and control in staged urban experiences. *European Urban and Regional Studies*, 18(4), pp. 392-405.

Kamvasinou, K. (2006). Vague parks: the politics of late twentieth-century urban landscapes. *Architectural Research Quarterly*, 10(3-4), pp. 255-262.

Karageorghis, C. (2014). Run to the Beat: sport and music for the masses. *Sport in Society*, 17 (3), pp. 433-447.

Kennelly, J. and Watt, P. (2011). Sanitizing public space in Olympic host cities: the spatial experiences of marginalized youth in 2010 Vancouver and 2012 London. *Sociology*, 45(5), pp. 765-781.

Klauser, F. (2012). Interpretative flexibility of the event-city: security, branding and urban entrepreneurialism at the European Football Championships 2008. *International Journal of Urban and Regional Research*, 36(5), pp. 1039-1052.

Klauser, F. (2013). Spatialities of security and surveillance: managing spaces, separations and circulations at sport mega events. *Geoforum*, 49, pp. 289-298.

Klingmann, A. (2007). *Brandscapes: Architecture in the Experience Economy*. Cambridge, MA: MIT Press.

Koch, R. and Latham, A. (2012). Rethinking urban public space: accounts from a junction in West London. *Transactions of the Institute of British Geographers*, 37(4), pp. 515-529.

Kolamo, S. and Vuolteenaho, J. (2013). The interplay of mediascapes and cityscapes in a sports mega-event. The power dynamics of place branding in the 2010 FIFA World Cup in South Africa. *International Communication Gazette*, 75(5-6), pp. 502-520.

Lamond, I. and Spracklen, K.(Eds.) (2015). *Protests as Events: Politics, Activism and Leisure.* Oxford: Rowman & Littlefield.

Law, L. (2002). Defying disappearance: cosmopolitan public spaces in Hong Kong. *Urban Studies*, 39(9), pp. 1625-1645.

Lee, S.(2012). The slow death of the Edinburgh Fringe.*The Guardian (online)*, 30th July 2012. Available at:(last accessed 1st June 2015).

Lees, L. (2004). Urban geography: discourse analysis and urban research.*Progress in Human Geography*, 28(1), pp. 101-107.

Leese, R.(2015). The view from Manchester. *The Observer*, 17th May 2015.

Lefebvre, H.(1991). *The Production of Space.* Oxford: Blackwell.

Lehtovuori, P. (2010). *Experience and Conflict: The Production of Urban Space.* Farnham: Ashgate.

Lejlimdawwal (2014). *Notte Bianca, Valletta.* Available at:(last accessed 1st March 2015).

Lloyd, K. and Auld, C. (2003). Leisure, public space and quality of life in the urban environment.*Urban Policy and Research*, 21(4), pp. 339-356.

London 2012 (2004).*Candidate File. Part 1: Olympic Games Concept and Legacy.* Available at: (last accessed 1st June 2015).

London Borough of Greenwich (2011).*Borough of Greenwich Ward Profiles.* Available at:(last accessed 1st June 2015).

London Borough ofLewisham (2015). *Blackheath Events Policy* 2011—2016. December 2011 (amended January 2015). London: Lewisham.

London Development Agency (2009).*London Tourism Action Plan* 2009—2013. London: LDA.

Love, M.(2014). Running Free review.*The Guardian (online)*, 28th February 2014. Available at:(last accessed 1st June 2015).

Low, S. and Smith, N.(2006). Preface. In. S. Low and N. Smith (Eds.) *The Politics of Public Space.* New York: Routledge, p.vii.

Lowes, M.(2002). *Indy Dreams and Urban Nightmares: Speed Merchants, Spectacle, and the Struggle over Public Space in the World-Class City.* Toronto: University of Toronto Press.

Lowes, M.(2004). Neoliberal power politics and the controversial siting of the Australian Grand Prix motorsport event in an urban park.*Loisir et Société/Society and Leisure*, 27(1), pp. 69-88.

Lydall, R.(2013). Riders on the lawn. Showjumpers to compete in William and Kate's Garden. *Evening Standard*, 8th February 2013, p. 3.

Lynch, K.(1972).*What Time is this Place?* Cambridge, MA: MIT Press.

Madden, D.(2010). Revisiting the end of public space: assembling the public in an urban park. *City & Community*, 9(2), pp. 187-207.

城市活动：
以公共空间为活动场所
Events in the City:
Using public spaces as event venues

Maritime Greenwich (2011). Written evidence submitted by Maritime Greenwich World Heritage Site to the Culture, Media and Sport Committee Report: Funding of the arts and heritage. Available at: (last accessed 1st June 2015).

Marling, G., Jensen, O. andKiib, H. (2009). The experience city: planning of hybrid cultural projects. *European Planning Studies*, 17(6), pp. 863-885.

Marrero-Guillermon, I. (2012). Olympic state of exception. In H. Powell and I. Marrero-Guillermon (Eds.) *The Art of Dissent: Adventures in London's Olympic State*. London: Marshgate Press. pp. 20-29.

Martin, I. (2014). This 'urban vibrancy' is really social cleansing.*The Guardian* (*online*), 19th January 2014. Available at: (last accessed 1st June 2015).

Massey, D. (2005).*For Space*. London: Sage.

Massey, N. (2011). Plans for equestriancentre in Shooters Hill, Plumstead, likened to horse concentration camp. *News Shopper*, 14th September 2011. Available at: (last accessed 1st June 2015).

McKinnie, M. (2007).*City Stages: Theatre and Urban Space in a Global City*. Toronto: University of Toronto Press.

McLaren, R. (2012). 2012 London Olympics: dispute resolution in a commercial context. *Business Law International*, 13(2), pp. 123-142.

McManus, P. (2004). Writing the palimpsest, again; Rozelle Bay and the Sydney 2000 Olympic Games. *Urban Policy and Research*, 22(2), pp. 157-167.

McQuire, S. (2010). Rethinking media events: large screens, public space broadcasting and beyond. *New Media & Society*, 12(4), pp. 567-582.

Merx, S. (2011). Public Pie. Performing public space. *Performance Research*, 16(2), pp. 132-137.

Mikunda, C. (2004). *Brand Lands, Hot Spots & Cool Spaces*. London: Kogan Page.

Misener, L. and Mason, D. (2009). Fostering community development through sporting events strategies: An examination of urban regime perceptions. *Journal of Sport Management*, 23(6), pp. 770-794.

Mitchell, D. (2015). Corporate sponsorship is everywhere so why see red over Coca-Cola? *The Guardian* (*online*), 25th January 2015. Available at: (last accessed 1st June 2015).

Montgomery, C. (2013).*Happy City: Transforming Our Lives Through Urban Design*. London: Penguin.

Montgomery, J. (1995). Urban vitality and the culture of cities.*Planning Practice and Research*, 10(2), pp. 101-199.

Montgomery, J. (1998). Making a city: urbanity, vitality and urban design.*Journal of Urban Design*, 3(1), pp. 93-116.

Morgan, M. (2008). What makes a good festival? Understanding the event experience.

*Event Management*, 12(2), pp. 81-93.

Moss, S.(2012a). London 2012: contrasting views from equestrian £60m picture postcard. *The Observer*, 29th July 2012, p. 16.

Moss, S.(2012b). She's the regal one: Phillips makes long awaited Olympic debut.*The Guardian*, 30th July 2012, pp. 4-5.

Moss, S.(2012c). Zara delivers a royal performance to match the hype. *The Guardian*, 31st July 2012, pp. 8-9.

National Fairground Archive (2015).*Historic Fairs*. Available at: (last accessed 1st June 2015).

Nevarez, J.(2007). Central Park: the aesthetics of urban order. In K. Franck. and Q. Stevens (Eds.) *Loose Space: Possibility and Diversity in Urban Life*. Abingdon: Routledge, pp. 154-170.

Newman, O.(1996). *Creating Defensible Space*. Washington: U.S. Department of Housing and Urban Development.

NOGOE (2012).*NOGOE and its Purpose*. Available at: (last accessed 1st June 2015).

ONBlackheath (2014a). *Event Management Plan*. 1st September 2014. Available at: (last accessed 1st June 2015).

ONBlackheath (2014b). ONBlackheath. Available at: (last accessed 1st June 2015).

Osborn, G. and Smith, A. (2015). OlympicBrandscapes. *London 2012* and the seeping commercialisation of public space. In G. Poynter and V. Viehoff (Eds.) *The London Olympics and Urban Development: The Mega-Event City*. Abingdon: Routledge.

Owen, K.(2002). The Sydney 2000 Olympics and urban entrepreneurialism: local variations in urban governance.*Australian Geographical Studies*, 40(3), pp. 323-336.

Palmer, D. and Whelan, C.(2007). Policing in the 'communal spaces' of major event venues. *Police Practice and Research*, 8(5), pp. 401-414.

Panja, T.(2014). Brazil World Cup city balks at funding fan area during matches. *Bloomberg*, 17th February 2014. Available at: (last accessed 1st June 2015).

Papastergiadis, N., McQuire, S., Gu, X., Barikin, A., Gibson, R., Yue, A., Jung, S., Cmielewski, C., Roh, S. and Jones, M. (2013). Mega Screens for Mega Cities. *Theory, Culture & Society* 30(7/8), pp. 325-341.

Pappalepore, I., Maitland, R., and Smith, A.(2014). Prosuming creative urban areas. Evidence from East London.*Annals of Tourism Research*, 44, pp. 227-240.

Parkrun Greenwich (2015). The course. Available at: (last accessed 1st June 2015).

Parr, N.(2013). Letter to *Evening Standard*, 18th September 2013, p. 47.

Pine, B. and Gilmore, J. (1999).*The Experience Economy: Work is Theatre & Every Business a Stage*. Boston, MA: Harvard Business Press.

Pløger, J.(2010). Presence-experiences. On the eventalisation of urban space. *Environment and Planning D: Society and Space*, 28, pp. 848-866.

城市活动：
以公共空间为活动场所
Events in the City:
Using public spaces as event venues

Polanyi, K.(1946).*Origins of our Time: The Great Transformation*. London: Victor Gollancz.

Potters Fields Park Management Trust (undated). Guide to holding events. Available at: (last accessed 1st June 2015).

Power, M.(2010). Bogotá's Ciclovia could teach Boris Johnson how to run a car-free capital. *The Guardian* (*online*), 16th June 2010. Available at: (last accessed 1st June 2015).

Prytherch, D. and Maiques, J.(2009). City profile: Valencia. *Cities*, 26(2), pp. 103-115.

Pugalis, L. (2009). The culture and economics of urban public space design: public and professional perceptions. *Urban Design International*, 14(4), pp. 215-230.

Pyyhtinen, O.(2007). Event dynamics: the eventalization of society in the sociology of Georg Simmel. *Distinktion: Scandinavian Journal of Social Theory*, 8(2), pp. 111-132.

Quinn, B.(2005). Arts festivals and the city.*Urban Studies*, 42(5-6), pp. 927-943.

Raffestin, C.(2012). Space, territory, and territoriality. *Environment and Planning D*, 30(1), pp. 121-141.

Red Bull (2012). Red Bull City Trial, Manchester. Available at: (last accessed 1st June 2015).

Reeve, A. and Simmonds, R.(2001). 'Public realm' as theatre: Bicester village and universal city walk. *Urban Design International*, 6(3), pp. 173-190.

Reid, G. (2007). Showcasing Scotland? A case study of the MTV Europe music awards Edinburgh03.*Leisure Studies*, 26(4), pp. 479-494.

Retort Collective (2005).*Afflicted Powers: Capital and Spectacle in a New Age of War*. New York: Verso.

Rhind, N. (1987). *The Heath. A Companion to Blackheath Village & Environs*. London: Burlington Press.

Rhind, N. and Marshall, R.(2013). *Walking the Heath*. London: Blackheath Society.

Richards, G. and Palmer, R.(2010). *Eventful Cities*. Oxford: Elsevier.

Richards, G. and Wilson, J. (2004). The impact of cultural events on city image: Rotterdam, cultural capital of Europe 2001. *Urban Studies*, 41(10), pp. 1931-1951.

Roberts, D. (2010). Durban's future? Rebranding through the production/policing of event-specific spaces at the 2010 World Cup.*Sport in Society*, 13(10), pp. 1486-1497.

Roberts, J.(2001). Spatial governance and working class public spheres: the case of a chartist demonstration at Hyde Park. *Journal of Historical Sociology*, 14(3), pp. 308-336.

Roche, M. (2000).*Mega Events and Modernity: Olympics and Expos in the Growth of Global Culture*. Abingdon: Routledge.

Roth, S. and Frank, S.(2000).*Festivalization and the media: Weimar, cultural capital of Europe 1999*. *International Journal of Cultural Policy*, 6(2), pp. 219-241.

Rowe, D. and Baker, S. A.(2012). The "Fall" of what? FIFA's public viewing areas and their contribution to the quality of public life.*Space and Culture*, 15(4), pp. 395-407.

Royal Borough of Greenwich (2012).*A 2012 Legacy for Royal Greenwich*. London. Greenwich

Council.

Royal Borough of Kensington and Chelsea (2013). *Report By Executive Director*, *Planning and Borough Development APP NO. PP/13/00467 /Q06*, 15th March 2013. Available at: (last accessed 1st June 2015).

Royal Opera House (2015). Woolwich. Available at: (last accessed 1st June 2015).

Sack, R.(1986).*Human Territoriality*: *Its Theory and History*. Cambridge: Cambridge University Press.

Sánchez, F. and Broudehoux, A.(2013). Mega-events and urban regeneration in Rio de Janeiro: planning in a state of emergency. *International Journal of Urban Sustainable Development*, 5 (2), pp. 132-153.

Sandel, M.(2012). *What Money Can't Buy*: *The Moral Limits of Markets*. London: Penguin.

Self, W.(2012). Why I hate London's Trafalgar Square. *The Guardian* (*online*), 20th January 2012. Available at: (last accessed 1st June 2015).

Sennett, R.(1978). *The Fall of Public Man*: *On the Social Psychology of Capitalism*. New York: Vintage.

Shaftoe, H.(2008). *Convivial Urban Spaces*: *Creating Effective Public Places*. London: Earthscan.

Shibli, S. and Coleman, R.(2005). Economic impact and place marketing evaluation: a case study of the World Snooker Championship. *International Journal of Event Management Research*, 1(1), pp. 13-29.

Shipway, R. and Jones, I.(2007). Running away from home: understanding visitor experiences and behaviour at sport tourism events. *International Journal of Tourism Research*, 9(5), pp. 373-383.

Skelton, N.(2013). *Letter to Jonathan Bore (RBKC). 16th January 2013*. Available at: (last accessed 1st June 2015).

Smith, A.(2002). *Reimaging the city*: *the impact of sport initiatives on tourists' images of urban destinations* (Doctoral dissertation, Sheffield Hallam University/University of Sheffield).

Smith, A. (2005). Conceptualizing city image change: the reimaging of Barcelona. *Tourism Geographies*, 7(4), pp. 398-423.

Smith, A.(2008). Using major events to promote peripheral urban areas: Deptford and the 2007 Tour de France. In J. Ali-Knight et al.(Eds.)*International Perspectives of Festivals and Events*. Oxford: Butterworth-Heinemann/Elsevier, pp. 3-19.

Smith, A.(2012). *Events and Urban Regeneration. The Strategic Use of Events to Revitalise Cities.* Abingdon: Routledge.

Smith, A.(2014). Borrowing public space to stage major events. The Greenwich Park controversy. *Urban Studies* 51(2), pp. 247-263.

Smith, A. and Stevenson, N.(2009). A review of tourism policy for the 2012 Olympic Games. *Cultural Trends*, 18(1), pp. 97-102.

城市活动：
以公共空间为活动场所
Events in the City:
Using public spaces as event venues

Smith, N. and Low, S.(2006). Introduction: the imperative of public space. In. S. Low and N. Smith (Eds.) *The Politics of Public Space*. New York: Routledge, pp. 1-16.

Sonar (2015). *Sonar International Music Festival*. Available at: (last accessed 1st June 2015).

Space Hijackers (2014). *Space Hijackers: Introduction*. Available at: (last accessed 1st June 2015).

Sport (2012). London 2012: the Gold Medallists. Nick Skelton. *Sport*. 7th September 2012, p. 46.

Spracklen, K., Richter, A. and Spracklen, B.(2013). The eventization of leisure and the strange death of alternative Leeds. *City*, 17(2), pp. 164-178.

Stevens, Q. and Shin, H.(2014). Urban festivals and local social space. *Planning Practice and Research*, 29(1), pp. 1-20.

Stevens, Q. (2007). *The Ludic City: Exploring the Potential of Public Spaces*. Abingdon: Routledge.

Sugden, J.(2007). Running Havana: observations on the political economy of sport tourism in Cuba. *Leisure Studies*, 26(2), pp. 235-251.

Tallon, A., Bromley, R., Reynolds, B. and Thomas, C.(2006). Developing leisure and cultural attractions in the regional city centre: a policy perspective. *Environment and Planning C*, 24 (3), pp. 351-370.

Taylor, H. (1995). Urban public parks, 1840-1900: design and meaning. *Garden History*, 23 (2), pp. 201-221.

TFL (2014). *Future Streets Incubator*. Available at: (last accessed 1st June 2015).

The City of Edinburgh Council (2007). Inspiring Events Strategy. Available at: www. eventsedinburgh. org. uk/files/documents/inspiring-events-strategy. pdf (last accessed 10th September 2015).

The Royal Parks (2013a). *Annual Report and Accounts 2012-2013*. Available at: (last accessed 1st June 2015).

The Royal Parks (2013b). *The Royal Parks Business Plan 2012-2013*. Available at: (last accessed 1st June 2014).

The Royal Parks (2015). *Events Rate Card. January 2015*. Available at: (last accessed 1st June 2015).

The Victoria and Albert Museum (2015). *Victorian Circus*. Available at: (last accessed 1st June 2015).

Thörn, C. (2006). "Dressed for success": Entrepreneurial cities, sports and public space. Linköping Electronic Conference Proceedings, No. 20. Linköping: Linköping University Electronic Press.

Thörn, C.(2011). Soft policies of exclusion: entrepreneurial strategies of ambience and control of public space in Gothenburg, Sweden. *Urban Geography*, 32(7), pp. 989-1008.

Tickle, L.(2011). Music festivals. The sound of escapism. *The Guardian* (*online*), 18th July 2011. Available at:(last accessed 1st June 2015).

TimeOut (2005). *New York*. London: Ebury Press.

Tonkiss, F.(2013). Austerity urbanism and the makeshift city. *City*, 17(3), pp. 312-324.

Tranter, P. and Keefee, T.(2004). Motor racing in Australia's Parliamentary Zone: successful event tourism or the Emperor's new clothes? *Urban Policy and Research*, 22(2), pp. 169-187.

Tranter, P. and Lowes, M.(2009). Life in the fast lane. Environmental, economic and public health outcomes of motorsport spectacles in Australia. *Journal of Sport and Social Issues*, 33(2), pp. 150-168.

Tranter, P. and Warn, J. (2008). Relationships between interest in motor racing and driver attitudes and behaviour amongst mature drivers: an Australian case study. *Accident Analysis & Prevention*, 40(5), pp. 1683-1689.

Van Deusen Jr, R.(2002). Public space design as class warfare: urban design, the right to the city and the production of Clinton Square, Syracuse, NY. *GeoJournal*, 58(2-3), pp. 149-158.

Vanguardia Consulting (2014). *OnBlackheath Music Festival. Noise Assessment and Noise Management Plan. Acoustic Report. August 2014*. Available at:(last accessed 1st June 2015).

Wainwright, O. (2015). London's Sky Garden: the more you pay, the worse the view. *The Guardian* (*online*), 6th January 2015. Available at:(last accessed 1st June 2015).

Waitt, G. (2008). Urban festivals: geographies of hype, helplessness and hope. *Geography Compass*, 2(2), pp. 513-537.

Watson, B. and Ratna, A.(2011). Bollywood in the park: thinking intersectionally about public leisure space. *Leisure/Loisir*, 35(1), pp. 71-86.

Weber-Newth, F. (2014). Landscapes of London 2012: 'adiZones' and the production of (corporate) Olympic space. *Contemporary Social Science*, 9(2), pp. 227-241.

Webster, A.(1902).*Greenwich Park: its History and Associations*. London: Henry Richardson.

Weller, S.(2013). Consuming the city: public fashion festivals and the participatory economies of urban spaces in Melbourne, Australia. *Urban Studies*, 50(14), pp. 2853-2868.

Whose Olympics (2012). *Mapping Your Legacy*. Available at:(last accessed 1st June 2015).

Whyte, W.(1988). *City: Rediscovering the Center*. New York: Doubleday.

Williams, B.(2015). Publican Opinion. *TimeOut*, March 10-16. pp. 43-44.

Wilson, K.(1995). Olympians or lemmings? The postmodernist fun run.*Leisure Studies*, 14(3), pp. 174-185.

Wood, D. M. and Abe, K.(2011). The aesthetics of control. Mega events and transformations in Japanese urban order. *Urban Studies*, 48(15), pp. 3241-3257.

Wood, D. M. and Ball, K.(2013). Brandscapes of control? Surveillance, marketing and the co-construction of subjectivity and space in neo-liberal capitalism. *Marketing Theory*, 13(1), pp. 47-67.

城市活动：
以公共空间为活动场所
Events in the City:
Using public spaces as event venues

Zimbalist, A. (2015). *Circus Maximus: The Economic Gamble Behind Hosting the Olympics and the World Cup*. Washington, DC: Brookings Institution Press.

Žižek, S. (2014). *Event: Philosophy in Transit*. London: Penguin.

Zukin, S. (1995). *The Cultures of Cities*. Oxford: Blackwell.